Jim Dawson – Motherfucker

Jim Dawson ist amerikanischer Journalist. Er schrieb u.a. den
Bestseller »Who Cut the Cheese?«
Titel der Originalausgabe: »The Compleat Mothcrfuckcr. A
History of the Mother of All Dirty Words«, Feral House.
© Jim Dawson, 2009

Edition
TIAMAT
Deutsche Erstveröffentlichung
Herausgeber:
Klaus Bittermann
1. Auflage: Berlin 2011
© Verlag Klaus Bittermann
www.edition-tiamat.de
ISBN: 978-3-89320-160-0

Jim Dawson

Motherfucker

**Die Geschichte der Mutter aller
schmutzigen Wörter**

**Aus dem Amerikanischen von
Norbert Hofmann**

**Critica
Diabolis
191**

**Edition
TIAMAT**

INHALT

Einführung

Anfang Juni 2008 gab Dick Cheney – der mächtige Vizepräsident, der unser Land acht Jahre (in den Abgrund) führte – Reportern gegenüber zu, daß es Cheneys auf beiden Seiten seiner Familie gebe, »und dabei leben wir nicht mal in West Virginia«. Seine abfällige Anspielung erforderte keine weitere Erklärung. Wegen der über hundert Jahre alten Klischees von Familien wie den Hatfields, die selbstgebrannten Schnaps schlucken, glauben viele Amerikaner immer noch, daß Hillbillys in den Appalachen das Produkt der Blutsverwandtschaft zwischen Cousins, Geschwistern oder Eltern und ihren Nachkommen sind. Als ein in West Virginia Geborener, der die meiste Zeit seines Erwachsenenlebens in anderen Bundesstaaten verbracht hat, habe ich mir zahllose Bruder-Schwester- / Mutter-Sohn-Witze anhören müssen und vielen Leuten versichert, daß sich mein Familienstammbaum tatsächlich bei jeder Generation verzweigt. Außerdem traf ich meines Wissens nie jemanden, der sein eigener Stiefvater war. Doch selbst heute noch werde ich jenes kleine Lied aus der Kindheit nicht los, das in meinem Kopf herumgeistert – eine Nachahmung des im Ersten Weltkrieg populären Songs »Pretty Baby« – und das wir Kinder damals sangen: »Wenn deine Mutter ein Baby hat und das Baby sieht so aus wie du, Mutterficker, Mutterficker!«

Davon abgesehen gehörte *motherfucker*, so weit ich

mich erinnern kann, nicht zu meinem alltäglichen Vokabular. Selbst als ich Anfang der sechziger Jahre in die weite Welt zog, tauchte das Wort nie auf, es sei denn, jemand erzählte einen Witz über Schwarze. Es gab da zum Beispiel den einen, wo man in einem Flugzeug sitzt, das gerade zur Startbahn rollt. Der Pilot meldet sich mit honigsüßer schleppender Stimme über die Lautsprecheranlage: »Nun denn, hallo Leute, wir haben einen schönen Tag, ein wirklich schöner Tag, ja, keine Wolken, kein Wind, sieht ganz so aus, daß der Flug bis St. Louis ruhig verlaufen wird. Also, ihr könnt euch alle zurücklehnen und entspannen, während ich diesen Motherfucker in die Luft zu kriegen versuche.«

Das war nur eine aktualisierte Minstrel[*]-Nummer über einen begriffsstutzigen Neger – ein »coon« in der Minstrelsprache –, der sich in einer ihn überfordernden Situation befindet. Der Witz hätte seine Pointe verloren, wenn der Pilot ein Weißer gewesen wäre. (In Erica Jongs Bestseller von 1973, *Die Angst vorm Fliegen*, hat der Satz: »Ich konzentriere mich aufs Äußerste und helfe dem Piloten, seinen 250 Passagiere fassenden Motherfucker in der Luft zu halten« nicht den gleichen Effekt.) Der Witz hing von dem Talent des Erzählers für Dialekt und dem unsicheren Gefühl des Zuhörers für die Überlegenheit seiner Rasse ab, aber wenn ihn überhaupt jemand lustig fand, dann war das »Auslöser«-Wort *motherfucker*, der verbale Schlag, der die Pointe ausmachte. Nichts anderes funktionierte, weil der Witz mit der typischen Annahme des weißen Zuhörers spielte, daß *motherfucker* ein Allzweckwort im Idiom der Schwarzen war. Seine Präsenz bestätigte die Jahrhunderte alte Vorstellung, daß Schwarze grob und ordinär sind, denn wer sonst ließ Anspielungen auf den Geschlechtsverkehr mit den eigenen Müttern in die Alltagssprache einfließen? Aber heutzutage ist der Auslösewert in jenem Witz nahezu bedeu-

[*] Ein als Schwarzer geschminkter Varietekünstler.

tungslos, nicht nur weil der Minstrel-Humor für durchschnittlich gebildete Leute antiquierter denn je klingt, sondern auch weil inzwischen viele Weiße *motherfucker* genauso freigiebig benutzen wie Schwarze.

Vielleicht ist auch Ihnen aufgefallen, daß Amerikaner immer mehr in ein tonales Englisch regredieren (manche mögen sagen: evolvieren), das nur noch ein knappes Vokabular hat, aber reich an Gesten und Veränderungen des Tonfalls ist und stark vom Kontext abhängt. Nehmen Sie zum Beispiel das Wort *dude*. Ursprünglich war es in den 1880er Jahren ein New Yorker Modebegriff für Männerkleidung – die Kurzform für *subdued* (dezent) –, dann wurde es um 1920 Teil des schwarzen Jazzjargons und ging von dort über zum weißen Amerika in Form der »dude ranches«, wo Großstädter gutes Geld bezahlten, um in Arbeiterbaracken zu schlafen und getrocknete Kuhscheiße über die Prärie zu kicken. Nachdem kalifornische Surfer es in den fünfziger Jahren aufgeschnappt hatten, wurde *dude* ein Alltagswort der Marihuana paffenden Kiffer, die sich repetitive und unklare Äußerungen aneigneten, als wären sie Haikus. Und so haben wir heute ein Wort mit Dutzenden von Bedeutungen, abhängig davon, wie es gesprochen wird. Dave Itzkoff, Autor der *New York Times*, drückte es so aus: »Unter bestimmten Umständen kann ›dude‹ die strenge Zurechtweisung eines Kollegen sein (›Bitte hören Sie doch auf, mit dem Bleistift auf den Schreibtisch zu klopfen‹), die Aufforderung beim Basketball an einen Mitspieler (›Zu mir den Ball‹) oder ein subtiler Hinweis an einen Freund (›Schau mal dort auf der Rolltreppe die leicht bekleideten Showgirls‹).« Ende 2007 startete Anheuser-Busch im Fernsehen eine Serie von »dude«-Werbespots für Bud Light-Bier, in denen es darum geht, wie ein Hohlkopf (gespielt von Jason Davis) und seine Kumpels mit einem Ein-Wort-Vokabular verschiedene Situationen bewältigen.

Es ist unwahrscheinlich, daß wir in absehbarer Zeit einen Bud Light »motherfucker«-Werbespot sehen werden, aber das Wort ist inzwischen dehnbarer und umfassender geworden als *dude*. Junge Vorstadtweiße und Hippies sagen *dude*, aber Menschen jeden Alters und jeder Herkunft sagen *motherfucker*. Das hat natürlich viel mit der Massenvermarktung großstädtischer Straßenkultur während der vergangenen vierzig Jahre zu tun. 1973 bemerkte George Carlin in einer komischen Nummer mit dem Titel »White Harlem«, daß, wenn fünf junge Weiße und fünf junge Schwarze anfangen, miteinander herumzuhängen, die Weißen nach einem Monat so laufen, sprechen und stehen wie Schwarze, und es ist nie anders herum, weil die schwarze Kultur expressiver und »im Jetzt« ist. In einem späteren Interview formulierte Carlin seine Ansicht so: »Wenn man ein irisches Viertel und ein schwarzes Viertel vermischt, wird das auf die Schwarzen überhaupt keine Wirkung haben. Aber innerhalb von sechs Monaten werden die irischen Kids mit den Fingern knacken, Rap hören und rufen: ›Hey, was geht ab, Motherfucker?‹« Das faßt ziemlich gut zusammen, was im Laufe der letzten vier Jahrzehnte in ganz Amerika geschah – und darüber hinaus.

Was ich hier geschrieben habe, ist nicht bahnbrechend oder revolutionär. Ein früheres Buch mit dem Titel *The F Word*, erschienen bei Random House, hat sich bereits ausführlich über das Wort *fuck* ausgelassen. Sein Herausgeber, Jesse Sheidlower, konstatierte in der Einleitung: »Die wachsende Akzeptanz des Wortes ›fuck‹ in der amerikanischen Gesellschaft ist nicht ein Zeichen dafür, daß sein Gebrauch ermutigt werden sollte – noch sollte dieses Buch als ein solches Zeichen betrachtet werden. Jede Art Sprache hat eine Zeit und einen Ort, wo ihr Gebrauch angemessen ist, und oft ist es unpassend, das in diesem Buch so gründlich dokumentierte Wort zu gebrauchen. Es wäre unsinnig zu sagen, daß ›fuck‹ überall und ständig benutzt werden sollte, so wie es engstirnig wäre, auf seiner Unterdrückung zu bestehen.« Das entspricht genau dem, was ich hier sagen will. Man ersetze nur *fuck* durch *motherfucker*. Danke, Mr. Sheidlower, dafür, daß Sie mir meine Aufgabe etwas leichter gemacht haben.

Aber wir sind einen Schritt weiter gegangen, indem das »MF-Wort« in voller, unbeschönigter Schreibweise schon im Titel erscheint: *The Compleat Motherfucker*. Nicht MF, nicht Mofo, nicht Motherf%#$, sondern Motherfucker. Natürlich wird dadurch die Verbreitung des Buches in den Mainstream-Medien eingeschränkt. Im August 2008, als der Verlag Crown das Buch der Humoristin Sandra Tsing Loh, *Mother on Fire*, veröffentlichte, ließ die *Los Angeles Times* in ihrer Besprechung den Untertitel – *A True Motherf%#$@ Story About Parenting* – unerwähnt, selbst wenn die Kritikerin Susan Carpenter an einer Stelle Miss Loh eine »cunning linguist« nannte. Die Botschaft? In einer Familienzeitung ist ein Wortspiel mit »listig« und »Muschilecken« eine Sache, aber die typographische Säuberung des Wortes für einen mutterbumsenden, muttervögelnden, mutterbespringenden Mutterficker etwas ganz anderes. Und wir können sicher sein, daß die *Times* die erheblichen Vorzüge und Verdienste von *The Compleat Motherfucker* in nächster Zukunft nicht loben wird.

Aber was soll's, wir haben unsere Grundsätze nicht verraten und auch das Wort, das unser Thema ist, völlig unversehrt gelassen, und wie viele Bücher dieser Art können das von sich behaupten?

Du sagst es!

> »Der beste Freund eines Jungen ist seine Mutter!«
>
> Norman Bates, *Psycho* (1960)

Die meisten Leute werden zustimmen, daß es die Mutter aller schmutzigen Wörter ist.

Motherfucker!

In seiner gegenwärtigen zusammengesetzten Form gehört Motherfucker seit ungefähr vierzig Jahren zum Alltag. Es sind zwei separate angelsächsische Wörter – das eine heilig, das andere profan –, die durch den ständigen Gebrauch miteinander verklumpt sind wie zwei Teile einer getrockneten Seife, der eine wohlduftend (Cameo), der andere grobkörnig (Lava). Es hat sich allgemein die Ansicht durchgesetzt, daß der zeitgenössische Gebrauch von *motherfucker* afroamerikanischen Ursprungs ist. Auch wenn es wortwörtlich die Anschuldigung des Bruchs eines der mächtigsten Tabus in Natur und Gesellschaft meint, wird das Wort selten in diesem Sinn verwendet. Sicher, der Oberste Gerichtshof der USA (*Keefe v. Geneakos*, 1969) nannte es »einen vulgären Begriff für einen inzestuösen Sohn«, welcher »anerkanntermaßen höchst anstößig« ist, aber das war vor vierzig Jahren. *The American Heritage Dictionary of the English Language*

(Vierte Auflage, 2000) definiert das Wort – »moth-er-fuck-er« ausgesprochen, ohne Betonung der Silben – als »vulgären Slang« für jemanden, der zutiefst verachtenswert ist, oder für etwas Unerfreuliches, Frustrierendes oder Abscheuliches. Eine von *Webster's Dictionary* vorgenommene Erhebung fand heraus, daß *motherfucker* in einem Sample von einhundert Millionen in Englisch gesprochener oder geschriebener Wörter nur dreizehnmal auftauchte, was ihm auf der Skala der Häufigkeit des Sprachgebrauchs den Platz 97576 einbrachte. Viele Amerikaner sagen es nie, weil sie meinen, daß es die Luft vergiftet, wann immer es laut ausgesprochen wird. Jedoch Millionen anderer betrachten es als neutral oder sogar positiv. *Motherfucker* meint inzwischen fast alles und gar nichts.

Anthropologen glauben, daß das Inzesttabu schon sehr früh in der Menschheitsgeschichte aufgestellt wurde, weil Sex mit anderen traditionellen Rollen innerhalb einer häuslichen Gemeinschaft leicht in Konflikt gerät und Eifersucht entfacht. Daher bedeutet schon in primitiven Stammesgesellschaften das Heiraten zwischen verschiedenen Familien, Bündnisse zu schließen. Von welchem Blickwinkel man es auch betrachtet, Inzest ist eine das soziale Gewebe bedrohende Funktionsstörung. Und da die Bindung zwischen Mutter und Sohn die innigste und mächtigste ist, schenkten ihr Gesetzgeber seit alters her besondere Aufmerksamkeit. Gemäß dem *Codex Hammurabi*, vor fast viertausend Jahren auf eine große Steinplatte geschrieben, verboten die Babylonier sexuelle Beziehungen zwischen einer verwitweten Mutter und ihrem Sohn. Gesetz 157 erklärte: »Wenn ein Mann nach dem Tod seines Vaters im Schoß seiner Mutter gelegen hat, sollen sie beide zusammen verbrannt werden.« Andererseits lautete die Strafe für einen jungen Mann, der seine Stiefmutter »*besprungen*« hatte, bloß Enterbung. Aber nichts wurde darüber ausgesagt, was geschehen sollte, falls ein Junge seine Mutter bumste, während sein Vater noch lebte. Vielleicht hielten König Hammurabis Ratgeber das für ein so ungeheuerliches Verbrechen, daß sein Verbot sich von selbst verstand.

Levitikus, das dritte Buch der Torah und des Alten Testaments, hat ebenso ein Schlupfloch für Motherfucker. Im wesentlichen ein Buch der priesterlichen Riten und sozialen Regeln jenseits der Zehn Gebote (die bereits früher, im Buch Exodus, heruntergereicht worden waren), enthält Levitikus zwei Kapitel dessen, was Heiligkeitsgesetze genannt wird: eine lange Liste der Sünden und Abscheulichkeiten, die Jahwe selbst dem jüdischen Volk gab. (Okay, statt ihn Jahwe oder Jehova zu nennen, werde ich nur noch den vertrauteren Namen *Gott* verwenden, da Gott ein eingebürgerter Amerikaner ist und er die guten alten Vereinigten Staaten von Amerika mehr als alle anderen Nationen liebt.) Kapitel 18 beschäftigt sich mit sexuellen Dingen, von Ehebruch über Homosexualität bis zu Bestialität, und natürlich vergaß Gott auch den allzu engen Umgang mit der Mutter nicht. In einer Anrede an Moses in der Wildnis nach der Flucht der Juden aus Ägypten sagte Gott (in Vers 7): »Keiner unter euch soll sich irgend jemandem nähern, der eng mit ihm verwandt ist, und ihre Nacktheit entblößen ... Die Nacktheit deines Vaters oder die Nacktheit deiner Mutter sollst du nicht entblößen: Sie ist deine Mutter; du sollst ihre Nacktheit nicht entblößen.« Und weiter in Vers 8: »Die Nacktheit deines Vaters Weib sollst du nicht entblößen; es ist deines Vaters Nacktheit.« Falls diese gestelzte Prosa der *King James-Bibel* von 1611 Ihnen Kopfschmerzen bereitet, hier ist der vereinfachte Text aus der *New American Bible* von 1970: »Du sollst keine Schande über deinen Vater bringen, indem du Geschlechtsverkehr mit deiner Mutter hast. Da sie deine Mutter ist, sollst du mit ihr keinen Geschlechtsverkehr haben. Du sollst keinen Geschlechtsverkehr mit der Frau deines Vaters haben, denn das wäre eine Schande für deinen Vater.«

Auffällig ist hier, daß Gott zwei verschiedene Sünden

benennt: nackt bei der Mutter liegen und nackt bei dem Weib des Vaters, also der Stiefmutter, liegen, denn in jener Zeit, als Männer sich oft weitere Frauen nahmen und verpflichtet waren, die Witwen ihrer Brüder zu heiraten, gab es Stiefmütter so zahlreich wie Tanten, und sie wurden als eine Gruppe für sich angesehen. Und doch, als Gott in Kapitel 20 zu der Benennung der Kapitalverbrechen kam, erwähnte er ausdrücklich nur die Beziehung zwischen Stiefsohn und Stiefmutter (Vers 11: »Und der Mann, der bei seines Vaters Weib liegt, hat seines Vaters Nacktheit entblößt: Beide sollen zu Tode gebracht werden; ihr Blut soll auf sie kommen.«). Vergaß er das Verbrechen des Ficks mit der Mutter? Oder war das einfach klar? Schließlich hatte Ruben, der älteste Sohn des Patriarchen Jakob, einen Präzedenzfall geschaffen, indem er mit Bilah, einer der Nebenfrauen seines Vaters, schlief (Genesis, Kap. 35), während es in der frühen jüdischen Geschichte kein entsprechendes Beispiel einer Mutter und eines Sohnes gab, die es miteinander trieben. Und doch, da selbst das Ficken mit der eigenen Stiefmutter mit dem Feuertod bestraft wurde (Vers 14), würde man annehmen, daß es in der Hölle des Heiligen Buches einen besonderen Ort für einen Kerl gab, der mit Mami das alte Rein-Raus-Spiel wagte. Vielleicht hatte Gott trotz seines Rufs, wirklich gut mit Multitasking zurechtzukommen, an jenem Tag etwas anderes im Kopf.

(Der große deutsche Dramatiker Friedrich Schiller beschäftigte sich mit dem heiklen Stiefmutter-Problem in seinem Stück *Don Carlos* [1787], frei nach der Geschichte eines echten Kronprinzen aus dem Spanien des sechzehnten Jahrhunderts, dessen Liebe zu der Frau seines Vaters, König Philipp II., ihm die Verfolgung durch die Inquisition einbrachte.)

Auf jeden Fall hatten nach den Worten des Bibelwissenschaftlers Calum M. Carmichael »die Inzestregeln der Bibel – besonders die in den zwei Kapiteln 18 und 20 von Levitikus – die größte Auswirkung auf das westliche

Recht, mehr als jeder andere vergleichbare Corpus biblischer Regeln«. 1603 erweiterte die *Church of England* die ursprüngliche Liste durch ein eigenes Verzeichnis levitischer Dekrete, das das Heiratsverbot nicht nur zwischen Blutsverwandten, sondern auch zwischen angeheirateten Verwandten umfaßte. Jedoch wurden viele dieser Gesetze später wieder gestrichen. In der modernen Welt zeigen Länder ein weites Spektrum an Toleranz beim Inzest zwischen mündigen Erwachsenen; er ist strafbar in Kanada, aber völlig legal in Frankreich. In den USA variieren Inzest und Gesetze zum Mündigkeitsalter von Bundesstaat zu Bundesstaat: New York verfolgt in der Sache blutsverwandte Erwachsene nicht, während das schwer katholische Massachusetts sogar Cousins ersten Grades, die Sex miteinander hatten, ins Gefängnis schickt, und folgt damit dem Verbot der dortigen Kirche von Heiraten zwischen Cousins ersten Grades. Tatsächlich kam die Anthropologin Nancy W. Thornhill, nachdem sie 129 Gesellschaften vom 16. bis zum 20. Jahrhundert studiert hatte, in einem Artikel des Journals *Behavorial and Brain Sciences* (Juni 1991) zu dem Ergebnis, daß sich die Inzestgesetze der meisten Gesellschaften mit angeheirateten Verwandten und Cousins befassen, und nicht mit den Mitgliedern von Kleinfamilien. Statistiken zeigen, daß sich, wenn es zum Inzest kommt, gewöhnlich ein Stiefvater oder eine Stiefmutter an einem minderjährigen Kind vergangen hat, was die Tat automatisch in den gesetzlichen Bereich der Pädophilie oder der Unzucht mit Minderjährigen verschiebt. Mutter-Sohn-Fälle kommen extrem selten vor.

Die vielleicht früheste literarische Verwendung unseres Wortes findet sich in der ionischen Lyrik des Hipponax aus dem 5. Jahrhundert v. Chr. Er beschuldigte einen Bildhauer, der ihn beleidigt hatte, ein *metrokoites* – ein Mutterficker – zu sein. Zweiundzwanzig Jahrhunderte später wurde der Marquise de Sade, pornografischer Schriftsteller und öffentliches Ärgernis, der uns das Wort

Sadismus gab, ins Gefängnis geworfen, weil er eine Prostituierte gequält und dabei Jesus Christus mehrfach einen *motherfucker* genannt hatte. Aber wenn man bedenkt, daß das weniger anstößige Wort *fuck* im Druck verboten – sowohl in England durch den *Obscene Publication Act* von 1857 als auch in den USA durch das *Comstock Law* von 1873 – und seit Samuel Johnsons Wörterbuch in keinem anderen zugelassen war, bis *The Penguin Dictionary* den Bann 1965 brach, ist es kein Wunder, daß *motherfucker* noch schlechter dokumentiert ist. Die frühesten bekannten Beispiele kommen in Gutachten zweier texanischer Berufungsgerichte als Zitate vor, eines 1890 (»that God damned mother f---king son-of-a-bitch!«) und das andere im Jahr 1897 (»a mother-fucking son-of-a-bitch!«). Seinem Untergrundstatus gemäß war *motherfucker* ein flexibles und nicht reguliertes Wort, das sich in viele geschrumpfte, gekürzte, verkleidete und verstümmelte Formen verwandeln konnte. Im heutigen Gebrauch ist wahrscheinlich die häufigste Schreibweise *muthafucka*, was amerikanische Schwarze untereinander als Alternative zu *nigga* verwenden – beide Worte sind am Ende stumpf gemacht, um ihre Beliebigkeit zu reduzieren. Daneben gibt es *muhfucka, mofugga, mofucka, mahfah, muddafucka, mofo* und viele andere Permutationen, die, falls alle aufgelistet, den Rest dieses Buch füllen und jeden Leser zu Tode langweilen würden. Man versuchte es auch mit den Anfangsbuchstaben MF (wie auf den *M. F. Horn*-Alben des Jazz-Posaunisten Maynard Ferguson in den frühen siebziger Jahren), um die Idee des Wortes zu retten, allerdings ohne seinen Stachel. (Da Fergusons Initialen tatsächlich MF waren, konnte er mit der Bedeutung so oder so spielen, aber echte Jazz-Fans hielten sich für hip genug zu wissen, was der Titel wirklich meinte; ebenso verwickelte der Dichter Amiri Baraka, als er in seiner *Autobiography of LeRoi Jones* MF für »My Father« benutzte, seine Leser in ein Wortspiel.) Weniger subtil sind BMF (d.h. *Bad Mother Fucker*, Anfang der neunziger Jahre einer der im Ring verkörperten Typen des Wrestlingstars Stone Cold Steve Austin und heute als Schriftzug auf seinen Stone Cold WWE T-Shirts zu lesen), JAMF (*jive-ass motherfucker* – großkotziges Arschloch, der Lieblingsfluch von Clint Eastwoods Figur Dirty Harry in dem Film *Sudden Impact* von 1983) und BAMF (ein Akronym für *bad-ass motherfucker*, unter die Leute gebracht vom Comedian Dane Cook als Tracktitel seines 2005 erfolgreichen Albums *Retaliation*; man wird ein BAMF, sagt Cook, indem man in einem aufgemotzten Betonmischer herumkurvt, ähnlich dem Monstrum, mit dem Stone Cold BMF Steve Austin zu seinen Ringkämpfen zu fahren pflegte.) Dann gibt es da die Ersatzwörter, die nicht besonders subtil sind, wie etwa *mother-effer*, *mother-frigger*, *mother-farker*, *mother-frocker* (der Stoff einer Comedy-Nummer von Redd Foxx 1959), *mother-humper*, *mother-jumper*, *mother-hugger* (benutzt in Billy Holidays Autobiographie von 1956), *mother jiver* (ein Schwindler oder Schwätzer), *mother superior* (eine der anerkennenden Jazz-Bezeichnungen des Magazins *Downbeat*), *mothersucker* (»Er stand auf und schaute dem ›mothersucking nigger‹ ins Gesicht«, schrieb Cecil Brown in seinem Roman aus dem Jahr 1969, *The Life and Loves of Mr. Jiveass Nigger*), *mammy-huncher*, *mammy-tapper*, *mamma jamma* (populär geworden während der späten Disco- und Funk-Ära dank des Songs »She's a Bad Mamma Jamma«), *motherfouler* (das Wort, das der Schriftsteller Ralph Ellison in seinem bahnbrechenden Roman *Der Unsichtbare Mann* von 1952 verwendete) und *motherferyer*, das Jazz-Hipster Mezz Mezzrow in seinen 1946 erschienenen Erinnerungen *Really the Blues* mehrfach beiläufig fallenläßt. Darüber hinaus gibt es die einmaligen Fantasiebildungen wie *mickyficky* – das Wort ersetzte alle Erwähnungen von *motherfucker*, als Spike Lees *Do the Right Thing* im Fernsehen gesendet wurde –, und Bill Murrays Ausruf *mother-puss-bucket!* in dem Film *Ghostbusters* von 1984. Und wir wollen auch solche beschönigenden Schreibweisen nicht vergessen wie etwa Ken Keseys Gedicht *Cut the Motherf****s Loose* über seinen Gefängnisaufenthalt nach der Verurteilung wegen Drogenbesitzes und *motherf%#$@*, wofür sich Crown Publishing als Untertitel für Sandra Tsing Lohs Memoiren, *Mother on Fire*, entschied. Die Mitglieder der Crips, eine der zwei größeren schwarzen Gangs von Los Angeles, buchstabieren das Wort als *motherfuccer*, weil für sie »CK« Crip Killer bedeutet und deshalb nie geschrieben werden darf. Verleger kreierten über all die Jahre verschiedene Abkürzungen des Wortes. Der schwarze Bandleader Preston Love hielt sich, als er von seinen Jahren des Herumreisens in den frühen fünfziger Jahren erzählte, an *mother-ker*, und wenn man noch weiter zurückgeht, stößt man auf John O'Haras Roman *Begegnung in Samarra* von 1934, der die Zensoren mit *mother-----* herausforderte. Wir hatten auch die personifizierten Doubles wie Mother Hubbard (ein Favorit der schwarzen Komikerin Moms Mabley), Mother Fletcher (verwendet von Jackie Gleason in seinen TV-Shows der fünfziger und sechziger Jahre als auch für einen berüchtigten Rock'n'Roll-Club im südkalifornischen Myrtle Beach), Mother Trucker (der Titel eines preisgekrönten Fernsehfilms über den Teamster-Boss Diana Kilmury als auch eine Beschreibung – *bad mother truckers* – für Teilnehmer an Motorsportveranstaltungen, bei denen große Pickups auf Ballonreifen zu sehen sind) und W.C. Fields *Mother o' Pearl* (zwischen zusammengepreßten Zähnen hervorgestoßen, nachdem er einige Erniedrigungen erlitten hatte). In dem richtigen Kontext kann ein unverfängliches Wort *motherfucker* bedeuten wie *motor scooter* (zum Beispiel in »He's a bad motor scooter and a mean go-getter« aus Hollywood Argyles' Nummer-Eins-Hit *Alley Oop* von 1960), *motorcycle* (benutzt in mehreren Rock'n'Roll-Songs wie Storey Sisters' »Bad Motorcycle«, Crestones' »She's a Bad Motorcycle« und Losts'

»Mean Motorcycle« und von den Conférenciers in vielen schwarzen Theatern der sechziger Jahre, um sexuell bedrohliche Soulsänger jener Zeit zu beschreiben). Dann gibt es die Codewörter für MF im militärischen Alphabet des *Alpha-Baker-Charlie* wie etwa *Maryland Farmer, mustard farmer, melon farmer* (als Ersatzwort besonders beliebt bei Fernsehsendern), *muddy funster* (eine hintersinnige Erfindung der Briten), *Mr. Franklin* und *Mary Frances* (vielleicht eine Anspielung auf eine besonders fiese Nonne an einer katholischen Schule oder eine nervtötende Cheerleaderin). Merkwürdigerweise treten weder *Muckle Flugga* (eine der kleineren Shetland-Inseln) noch *Momofuku* (der japanische Erfinder von Instantnudeln im Becher als auch der Name von trendigen japanischen Nudelbars in Manhattan) als Double für *motherfucker* auf, obwohl beide perfekt wären.

Auch *mother* selbst und das modernere *mutha* sind oft nur die Kurzform von *motherfucker* – wie in Frank Zappas legendärer Rockgruppe The Mothers oder King Tees folgenreiche Rapmelodie von 1988, »Payback's a Mutha«. Drehbuchschreiber schafften es schon in den dreißiger Jahren, einige *mothers* in Hollywood-Filme zu schmuggeln. Heutzutage hat *mother* neben *bull* (kurz für bullshit) den Status der Alltagsrede erreicht, was zum Beispiel belegt ist durch seinen jüngsten Gebrauch in TV-Shows wie *Law & Order* und *Monk*.

Als wäre *motherfucker* nicht schon aufgeladen genug, wird ihm oft ein Verstärkungswort hinzugefügt, um ihm ein wenig mehr Pep oder Nuance zu geben. So ist ein *Motherfucker* oft *bad, bad-ass, tough* oder *mean* – scheinbar negative Adjektive, die aber Respekt oder Würde bezeugen. »Joe's a mean motherfucker«, heißt nicht, daß Joe unverschämt ist und seine eigene Mutter befummelt, sondern vielmehr, daß man sich nicht mit ihm anlegen sollte, wenn einem die eigene Gesundheit lieb ist. Der Respekt, den man einem »bad motherfucker« zollen sollte, wird sehr gut in einer Comedy-Nummer mit dem Titel »Tipping Your Hat to Whitey« auf Chris Rocks Album *Never Scared* von 2005 illustriert, wo er sich darüber wundert, wie es weiße Siedler immer wieder schafften, jede einheimische Kultur, die sie kolonisierten, rücksichtslos auszubeuten und beträchtliche Profite zu machen – und dann krönt er jedes Beispiel mit einem gespielt anerkennenden »That Whitey's [Dieser Weiße] a bad motherfucker!«

Motherfucker, die man um jeden Preis meiden sollte, sind dreckig, gefährlich, übel oder hundsgemein. Und der Motherfucker, der man selbst nicht werden sollte, ist bescheuert, träge, verlogen, falsch (»jive-ass«). »A sweet motherfucker« kann vieles sein, von einer großartigen Person bis zu einer nervigen Schwuchtel; das hängt jeweils davon ab, wie weit der Sprecher den oder das, worüber er spricht, kennt und schätzt. Ein gutaussehender Mann oder eine attraktive Frau ist »a fine motherfucker«. Jeder, der einen Witz gut erzählen kann, ist »a funny motherfucker«.

Wenn man sich so richtig auf die Sache einläßt, dann kann am Ende alles ein Motherfucker sein. In seinem Konzertfilm *Raw* von 1987 gebrauchte Eddie Murphy das Wort, um ganz Verschiedenes zu bezeichnen: ein Haus (»Ich wohne in diesem Motherfucker«), seinen Anus (»Wissen Sie, was mich wirklich wahnsinnig macht, ist, wenn die Scheiße halb aus dem Arsch herauskommt und dann wieder zurückgeht in diesen Motherfucker«), Bill Cosby (»Dieser Wackelpudding löffelnde Motherfucker«), den Film *Raw* selbst (»Ihr alle müßt euch diesen Scheiß anschauen, nur ich bekomme für den Motherfucker Geld«) und als Ausdruck für eine Gewißheit (»Viele Hausfrauen brauchen einen Job, um über die Runden zu kommen, aber wenn dein Ehemann 300 Millionen Dollar hat, ist der Zieleinlauf am Ende des Monats wie ein motherfucker«). Jazz-Komponist Charles Mingus hielt in seiner Autobiographie von 1971, *Beneath the Underdog*, das Wort für eine gewöhnliche Beschreibung des durchschnittlichen ausgenutzten oder schikanierten Afroamerikaners, wenn er beklagte: »Musiker werden genauso zu Niggern gemacht wie jeder schwarze motherfucker auf der Straße.« Andererseits benutzte Chris Rock es in seinem Album *Never Sacred* als mahnenden Vorwurf an einige seiner schwarzen Brüder (»Motherfucker kommt zum Prozeß zwanzig Minuten zu spät; welcher Schwarze kommt zu einem Prozeß zwanzig Minuten zu spät? ... Dies ist ein Gericht, motherfucker!«).

Motherfucker kann auch eine Naturgewalt bezeichnen (»That Chicago wind is a motherfucker«), etwas Verächtliches (»Now ain't that a motherfucker!), ein Beispiel für Qualität (»He plays the guitar like a motherfucker!«), etwas Extremes (»It's cold as a motherfucker out there!«), eine lausige Veranstaltung (»This motherfucker is wack, let's get the fuck outta this motherfucker!«), einen Ausruf der Bewunderung (»Mother*fucker*!«) oder der Enttäuschung (»*Mut*her*fuck*er!«), ein Objekt der Zuneigung (»Man, I loved that little motherfucker!«) und die Frankfurter Würstchen der US-Armee (wie in »motherfuckers and beans«, die Bezeichnung aus der Zeit des Vietnamkriegs für eingedoste fingergroße Frankfurter und Baked Beans). Kurzum, heutzutage kann *Motherfukker* gleichzeitig überhaupt nichts und alles bedeuten.

Meist wird es als Substantiv benutzt. Es kann auch als Adjektiv dienen, mehr oder weniger synonym mit dem einfachen *fucking* als eine intensivere Form von *goddamn* wie in »You motherfucking asshole« oder als Ausdruck starker Zustimmung oder Einwilligung: »Motherfuckin'A«, kurz für »Motherfucking All Right«. Selten findet man es als Verb; *Public Enemys* Chuch D. rappte in dem Hit »Fight the Power« von 1990: »Elvis war für die meisten ein Held, aber mir bedeutete er nie etwas ... motherfuck ihn und John Wayne.« Der 2008 verstorbene Comedian Bernie Mac illustrierte die Häufigkeit und Biegsamkeit des Wortes innerhalb der Alltagssprache der Schwarzen in einem seiner Auftritte in dem Film *The Original*

Kings of Comedy (2000): »Wenn ihr einem unserer Gespräche zuhört, hört ihr das Wort *motherfucker* vielleicht zweiunddreißigmal. Habt keine Angst vor dem Wort ... Ich werde euch ein Beispiel geben, wobei Inhalt und Zusammenhang nicht wichtig sind ... Wenn ihr dort draußen drei oder vier unserer Leute zusammen reden seht, könnt ihr etwa Folgendes hören: ›You seen that motherfuckin' Bobby? That motherfucker owes me thirty-five motherfuckin' dollars! He told me he gon' pay my motherfuckin' money last motherfuckin' week. I ain't seen this motherfucker yet. I called the motherfucker fo' motherfuckin' times, but the motherfucker won't call me back. I called his motherfuckin' momma the other motherfuckin' day ... She gonna play like the motherfucker wasn't there. I started to cuss her motherfuckin' ass out [sie zur Schnecke machen], but I don't want no motherfuckin' trouble. But I'll tell ya one motherfuckin' thang [thing] ... the next time I see this motherfucker and he don't have my my motherfuckin' money, I'm gonna bust his motherfuckin' head [ihm eine verpassen]! And I'm *out* [killen] this motherfucka!‹«

So neu ist das nicht. Bereits 1960 stellte die *Citizen-Call*, eine der schwarzen Wochenzeitungen New Yorks, in ihrer Ausgabe vom 30. Juli die anwachsende Häufigkeit des Wortes fest: »Ärzte, Rechtsanwälte, Geschäftsleute und Sportler, besonders Profi-Baseballspieler, Jazzmusiker und coole Musiklehrer benutzen den Begriff ›M ...‹ als linguistische Krücke.« Neun Jahre später schrieb Bobby Seale in seinen Erinnerungen *Seize the Time*:

Motherfucker ist heutzutage ein ganz gewöhnliches Wort. Eldrige (Cleaver) sprach mit mir einmal darüber, als sich eine Reihe von Leuten über diesen Jargon des Ghettos aufregte. Eldrige sagte: »Ich habe gesehen und gehört, daß Brüder dieses Wort vier-, fünfmal in einem Satz verwenden, und jedesmal hatte das Wort eine andere Bedeutung und Betonung ... Aber heute, hör dir mal diesen Satz an: ›Mann, ich muß dir was erzählen. Dieser motherfucker hier taucht da mit seinem motherfucking Gewehr auf, tritt die motherfucking Tür ein und pustet diesem Motherfucker das Hirn weg. Dieser Scheiß wird ein motherfucker.‹«

Auf einer rein semantischen Ebene kann die Wiederholung dieses einen Wortes mit seinen verschiedenen Bedeutungen Verwirrung hervorrufen, aber zumindest unter Schwarzen ist klar, daß die Bedeutung von *motherfucker* fließend ist, daß sich seine Form von einem Satz oder Abschnitt zum nächsten wandelt.

Häufig sorgt das Wort in einem Gespräch nur für einen anderen Tonfall (»What the motherfuck is going on here?«) oder liefert ein rhythmisches Füllsel in einem Hip-Hop-Song (wie in »Down 4 My Niggas«, wenn Snoop Dogg rappt: »It's getting' nutty [irre] in dis muthafucka, I got my buddy in dis muthafucka, leave a nigga bloody in dis muthafucka, we in da cutty [Freund], muthafucka, you done too much, you got it comin', muthafucka«). Die vier Silben erweisen sich als sehr geeignet für Musik, die im Viervierteltakt geschrieben ist. Das harte »k« in der dritten Silbe gibt auch hochenergetischer Musik einen Extrakick, besonders wenn das Wort »muthafucka« ausgesprochen wird. Zweifellos würde nur ein totaler Spießer alle vier Silben deutlich aussprechen und gleich betonen, so wie es *The American Heritage Dictionary of the English Language* in seiner vierten Auflage vorschreibt.

Der Ausdruck lautete ursprünglich »mother fucker« – zwei gegensätzliche Wörter, die über lange Zeit getrennt blieben. Zuerst ist da *mother*, ein teutonischer Immigrant, der in das Altenglische als *modor* einwanderte und sein »d« im sechzehnten Jahrhundert gegen ein »th« tauschte. Dann kommt *fuck*, das im Englischen nicht vor dem frühen sechzehnten Jahrhundert auftauchte und sein kleines aggressives Gesicht im Druck erstmals in John Florios italienisch-englischem Wörterbuch *World of Wordes* (1598) zeigte: »Fottere, to iape, to sard, to fucke, to swive, to occupy.« Nicht wahr ist der alte Witz, daß vor langer Zeit in Mutter Afrika ein König namens Mutafuk seine Untertanen seinen Namen den ganzen Tag sprechen ließ und daß später seine Stammesangehörigen als Sklaven den Brauch nach Amerika brachten. Vorausgesetzt, daß Gott Moses eine Steintafel überreichte, auf der gefordert wird, wir sollen unsere Mütter ehren, sollte man annehmen, daß dieses Koschergesetz für immer und ewig gilt. So wie Dillgurken und Vanilleeis – jedes für sich ein einwandfreies Nahrungsmittel – niemals miteinander kombiniert werden sollten, sollten auch *mother* und *fukker* voneinander ferngehalten werden. Aber es kam anders. *Mother* und *fucker* wurden im Schmelztiegel der amerikanischen Bürgerrechtsbewegung zusammengefügt und fanden Eingang in den nationalen Wortschatz mit der Anti-Vietnamkriegsbewegung – innerhalb kurzer Zeit in den sechziger Jahren. Seitdem wird sein häufiger, geradezu selbstverständlicher Gebrauch als Symptom entweder einer freigeistigen, zwangloseren Bürgerschaft oder einer wachsenden Verwahrlosung der Zivilgesellschaft betrachtet. Innerhalb der schwarzen Gemeinschaft, wo *motherfucker* einst auf die Ärmsten und am wenigsten Integrierten beschränkt war (schließlich sagte Martin Luther King in seiner berühmten Rede nicht: »I've been to the motherfucking mountaintop!«), reflektiert seine Präsenz, wie über die letzten vierzig Jahre Afroamerikaner die weiße Gesellschaft und ihren Anspruch auf kulturelle Überlegenheit zurückgewiesen haben. Weiße sehen in der Häufigkeit des Wortes entweder eine allgemeine Verarmung des englischen Vokabulars oder eine wachsende linguistische Komplexität, die von mehr Kontext – Betonung, Gesten und Gesichtsausdruck – und weniger Worten abhängt. Sie haben die Wahl.

Motherfuckers größter Zulieferer innerhalb der Popkultur war wahrscheinlich Richard Pryor (über ihn später mehr), aber der Mann, der das Wort unter die Leute brachte, war George Carlin dank seiner witzigen Monologe auf zwei Livealben aus dem Jahr 1973: »Sieben Wörter, die man nie im Fernsehen sagen kann« auf dem Album *Class Clown* und die Fortsetzung »Schmutzige Wörter« auf *Occupation: Foole*. Als ein öffentlicher Radiosender in New York 1975 »Filthy Words« sendete, beschwerte sich ein wütender Bürger bei der Kontrollbehörde *Federal Communication Commission* (FCC), daß sein Sohn das Programm gehört habe, und wer weiß, vielleicht habe es dem Jungen unwiderruflichen Schaden zugefügt. Die Sanktionen der FCC gegen den Sender führten schließlich 1978 zu der Entscheidung des Obersten Bundesgerichts der USA, daß das im Ersten Zusatzartikel garantierte Recht auf freie Rede nicht Carlins »vulgären, beleidigenden und schockierenden« Gebrauch der Wörter schütze. Doch zu dem Zeitpunkt hatte Carlin jene sieben Wörter schon mehrfach im Fernsehen zitiert, wenn auch in einem exklusiven Universum namens Premium Cable TV.

Wie Carlin in seiner ursprünglichen »Seven Words«-Nummer hervorhob:

Ja, es gibt vierhunderttausend Wörter in der englischen Sprache, und sieben davon kann man im Fernsehen nicht sagen. Was für ein Verhältnis ist das: 399993 zu Sieben. Die müssen wirklich schlimm sein. Sie müssen so ungeheuerlich sein, daß sie von einer so großen Gruppe getrennt werden ... Sie kennen die Sieben, nicht wahr? Scheiße, Pisse, Fick, Fotze, Schwanzlutscher und Titten, ja? Das sind die schweren Sieben. Das sind diejenigen, die Ihre Seele infizieren, Ihr Rückgrat verkrümmen und das Land davon abhalten, den Krieg zu gewinnen.

(Carlins Auswahl und Anordnung der Wörter mag von der letzten gefilmten Vorstellung des Comedian Lenny Bruce inspiriert worden sein; sie wurde Ende 1965 in einem Club in San Francisco aufgenommen und ein Jahr später in mehreren Programmkinos gezeigt. Bruce las dem Publikum einen Abschnitt der richterlichen Begründung aus seinem Obszönitätsprozeß von 1964 in New York vor: »In den letzten zwei Vorstellungen wurden Wörter wie Arsch, Eier, Schwanzlutscher, Fotze, Motherfucker, Pisse, Scheiße und Titten über einhundertmal in völliger Obszönität benutzt.« Mehr zu Lenny Bruce im 8. Kapitel).

Natürlich gibt es andere beleidigende Flüche, aber sie gehören zu den von Carlin sogenannten »two-ways words« – wie cock, prick und balls –, die alternierende, vollkommen seriöse Bedeutungen haben, was ihnen die Schärfe nimmt. (Etwa ein Wortspiel mit »prick«: »Ja, man kann sich in den Finger stechen, aber fingere nicht deinen Stecher.«) Die sieben bösen Schwestern dagegen haben nicht diese sanfte zweideutige Seite. »Unter keinen Umständen, nie, nie, *nie* kannst du sie sagen, nicht einmal im klinischen Sinn«, stellte Carlin fest. »Ich meine, es ist einfach unmöglich. Vergeßt diese Sieben, sie sind draußen.«

Aber eines von ihnen kriege ich nicht aus dem Kopf: *motherfucker*. Es ist unvergeßlich. Es ist allgegenwärtig und eines Buches würdig.

Böse schwarze Motherfucker

Britische und amerikanische Weiße benutzten den Ausdruck »mother fucker« höchstwahrscheinlich schon lange Zeit, nun hat er sich in der Alltagssprache festgesetzt, weil er ein besonders starkes Echo unter den schwarzen Amerikanern fand. Der Schauspieler Ving Rhames drückte es, als er 1997 den Boxpromoter Don King in HBOs Film *Only in America* porträtierte, so aus: »Schwarze bekommen für nichts Anerkennung. Wir kriegen nur ein Wort. Und das heißt *motherfucker*.« Seine Popularität kommt direkt aus dem Slang der Hipster und Jazzmusiker der schwarzen Ghettos des frühen zwanzigsten Jahrhunderts. Sie schnappten es von ihren Vorfahren auf.

Aber warum griffen Schwarze gerade diesen besonderen sprachlichen Zwitter so begierig auf? Warum hatten sie so ambivalente Gefühle der Liebe und Feindseligkeit ihren Müttern gegenüber – und Frauen im allgemeinen?

28

Kann diese Ambivalenz auf eine tradierte Verbitterung zurückgeführt werden, die ihre Vorfahren gegen die Priesterinnen und Matriarchinnen westafrikanischer Gesellschaften hegten, wie etwa die mächtigen Zauberinnen – *iya wa*, »die Mütter«, genannt – der nigerianischen Yoruba-Stämme, die aus ihren polygamen Familien ausgestoßen worden waren, weil sie keine männlichen Kinder bekamen? Oder schuf die amerikanische Sklaverei eigene matriarchale Ordnungen, die schwarzen Frauen einen im Verhältnis der Geschlechter bevorzugten Status gaben?

1968 schrieben zwei schwarze Psychiater, William H. Grier und Price M. Cobbs, ein Buch mit dem Titel *Black Rage*, in dem sie ausführlich auf die zweite Erklärung eingingen. Ja, schwarze Frauen hätten einen besonderen Platz im amerikanischen Süden gehabt – als Mütter oder Mutterersatz in Gestalt von Tanten und Großmüttern –, aber das sei kein traditionelles Matriarchat gewesen. Da der Vater, wenn er denn überhaupt da war, den ganzen Tag sich mit irgendeinem ermüdenden Hilfsjob abquälte und in der Familie keine wirkliche Macht innehatte, fiel es der Mutter zu, die Kinder aufzuziehen, tagtäglich für sie zu sorgen und als Vermittlerin zwischen ihnen und der feindlichen, rassistischen weißen Gesellschaft zu dienen. Sie war laut Grier und Cobbs »der Kulturträger ... Dies ist die Aufgabe jeder Mutter. Aber die schwarze Mutter hat eine unheilvollere Botschaft für ihr Kind und spürt eindringlich die Notwendigkeit, diese Botschaft rüberzubringen. Das Kind muß wissen, daß die weiße Welt gefährlich ist und daß es, wenn es ihre Regeln nicht versteht, getötet werden kann.«

Diese Lektion war überlebenswichtig während der Sklaverei, aber ihr Wert verringerte sich kaum während der brutalen Zeit der Rassentrennung, da ein Schwarzer gelyncht werden konnte, nur weil er eine weiße Frau mit dem falschen Schimmer oder einen weißen Mann mit dem falschen Glitzern im Auge angeschaut hatte. »Die schwarze Mutter ... muß intuitiv die maskuline Durchsetzungskraft und Aggressivität des Jungen beschneiden und abstumpfen, damit sie sein Leben nicht in Gefahr bringen.« Was sie auf keinen Fall wollte, war, daß ihr Sohn ein »bad nigger«, also offen aufsässig gegen Weiße wird, denn so ein junger Mann würde fast sicher ein böses Ende nehmen. »Selbst heute [1968] kann ein Schwarzer nicht allzu aggressiv werden ohne Risiko für ihn selbst«, schrieben die beiden Wissenschaftler.

Das Ergebnis dieser mütterlichen Erstickungsversuche war der gefügige und gefällige »boy« – der Name, den die meisten Südstaatler jedem Schwarzen zuschrieben, ungeachtet seines Alters. Der Soulsänger James Brown erinnerte sich in seiner 1986 erschienenen Autobiographie, wie sein im Süden geborener Vater sich auf die Weißen bezog: »Er hatte viel Wut auf Weiße, aber *denen* zeigte er das nie ... Er nannte Weiße verächtlich ›crakkers‹, verfluchte sie und alles, wenn sie nicht in der Nähe waren, aber wenn er vor ihnen stand, sagte er nur ›Yessir, nawsir‹.« Ebenso bemerkte der Schriftsteller Richard Wright in seinem Roman *Sohn dieses Landes* (1939), wie selbst in Harlem, weit weg vom Süden, junge schwarze Straßenhooligans es vermieden, sich mit Weißen anzulegen, weil das bedeutet hätte »in ein Territorium einzudringen, wo der volle Zorn einer fremden weißen Welt über sie losbrechen würde; kurz gesagt, es wäre eine symbolische Herausforderung der Herrschaft der Weißen über sie; eine Herausforderung, nach der es sie verlangte, vor der sie sich aber fürchteten.«

Liebende, beschützende Mütter formten diese Männer, indem sie die jugendliche Aggression der Kinder auf vielfältige Art und Weise unterdrückten – mit einer verbalen Ohrfeige, einem jähen Schlag mit der Hand über den Mund, einem Rutenhieb auf den Rücken oder irgendeiner anderen unberechenbaren und demütigenden Grausamkeit. »Was zuerst wie ein willkürliches Verhalten des Bemutterns aussah, verfestigte sich zu einer bestimmten, absichtsvollen, wenn auch unbewußten Methode der

Vorbereitung eines schwarzen Jungen auf seinen unter-geordneten Platz in der Welt«, schrieben Grier und Cobbs. »Als ein Ergebnis entwickeln schwarze Männer eine beträchtliche Feindseligkeit gegenüber schwarzen Frauen als den hemmenden Helferinnen eines repressiven Systems. Die Frau hat mehr Macht, mehr Zugänglichkeit zu dem System, und deshalb wird sie mehr gefürchtet und gleichzeitig beneidet.«

Als eine Folge dieser mütterlichen Verletzung war es immer wieder zu beobachten, bemerkten die beiden Psychologen, daß schwarze Männer plötzlich gefühllose Tränen vergossen, wenn sie einen anderen Mann, etwa einen Sportler, Entertainer oder Politiker sahen, »der in einem Moment persönlichen Ruhms als einzigartig da-steht«. Sie erklärten diesen seltsamen Ausbruch so: »Die Tränen gelten dem, was er hätte erreichen können, wenn er nicht zurückgehalten worden wäre ... von einem stummen inneren Befehl, sich nicht auszuzeichnen, sich kein Ziel zu stecken, nicht außergewöhnlich zu werden, keine Aufmerksamkeit auf sich zu lenken.« Dem Mann wurde bewußt, daß der Ursprung dieses Befehls seine Mutter war. »Nur *sie* war so beschäftigt mit seinem Verhalten, und *sie* war höchst besorgt, daß er bescheiden und zurückhaltend sein möge. Und wenn er erkennt, daß er über unerreichte Erfolge trauert, auf die er auf Drängen seiner Mutter verzichtete, empfindet er Wut auf sie.«

Es gibt da einen alten Witz, meist von Schwarzen un-tereinander weitererzählt, über einen kleinen Jungen, der in der Küche sitzt und seiner Mutter dabei zuschaut, wie sie Hähnchenstücke in weißes Mehl stippt, bevor sie sie in die Bratpfanne wirft. Spielerisch steckt er seine Finger in das Mehl, betupft sich das ganze Gesicht damit und sagt: »Schau mal, Ma, ich bin weiß!« Sie schaut auf und fragt: »Was hast du gesagt?« Kaum hat er den halben Satz wiederholt, kommt wie aus dem Nichts ihre offene Hand geflogen und verabreicht ihm eine Ohrfeige. »Sag das nie wieder!« warnt sie ihn mit einem bitteren Ton in der Stimme. Weinend rennt der Junge aus der Küche nach nebenan in die warmen, bergenden Arme seiner Tante Nell. Sie murmelt:

»Herzchen, was ist denn?«

»Mami hat mich geschlagen.«

»Warum hat sie das getan?«

»Weil ich gesagt habe, ich sei weiß.«

Tante Nell verpaßt ihm einen Schlag ins Gesicht und sagt: »Sag das *nie* wieder!«

Nun noch lauter weinend, rennt er zur Großmutter. Freundlich lächelnd lehnt sie sich tief besorgt nach vorn und fragt: »Was ist denn los, mein Kleiner?«

»Mami und Tante Nell haben mich geschlagen!«

»Nun, nun, Schatz, erzähl deiner Oma, warum sie so was machen.«

»Weil ich gesagt habe, ich sei weiß.«

Die Großmutter schlägt ihn noch fester, so daß er fast hinfällt. Etwas von dem Mehl klebt an ihrer Hand. »Sag das *nie* wieder«, blafft sie ihn an. Dann fragt sie ihn mit ruhiger Stimme: »Nun Schatz, was hast du gerade gelernt?«

»Ich – ich – ich hab gelernt«, schnieft er, »daß ich für nur zwei Minuten weiß gewesen bin, und ich hasse euch schwarze Motherfucker schon jetzt!«

James Baldwin sagte es vielleicht am besten in seinem Theaterstück von 1964, *Blues für Mister Charlie*: »Männlichkeit jedoch ist hierzulande ein gefährlich Ding.« Auf dem Land in einen Laden zu gehen und nach einer Dose Prince Albert-Tabak zu fragen, ohne *Mister* Prince Albert zu sagen (da das Bild eines weißen Mannes auf dem Etikett war), konnte einen Neger in Schwierigkeiten bringen. Baldwins Theaterstück basierte auf dem Mord an einem Chicagoer Teenager im Jahr 1955, dessen Mutter ihm nicht eingetrichtert hatte, wie man mit weißen Südstaatlern umgeht. Der 15-jährige Emmett Till besuchte seine Verwandten in Mississippi und ging dort allzu vertraut mit der jungen Frau eines Ladenbesitzers um. Drei Tage später entführten ihn zwei Männer aus dem Haus eines Verwandten, schlugen ihn zu Brei, wikkelten Stacheldraht um seinen Hals und warfen seine Leiche in einen Fluß.

Um unter solch bedrohlichen Verhältnissen zu funktionieren, brauchten schwarze Jugendliche – wie jeder, der von strengen Regeln und Forderungen gefesselt ist – Mittel und Wege, um ihre Wut auszudrücken und mit ihrer Mannwerdung klarzukommen. Deshalb bewunderten sie den explosiven, Furcht einflößenden »bad nigger«, vor dem ihre Mütter sie gewarnt hatten. Der böse Nigger, auch »crazy nigger« genannt, war bedrohlich für jeden in seiner Nähe, ein übler Wind, der niemandem etwas Gutes brachte. Er rührte all die Probleme auf, die unter der Oberfläche des Alltagslebens lagen. Er war besonders gefährlich, weil seine offene Auflehnung – seine »schlechte Einstellung« – die anderen Schwarzen um ihn herum in Gefahr brachte. Und doch, da »bad niggers der Gemeinschaft der Neger Angst einjagten und in gewisser Weise ein negatives Vorbild für ›nette Familien‹ bildeten, hatten solche Männer eine tiefgreifende Bedeutung für die Gemeinschaft der Neger«, schrieben Grier und Cobbs. »Sie lieferten allen schwarzen Männern den Maßstab für Männlichkeit.«

Innerhalb dieses Kontexts bekam das Wort *bad* – als Mahnung aus dem Mund einer allzu beschützenden Mutter kommend – eine ganz eigene ironische Macht. *Bad* meinte nun gut, und *baad* war sogar noch besser. Der Soziologe H. C. Brearley schrieb 1939 für die Zeitschrift *The South Atlantic Quartley* in einem Essay mit dem Titel »Ba-ad Nigger«: »Die Betonung heroischer Verruchtheit ist so stark, daß das Wort *bad* oft seine ursprüngliche Bedeutung verliert und manchmal als ein Beiwort für Ehre gebraucht wird.« Ein junger Schwarzer nannte einen lokalen Helden nicht einfach »bad«, schrieb Brearley, »er nennt ihn ›ba-ad‹. Je mehr er das *a* verlängert, desto größer ist seine Ehrerbietung.« Kein Wunder, daß der erste erfolgreiche Blaxploitation[*]-Film des Regisseurs Melvin Van Peebles, der 1971 unter dem Titel *Sweet Sweetback's Baadasssss Song* herauskam, die Geschichte eines schwarzen Gigolos erzählte, der zwei weiße Polizisten tötet, während er einen *Black Panther* verteidigt, und zur mexikanische Grenze flüchtet, um seinen »*baad* black ass« zu retten. Was das Wort *nigger* betrifft, bekam es mit der Zeit unter Schwarzen eine positive Bedeutung, aber gleichzeitig war es so beladen mit Machtlosigkeit und Erniedrigung, daß es durch etwas Neues ersetzt werden mußte. Bevor er das feindselige System herausfordern konnte, hatte sich der junge schwarze Antiheld zuerst der Mutter gegenüber zu behaupten, die das System repräsentierte, und wer war besser geeignet, sie in die Schranken zu weisen, als ein »bad motherfucker«?

Aber um zu überleben und Erfolg zu haben, mußte der »bad motherfucker« mehr Gewandtheit besitzen als der »bad nigger«. Der böse Nigger war einfach zu verrückt, zu dreist und unbesonnen, als daß etwas Gutes dabei herausgekommen wäre. Selbst der erste berühmte »bad nigger« des zwanzigsten Jahrhunderts, Schwergewichtsweltmeister Jack Johnson, mußte nach Paris flüchten, um einer einjährigen Gefängnisstrafe nach dem 1910 verabschiedeten *White Slave Traffic Act*, besser bekannt als *Mann Act*, zu entkommen. Dieses Gesetz hatte der Kongreß angeblich mit Blick auf Johnson wegen seiner berüchtigten extravaganten Vorliebe für weiße Frauen erlassen. H. Rap Brown beschrieb den »bad nigger« in einem Essay von 1969 mit dem Titel »*Die, Nigger, die*«: »Er rebellierte dagegen, daß die Karten, die er spielte, gezinkt waren, und selbst noch seine Rebellion war ein gezinktes Spiel.« Es war nicht wahrscheinlich, daß er ein hohes Alter erreichen würde. Er schlug um sich, er machte seinen Standpunkt klar, vielleicht legte er sich noch mit Polizei und Justiz an, verängstigte ein paar

---

* Darstellung von Schwarzen in stereotypen Rollen.

Leute und schleppte ab und zu eine weiße Muschi ab, aber gewöhnlich landete er in irgendeiner Sackgasse oder endete an einem Ast.

Der »bad motherfucker« dagegen hatte eine Chance zu gewinnen. Mochte der »bad nigger« auch einige Tricks auf Lager haben, der »bad motherfucker« dagegen war mit allen Wassern gewaschen. Er wußte, daß die weiße Gesellschaft ihm keine Zukunft bot, also machte er seine Regeln selbst und sprach seinen eigenen Slang. Als »Sklave« arbeiten – in einem unqualifizierten, schlecht bezahlten Job, meist für einen weißen Boss –, das war unter seiner Würde. Sein Erfolg sollte vom Glücksspiel kommen, von Zuhälterei (entweder Frauen für andere Männer beschaffen oder ein Gigolo sein), von Drogenverkauf, Hehlerei oder durch die gerissene Anwendung der Spielregeln des ökonomischen Systems der Weißen, indem er alle um sich herum ausnutzte. Besser noch, er wurde ein Musiker oder Sportler, der von anderen schwarzen Männern bewundert wurde – und von Frauen. *Besonders* Frauen, worauf Charles Keil in seinem Buch *Urban Blues* von 1966 hinwies: Die bei den Frauen beliebtesten Blues- und Soulsänger waren diejenigen, die sich wie Bobby Bland und Wilson Pickett auf der Bühne als »bad motherfucker« präsentierten. Der »bad motherfucker« fickte also im übertragenen Sinn nicht nur seine eigene Mutter, sondern wirklich die Mütter anderer junger Männer. Er kannte die Spielregeln, die Straße, die Tricks. Er war schnell und geschickt in seinen Bewegungen und, wichtiger noch, schnell und geschickt mit Worten, weil in einer Umgebung, wo niemand viel besitzt, Worte und Ideen reale Macht haben. H. Rap Brown drückte es so aus: »In unserer Welt waren die Helden Brüder, an die sich niemand außerhalb unserer schwarzen Community erinnern wird. Coole Typen wie Pie-man, Ig, Yank, Smokey, Hawk, Lil Nel – alles bad muthafuckas. Junge Kerle wollten wie diese Brüder sein. Sie waren die Männer in unserer Gemeinschaft. Sie hatten all die Frauen und sich als Sportler und durch genaue Kenntnis der Spielregeln der Straße an die Spitze gekämpft.«

Mit dem Beginn der Bürgerrechtsbewegung bahnten die sechziger Jahre dem »bad motherfucker« außerhalb des Südens einen neuen politischen Weg, wo er seine Auflehnung gegen die weiße Gesellschaft und ihre Scheinjustiz offen zeigen konnte. Nachdem 1965 Rassenunruhen das Ghetto von Watts in Los Angeles verwüstet hatten, gründeten zwei Collegestudenten aus Oakland (Kalifornien) namens Huey P. Newton und Bobby Seale die *Black Panthers* für Selbstverteidigung. Ihr Schlachtruf lautete »Alle Macht dem Volke«, und da zu dieser Macht, dargelegt im Zweiten Zusatzartikel der Verfassung, das Recht gehörte, Waffen zu tragen, rekrutierten Newton und Seale bewaffnete junge Männer und Frauen, um Oaklands schwarze Viertel vor der Polizei der Stadt zu schützen. Der Dichter und Aktivist Amiri Baraka, der damals noch LeRoi Jones hieß, erinnerte sich, wie die Fotos von Seale und anderen Panthers »auf der Titelseite mit ihren Knarren, umgeschnallt oder in der Hand, etwas Wunderbares für uns taten. Wir fühlten uns überlebensgroß. Schwarze forderten Demokratie und Gerechtigkeit und waren bereit, dafür zu kämpfen. Das waren aufregende Zeiten.« Diese schwarzen John Waynes nannten sich untereinander nicht *motherfucker*, weil das Wort allein für ihre schlimmsten Feinde reserviert war, so wenn etwa David Hilliard verkündete: »Fuck that motherfucking man. Wir werden Richard Nixon killen. Wir werden jeden Motherfucker töten, der unserer Freiheit im Weg steht.« Und Bobby Seale schrieb über Newton: »Er vergaß nie unsere Leute. Er sprach immer über die Beschaffung von Lebensmitteln, Brot und Arbeit, anständige Wohnungen, gute Erziehung – und über die Art und Weise, wie die Motherfucker, der Präsident und all die anderen uns beschissen.« Von der US-Regierung sprachen sie nur als »die imperialistischen Motherfucker«.

Andererseits waren die Panthers selbst, darin stimmten

alle überein, »*bad* motherfuckers«, was das Wort völlig umdrehte, von Verachtung zu Bewunderung. Seale pries Huey Newton als »baddest motherfucker, der je in der Geschichte auftrat«, weil er »sich mitten im Ghetto, in der Nacht, in Gassen hinstellte, von Rassistenschweinen mit Waffen konfrontiert, und ihnen sagte ... ›Ich lasse nicht zu, daß ihr mich brutal behandelt. Ich werde verhindern, daß ihr meine Leute brutalisiert ... Wenn ihr auf mich schießt, schieße ich zurück.‹« Ein anderer Black Panther, George Jackson, sagte über seinen Kampfgefährten James Carr: »Jimmy was the baddest motherfukker!« Unglücklicherweise brach schließlich, wie ihre Mütter ihnen vorausgesagt hätten, durch die bewaffnete Rücksichtslosigkeit der Black Panthers die ganze Gewalt von *Law and Order* über sie herein. Newton und Hunderte anderer Panthers gingen ins Gefängnis, und siebenundzwanzig von ihnen wurden in Kämpfen mit Polizei und FBI-Agenten getötet. Manchmal war ein »bad motherfucker« wie die früheren »bad nigger« zu schlimm für sein eigenes Bestes.

Um die Macht des Wortes *motherfucker* in der schwarzen Community zu verstehen, muß man schauen, wie ein junger Mann von der Pubertät bis zu seinen späten Teenagerjahren seine Männlichkeit – seine »badness« – und seinen Platz in der Hackordnung seines Viertels festlegte. Ein Mittel dazu war ein Spiel namens »the dozens« (»die Dutzende spielen«), bei dem er seine Freunde und Rivalen herausforderte, indem er Moral, Aussehen, Intelligenz und Hautfarbe ihrer Familienangehörigen – besonders ihrer Mütter – beleidigte. Tatsächlich meinte »playing the dozens« oft, die Mutter eines anderen verbal zu ficken oder sexuell zu beschämen. Wenn deine Mutter eine miese schmutzige Schlampe war, die nicht eine Spur von Anstand hatte, mußtest du dich fragen, was verdammt noch mal das für dich hieß.

Manche Experten wie etwa Geneva Smitherman mutmaßen, daß die Redewendung vom Sklavenmarkt in New

Orleans kam, wo deformierte, verkrüppelte und anderweitig minderwertige Sklaven »im Dutzend billiger« verkauft wurden – eine zusätzliche Demütigung unter den Sklaven selbst. Andere Quellen sagen, der Ausdruck entstamme ursprünglich einer Herausforderung, bei der zwölf Beleidigungen erfunden werden mußten, jede schlimmer als die vorausgegangene, wie etwa in »Ich fickte deine Mama einmal, sie sagte, Du hast ja erst begonnen ... Ich fickte deine Mama zum siebentenmal, sie sagte, Mein Gott, ich glaub, ich bin im Himmel« und so weiter bis zur Zahl Zwölf. (Dieses Spiel mit zwölf Beleidigungen könnte die Inspiration für Trixie Smith' populären Bluessong von 1923 »My Man Rocks Me (With One Steady Roll)« gewesen sein, dessen Verse mit Blick auf die Uhr – »I looked at the clock and the clock struck three, I said, ›Baby, whooeee!‹« – von eins bis zwölf begannen. Diese Songstruktur führte schließlich 1954 zu »Rock Around the Clock«, die erste Rock'n'Roll-Platte, die sich über eine Million mal verkaufte.)

H. Rap Brown erinnerte sich, daß seine Kumpel und er »die Dutzende zur Entspannung spielten, so wie die Weißen Scrabble spielen«. Ein Beispiel:

> I fucked your mama
> Till she went blind,
> Her breath smells bad,
> But she sure can grind.
> I fucked your mama
> For a solid hour.
> Baby came out
> Screaming »Black Power!«

(Ich habe deine Mama gefickt / bis sie blind wurde. / Sie riecht schlecht aus dem Mund, / Aber vögeln kann sie. / Ich habe deine Mama gefickt, / eine ganze Stunde lang, / Baby kam raus / Und schrie »Black Power!«)

Der Anthropologieprofessor Roger Abrahams von der Universität Texas zitierte 1962 einen ähnlichen Reim in einem Artikel in der Zeitschrift *Journal of American Folklore*:

I fucked your mother on an electric wire,
I made her pussy rise higher and higher.
I fucked your mother between two cans,
Up jumped a baby and hollers, »Superman!«

(Ich fickte deine Mutter auf elektrischem Draht, / Ich machte ihre Muschi immer geiler. / Ich fickte deine Mutter zwischen zwei Kanistern, / Heraus sprang ein Baby und brüllte: »Superman!«)

Brown erklärte dazu: »Der eigentliche Zweck der ›do-zens‹ war, einen Typen so verrückt zu machen, daß er schrie oder wütend genug war, sich zu schlagen. Du sagst irgendeinen Scheiß wie ›Mann, sag deiner Mama, sie soll nicht ständig zu mir kommen. Ich hab's satt, sie zu fik-ken, und ich denke, du solltest langsam wissen, es ist kein Zufall, daß du aussiehst wie ich.‹ Und manchmal konnte es stundenlang so weitergehen.«
Amiri Baraka nannte »the dozens« »die afrikanischen Songs der Gegenbeschuldigung«, die Lektionen für jedes schwarze Kind enthielten: »Wie man reimt. Wie man in seiner Fantasie die äußersten Grenzen erreicht. Wie man erfindet und kreiert. Deine Mutter ist ein Mann – Dein Vater ist eine Frau. Deine Mutter trinkt ihr eigenes Ba-dewasser – Deine Mutter trinkt das Badewasser anderer Leute. Deine Mutter trägt Springerstiefel – Deine Mutter trägt zu ihrem fetten Arsch überhaupt keine Schuhe ... Ich fickte deine Mama unter einem Baum, sie erzählte allen, daß sie mich heiraten will. Ich fickte deine Mama in der Kneipe an der Ecke, die Leute wollen wissen, ob ich einen Pavian fickte.«
Das »Yo' [deine] Mama« dieses Rituals ist zu einem

Schlagwort geworden, das sich in der allgemeinen Kultur ausgebreitet hat, wie etwa »Deine Mutter ist so häßlich, sie filmten *Gorilla im Nebel* in ihrer Dusche!« oder »Deine Mutter ist auf meiner Aufgabenliste ganz oben.« (Die Kontraktion ist nichts Neues: Kokomo Arnold, einer der ersten populären amerikanischen Bluesmusiker der dreißiger Jahre, nahm einen Song mit dem Titel »Twelves« auf, in dem er damit angab, eine ganze Familie gefickt zu haben: »I like yo' mama – sister, too ... Yo' mama, yo' daddy, yo' greasy [fette] greasy grandnanny.«) Der Ausdruck wurde so beliebt – manche würden sagen: überbeansprucht –, daß er inzwischen meist nur noch als eine herausfordernde Erwiderung dient – »Yo' mama!« –, die nichts weiter erfordert, höchstens noch als Nachdruck einen Griff in den eigenen Schritt. Tatsächlich ist in den letzten zwanzig Jahren der Aspekt des Mutter-Bashings aus »the dozens« eine Institution in der amerikanischen Kultur geworden. Es gibt im Fernsehen Beleidigungsshows (MTVs *Yo Momma*, 2006 zum erstenmal ausgestrahlt), das wöchentliche Programm *Saturday Night Live* (Chris Rocks »Mutterwitz des Tages« während der Saison 1993), Bücher (James Percelys Reihe der »Yo' mama« *Snaps* Witzbücher in den neunziger Jahren sowie Andrew Barlows und Kent Roberts beknackte Dekonstruktion der »dozens« aus dem Jahr 2005 in ihrem Buch *A Portrait of Yo Mama as a Young Man*) und Aufnahmen (wie The Pharcydes »Ya' Mama« und das Download »The Dozens« des Rapparodisten MC Hawking von 2004 mit Zeilen wie »Deine Mutter ist eine solche Schlampe, gestern nacht mußte ich meinen Schwanz auf ihrem Arsch parken und eine Stunde warten, bis ich hineinkam«).

Aber warum sind »the dozens« in den letzten hundert Jahren so ein fester Bestandteil der afroamerikanischen Gesellschaft geworden? Ende der sechziger Jahre studierte der schwedische Sozialanthropologe Ulf Hannerz Ghettojungs in Washington D.C., die den verbalen

Schlagabtausch spielten. Unter den Beispielen, die er aufzeichnete, waren:

> I fucked your mother on top of the wall.
> That woman had pussy like a basketball.
> I fucked your mother from house to house.
> She thought my dick was Mighty Mouse.
>
> I fucked your mother on a car.
> She said, »Tim – you're too far.«
> I fucked your mother in a Jeep
> She said, »Kenny – you are going too deep.«

Hannerz kommentierte: »Die Jungs haben scheinbar gerade herausgefunden, daß sie sich mit der falschen Person identifiziert haben, der Mutter. Nun müssen sie das Äußerste tun, um sie lächerlich zu machen und so jeden und sich selbst – vor allem sich selbst – von ihrer Männlichkeit und Unabhängigkeit überzeugen.«

Roger Abrahams glaubte, daß »playing the dozens« sich für den schwarzen Jungen, der von einer Mutter oder anderen weiblichen Familienangehörigen großgezogen war, deshalb von Bedeutung war, weil »es eine Frau gewesen ist, die seine potentielle Virilität mit ihren Werten und ihrer Autorität bedrohte ... Also muß er ihren Einfluß exorzieren. Er schafft sich daher einen Tummelplatz, der es ihm ermöglicht, die Mutter eines anderen zu attackieren, im vollen Wissen, daß diese Person reagieren muß und seine eigene Mutter beleidigen wird. Auf diese Weise übernimmt ein anderer seine Aufgabe für ihn, und gemeinsam geißeln sie alles, was feminin, schwach, unmännlich ist.«

1939 betrat John Dollard, Psychologe an der Yale Universität, in einem Artikel mit dem Titel »The Dozens: Dialectic of Insult« für die Zeitschrift *American Imago* ein damals noch weitgehend verbotenes Terrain, als er schrieb, daß der Zweck des Spiels darin zu bestehen scheint, Dinge zur Sprache zu bringen, die für den anderen schmerzhaft sind. Das physische Selbst der angesprochenen Person wird entwürdigt, er wird manchmal eines inzestuösen Verhaltens beschuldigt; ehebrecherische Akte werden den Menschen vorgeworfen, die ihm ›heilig‹ sind, d.h. denjenigen, denen gegenüber der Beschuldigte selbst keine bewußten sexuellen Wünsche hegt ... Offensichtlich ist dieses Element der Bloßstellung der unbewußten Wünsche des anderen das Entscheidende. Wenn der verhöhnende Sprecher sein unbewußtes Ziel trifft, beschreibt er einen unterdrückten Wunsch, der in seinem Hörer nach Ausdruck sucht.

Gleichzeitig, schrieb Dollard, »ist das Aussprechen der verbotenen Handlungen in sich selbst befriedigend« und »die Anschuldigungen des Sprechers ... repräsentieren in den meisten Fällen eigene Wünsche«.

Hannerz war überzeugt davon, daß Jungen und junge Männer »the dozens« benutzten, um ihre widersprüchlichen Gefühle gegenüber ihren Müttern aufzuarbeiten, denn im Allgemeinen gaben sie das Spiel zu dem Zeitpunkt auf, da sie das Erwachsenenalter erreichten und ihre Aufmerksamkeit auf anderes richteten. »In diesem Fall ist es klar, daß die Jungen sich nicht männliche Erwachsene zum direkten Vorbild nehmen, da jene aufgehört haben, Reime über ihre Mütter zu erfinden«, schrieb er. Wenn der junge Mann erst einmal ein Alter erreicht hat, wo er sich der Autorität seiner Mutter entziehen kann, hat er nicht länger den unbewußten Wunsch, andere Jungen anzustacheln, sie zu beleidigen.

Aber ganz läßt er die Dynamik und Geschicklichkeit des Spiels nicht hinter sich. Sie haben ihn vorbereitet auf das nächste Stadium der Entwicklung, nämlich sich bei einem anspruchsvolleren Ritual durchzusetzen, das »signifying« heißt. In seiner Grundform ist »signifying« die Kunst der Andeutung einer Beleidigung, eines Verrats oder einer Manipulation. Man sagt etwas, aber meint etwas anderes. Das berühmteste Beispiel ist der sogenannte »signifying monkey« der schwarzen Folklore. Der Affe ist ein kleiner Schwindler, der seinem Dschungelnachbarn, einem Löwen, anvertraut, daß ein Elefant aus der Gegend schreckliche Dinge über seine Familie verbreitet; wäre der Löwe hip, wüßte er, daß der Affe ihn bloß verarscht, aber stattdessen fällt er auf den Trick rein und rennt wütend los, um diesen schmutzigen mutterfikkenden Elefanten zur Rede zu stellen. Wie zu erwarten, stampft der größere, stärkere Dickhäuter den bescheuerten Löwen in Grund und Boden, was dem Löwen zu Recht geschieht, weil er so ein Trottel ist, und der Affe bekommt unter den Tieren des Dschungels ein wenig Anerkennung, weil er das Ganze in Gang gesetzt hatte.

In der realen Welt deuten Schwarze nicht so sehr an, um zwischen ihren Nachbarn Wirbel zu verursachen, sondern um vielmehr mit dem Witz und der sprachlichen Gewandtheit anzugeben, die sie sich in den frühen Jahren des Spielens mit den Dutzend-Reimen erworben haben. Nach H. Rap Brown »ist Signifying menschlicher [als the dozens]. Statt über die Mutter von jemand herzuziehen, zog man über die Anwesenden selbst her.« Eine Form des »signifying« ist der Rap, wo ein zungenflinker Erzähler sich selbst in ein Szenario versetzt, in dem er der schärfste Typ weit und breit ist – besser fickt, kämpft und trickst als alle anderen (die Zuhörer eingeschlossen). Als ein Beispiel führt Brown, der seinen Spitznamen für sein Rapkönnen bekam, eine seiner eigenen Nummern an:

Rap is my name and love is my game,
I'm the bed-tucker, the cock*plucker, the motherfucker,
the milkshaker, the record breaker, the population
maker,

* Cock wird hier in seiner Südstaatenbedeutung verwendet: die Vagina eines Mädchens.

the gun-slinger, the baby bringer,
the hum-dinger, the pussy ringer …
Women fight for my delight.
I'm a bad motherfucker.

(Rap ist mein Name und Liebe mein Spiel, / Ich bin der Bettwühler, der Mösenpflücker, der motherfucker, / der Milchmixer, der Rekordbrecher, der Bevölkerungsmacher, / der Revolverheld, der Kinderbringer, / der Mordskerl, der Muschiklingler … / Frauen kämpfen um meine Gunst. / Ich bin ein schlimmer motherfucker.)

Dann ist da die längere und übertreibende Version des »signifying«, »the toast« genannt, die Roger Abrahams als »eine poetische Erzählung« beschreibt, die »auf eine theatralische Weise rezitiert wird … Das Thema ist die Befreiung des Körpers durch übermenschliche Taten und die Freiheit des Geistes durch Akte, die frei von beengenden sozialen Konventionen sind – (oder direkt gegen sie verstoßen), besonders in Hinsicht auf Verbrechen und Gewalt.« Es waren hauptsächlich Straßenballaden, die mehr gesprochen als gesungen wurden. In einer Kultur, die auf oralen Traditionen beruhte und auf die *griots* Westafrikas – Stammeshistoriker und Genealogen – zurückging, waren die Helden des »toast« oft die ultimativen »bad mammy-jammers«, die Archetypen des Motherfuckertums. Und die redegewandten Typen, die diese Geschichten, beschränkt nur von den Grenzen ihrer Einbildung und sprachlichen Fähigkeiten, erzählten, hatten Anteil am Ruhm und der Verrufenheit dieser fantastischen Figuren. Die berühmtesten, schlimmsten Motherfucker der »toasts« waren Shine, Stagolee und Dan Tukker, Archetypen, die während der Sklaverei erfunden und später in historische Ereignisse eingefügt wurden.
So spürten zum Beispiel viele schwarze Amerikaner, als der britische Luxusdampfer R.M.S *Titanic* 1912 sank und eintausendfünfhundert arme Seele in die Tiefen des

Atlantiks mitriß, ein Gefühl der Erleichterung – und sahen das Desaster als wohlverdiente Strafe. Da keine Neger unter der Mannschaft oder den Passagieren waren, kam es auch nicht dazu, daß sie Plätze in den Rettungsbooten aufgeben und mit dem Schiff untergehen mußten, was unter normalen Umständen ihr Schicksal gewesen wäre. Aber mit dem Mediensturm, der der Tragödie folgte, breitete sich in schwarzamerikanischen Stadtvierteln ein populärer »Toast« aus, der detailliert beschrieb, was hätte passieren können, wenn ein gewisser cleverer Motherfucker namens Shine an Bord gewesen wäre. Die Geschichte hatte im späten neunzehnten Jahrhundert Gestalt angenommen, einige Jahre nach dem Bürgerkrieg, in der Zeit der sogenannten Rekonstruktion, als Schwarze in die Städte des Nordens auszuwandern begannen. Ihre Wurzeln reichten allerdings weiter zurück in die Sklaverei. Zum Beispiel hatte eine Version von »Shine auf der Titanic« als Anfangszeile: »Es war 1849, als die große *Titanic* unterging.« Der Anthropologe Neil A. Eddington bot eine andere Fassung, die begann: »Der 30. Mai war ein höllischer Tag, das war der Tag, da die *Titanic* sank« – auch wenn das Schiff an einem 14. April unterging. Straßenchronisten hatten die Geschichte einfach aktualisiert, um sie berichtenswerter zu machen. Exakte Daten kümmerten sie nicht.

»Es war die Hölle, es waren beschissene Zeiten, als diese *Titanic* diesen Eisberg traf und begann, unterzugehen«, lautete eine Version der Geschichte. Shine war entweder ein Koch in der Spülküche oder ein Heizer, zuständig für einen der mächtigen Motoren der *Titanic*; wie auch immer, er ging hoch an Deck, um den Kapitän zu warnen, daß unten Wasser einströmte. Obwohl der Kapitän ihm versicherte, daß alles in Ordnung sei und er ruhig auf seinen Posten zurückgehen solle, da riesige Pumpen das Wasser entfernen würden, glaubte Shine ihm nicht: »Ich gehe das Risiko ein und springe über Bord ... Ich verlasse das Schiff, sobald das Wasser meinen Hintern erreicht.« Nicht lange, und es dämmert allen an Bord, daß die Situation hoffnungslos ist, und da sagt die Frau des Kapitäns: »Shine, Shine, bitte rette mich Arme, ich gebe dir die ganze Muschi, die du hier siehst.« Aber Shine sagt ihr: »Ich hab Muschis an Land, ich hab Muschis auf See. Ich habe fünfundzwanzig Motherfucker in New York, die nur auf mich warten.« Dann bettelt die schwangere junge Tochter des Kapitäns: »Shine, bitte rette mich Arme; ich werde dem Kind deinen Namen geben.« Shine sagt: »Miststück, du fuhrst weg und ließest dich schwängern; is mir egal, aber du mußt genauso ins Wasser springen wie der alte Shine.« Dann fleht der Millionär: »Nun, Shine, ach, Shine, rette mich Armen, wir machen dich reicher, als ein Shine nur sein kann.« Aber Shine, wohl wissend, daß das nur leere Versprechungen sind, antwortet ihnen: »Ihr haßt meine Hautfarbe, und ihr haßt meine Rasse; springt über Bord und gebt den Haien etwas zum Jagen.«

In dem Moment verläßt Shine das sinkende Schiff. »Shine traf das Wasser mit einem gewaltigen Platsch, und jeder fragte sich, ob dieser schwarze Hurensohn lange aushalten kann. Da schaute der Teufel von der Hölle auf und sagte grinsend: ›Er ist ein schwarzer, schwimmender Motherfucker. Ich denke, er wird bald hier unten sein.‹« In einer Version fickt Shine auf dem Weg zur Küste das Atemloch eines dreißig Meter langen Wals. In einer anderen Fassung taucht ein Hai neben ihm auf und sagt: »Shine, Shine, du schwimmst so gut, wirst du langsamer, gehört dein schwarzer Arsch mir.« Shine erwidert: »Du magst der König des Ozeans sein, König der Meere, aber du müßtest ein schwimmender Motherfucker sein, wenn du schneller schwimmen kannst als ich.«

Als er eine Hafenstadt erreicht (in einer Variante ist es Harlem), steuert Shine schnurstracks auf eine Bar zu, tritt die Tür ein und verlangt einen heißen Grog. In einem »Toast« beschließt er, jeden am Ort zu ficken, Männer und Frauen, und schlägt eine Schneise durch die Anwesenden so breit, wie jener Eisberg den Stahlrumpf der Titanic durchschnitten hatte; in einem anderen Text wird er betrunken, bevor er Gelegenheit hat, irgendjemanden zu ficken, und dann »flog eine kleine grüne Fliege in Shines Arsch und kitzelte Shine zu Tode«. In dem Moment sagt Satan unten in der Hölle: »All ihr Miststücke, ihr klettert besser auf die verdammte Mauer, denn Shine wird bald wieder runterkommen und uns alle ficken.«

Dem Autor Langston Hughes zufolge, der 1951 einen Artikel in dem Magazin *Negro Digest* unter dem Titel »Witze, die Neger sich selbst erzählen« schrieb, war der Sexprotz in der Hölle ein bekanntes Motiv in Witzen und Erzählungen der Schwarzen.

Kaum hatte der Neger einen Fuß in die Hölle gesetzt, da packte er die Tochter des Teufels und verwüstete sie. Zehn Minuten später lockte er die Frau des Teufels hinter einen heißen Felsen und verwüstete sie. Da kam des Teufels Mutter vorbei. Der Neger packte sie und verwüstete sie. Plötzlich merkte der Teufel, was seiner Familie geschehen war. Zitternd, zum erstenmal, seit er der Herrscher der Hölle war, fiel er auf die Knie und rief Gott um Hilfe an: »Herr, bitte, nimm diesen Neger weg von hier, bevor er *mich* ruiniert!«

Für die Publikation mußte Hughes natürlich die derbe Prosa des »Toasts« entschärfen, und dabei zerstörte er auch das Metrum des Erzählgedichts. In ihrem Forschungsprojekt an der Columbia University von 1968, detailliert dargestellt in einem Aufsatz mit dem Titel »The Use of Language in the Speech Community«, diskutierten der Sprachforscher William Labov und seine Kollegen die ausgefeilten Rhythmen und Binnenreime im Vortrag eines alten Straßengeschichtenerzählers.

Das Wort *motherfucker* wird immer wieder auf diese Weise [zum Aufbrechen des regulären Metrums] benutzt; es selbst würde einen Halbvers ausmachen, aber so wird es nie verwendet. Stattdessen haben wir so komplexe Rhythmen wie:

> Shine said, »You round here lookin'
> Like a pregnant pup.
> Go find that motherfucker that
> Knocked your ass up.«

Einem anderen Beispiel folgend, diesmal dem des »signifying monkey«, stellen die Forscher fest:

> Wieder ist *motherfucker* ein ausschmückendes Wort auf dem Grundrhythmus, das jede Rückkehr zu einem holprigen Metrum verhindert.
> He said, »He's a big burly motherfucker, weigh about ten thousand pounds.
> When he walk, he shake the motherfucker' grounds.«
> Say, »He a big peanut-eatin'
> Motherfucker, big long flappy ears,
> Been turnin' out these parts for the last ten years.«

Der wahrscheinlich berühmteste »Toast« ist der für Stagolee – oder Staggerlee oder Stackerlee or Stack Lee –, der seit den zwanziger Jahren in zahllosen Blues-Aufnahmen gefeiert worden ist, ganz zu schweigen von Lloyd Price bereinigtem R&B-Lobgesang (»Stagger Lee«), der 1959 vier Wochen lang die Nummer Eins der amerikanischen Popcharts war. Aber meistens war die Figur der Mittelpunkt einer mündlichen Soap Opera, mit der sich Schwarze um ein Feuer, an einem Eßtisch oder bei einer Flasche Whiskey am Ende eines weiteren harten und erniedrigenden Tages im rassistischen Amerika gegenseitig aufheiterten. Cecil Brown, der Autor der Songbiographie *Stagolee Shot Billy,* erzählte, daß, als er in den späten fünfziger Jahren ein Junge auf einer Tabakfarm in North Carolina war, »für junge schwarze Feldarbeiter, die am Ende der Tabakstraße im Schatten saßen, Stagolee so impulsiv, so vulgär, so verwegen und so abenteuerlustig war, wie sie ihn (und sich selbst) sich wünschten. Meine Onkel, die meine männlichen Vorbilder waren, und ihre Freunde rezitierten immer wieder ihr gereimtes obszönes Lob der Verruchtheit Stagolees.«

Der reale Stagolee war ein einunddreißig Jahre alter Zuhälter, Nachtclubbesitzer und Flußschiffseigner (*Stack Lee* hieß eines seiner Schiffe) mit dem Namen Lee Sheldon, der am Weihnachtstag 1895 in einem Saloon in St. Louis einen einheimischen Gauner namens Billy Lyons erschoß. Weil Sheldon und sein Opfer in der schwarzen Gemeinde beide wohlbekannt waren, erhielt sein Prozeß viel Aufmerksamkeit in der Presse, selbst in den Zeitungen der Weißen. Sheldon wurde zu dreizehn Jahren im Strafgefängnis von Jefferson City verurteilt. Nach einer kurzen Zeit in Freiheit 1909 kehrte er wegen einer anderen Straftat ins Gefängnis zurück und starb dort 1912 an Tuberkulose. Obwohl der Mord an Lyons gut dokumentiert war, weiß der Himmel, wie viele der verschiedenen Stagolee-Toasts auf seinen Heldentaten basierten und was von früheren Folkballaden stammte. Gewiß machte sein Milieu – St. Louis florierendes Bordellviertel – ihn zu einer idealen Figur für schwarze Folklore, nicht zuletzt wegen der wachsenden Zahl Blues singender Dammarbeiter, Straßenarbeiter und Dampfschiffarbeiter, die den Mississippi auf und ab fuhren. Sie benutzten die Vorlage seiner Geschichte als Rahmen für ihren eigenen Widerstand, ihre Fantasie und Wunschvorstellungen. Es dauerte nicht lange, bis sich »Stack Lee« Sheldon in den knallharten Superman Stag Lee verwandelte, geliebt von den Frauen, respektiert von den Schwarzen, gefürchtet von den Weißen, ein Unruhestifter, wo immer er auftauchte.

In einer wohlbekannten Version machte er Halt in einer Spelunke mit dem Namen »Bucket of Blood«, um etwas zu essen. Als der Barkeeper ihm »ein Glas schales Wasser« und »ein vergammeltes Stück Fleisch« hinschob, wurde er böse.

I said, »Raise, motherfucker, do you know who I am?«
He said, »Frankly, motherfucker, I just don't give a
damn.«
I knowed right then that chickenshit was dead.
I throwed a thirty-eight shell through his motherfucking
head.

Der Musikwissenschaftler Alan Lomax entdeckte »Stagolee« in Balladenform während einer Exkursion zum
unteren Mississippi um 1910, als Sheldon noch am Leben
war. Von 1924 bis zur Gegenwart ist der Song mehr als
zweihundertmal aufgenommen worden, aber die wohl
maßgeblichste Version ist John Hurts Delta Blues-Klas-
siker »Stagolee« von 1928. In der informellen Straßenversion hatte Stagolee den Ruf eines »bad motherfuk-
kers«. Tatsächlich lautete traditionell die letzte Zeile
»I'm a bad motherfucker«. Aber Hurt und die anderen
Bluessänger, die die Geschichte auf Schellack erzählten,
durften das natürlich nicht sagen, daher fehlte stets ein
wichtiger Bestandteil der Geschichte Stagolees.

Es gab viele andere »bad motherfuckers«, die in der
Straßenlyrik unsterblich gemacht wurden, wie etwa Joe
the Grinder, Pimpin' Sam aus Alabama, Stavin' Chain,
Dolomite und Peter Wheatstraw, »der Schwiegersohn des
Teufels«. Doch der erfolgreichste innerhalb des kommerziellen Musikgeschäfts war Dan Tucker oder Bad Man
Dan, der solche Verve und sexuelle Ausstrahlung besaß,
daß Frauen auf der Stelle seinem Zauber erlagen. Dan
konnte mit seinen Fäusten oder seiner Waffe kämpfen,
aber meist war er damit beschäftigt, die schönsten und
reichsten Frauen der Stadt, schwarze und weiße, zu um-
werben. Natürlich mußte seine Geschichte, wann immer
sie jenseits der Straßen und Bars des Stadtviertels zur
öffentlichen Unterhaltung präsentiert wurde, abgemildert
werden; in diesen Fassungen durfte er sich keine Überschreitungen erlauben, wie etwa die Tochter des weißen
Bürgermeisters in den Arsch ficken. In der Frühzeit der

Musikindustrie tauchte Dan Tucker überall auf. In den Minstrelshows des neunzehnten Jahrhunderts war er Dan Tucker, Dan Cupid oder Jim Dandy. (Dandy tauchte 1956 wieder auf, als R&B-Sänger LaVern Baker seine zahlreichen Heldentaten in den landesweiten Popcharts pries.) Bereits in den neunziger Jahren des 19. Jahrhunderts nahm May Irwin einen Hit mit dem Titel »Crappy Dan« auf; darin findet sich die Zeile: »My name is Crappy Dan, I'm a spo'tin' man« (ein »sportin' man« ist ein Zuhälter). Noten gibt es von einem Song aus dem Jahr 1921 mit dem Titel »The Lady's Man, Dapper Dan from Dixieland«, der bemerkenswert für einen Abschnitt ist, in dem Dan, ein Pullman-Schaffner (zu jener Zeit ein Prestigejob für Schwarze), während der Fahrt die Namen all der Städte ausrief, wo er Frauen hatte, die auf ihn warteten. Mehrere Jahre später sang Bessie Smith, die Kaiserin des Blues, sein Loblied in »Hustlin' Dan« und »Kitchen Man« – »wild about his turnip tops, like the way he warms my chops«. 1937 enthüllte Georgia White die Großtaten von »Dan the Backdoor Man« – eine gewöhnliche Anspielung in der Bluesmusik auf einen Sexprotz, der sich durch die Hintertür reinschleicht, wenn der Freund oder Ehemann der Frau sich auf den Weg zur Arbeit macht. Songschreiber freuten sich, eine Figur wie Dan zur Verfügung zu haben, wenn auch nur, weil sein Name sich auf »handy man« oder »lover man« reimte. Aber mit Dan *Tucker*, »the baddest mother*fucker*«, nun, mit ihm konnten sich Songwriter in der Schlagerindustrie nicht blicken lassen. Auf der Single »Deacon Dan Tucker« von 1957 mußte sich Singer-Songwriter Jesse Belvin mit »I'm Deacon Dan Tucker, I'm looking for a pretty girl« begnügen.

Dan schaffte es 1951 fast bis an die Spitze der Popcharts, als The Dominoes, eine brillante schwarze Gesangsgruppe, einen millionenfach sich verkaufenden Song aufnahmen – geschrieben von einer nicht mehr ganz jungen Jüdin und einem schwarzen Chorleiter – mit dem Titel »Sixty-Minute Man«. In einem tiefen Bass prahlte Sänger Bill Brown: »Listen here, girls, I'm telling you now, come up and see ol' Dan. I rock'em, all night long, I'm a sixty-minute man.« Radiostationen spielten den Song nicht, denn falls Miss Ann ihn hörte, würde er ihre Ohren versengen, und dann würde die Zensurbehörde FCC ihnen die Türen eintreten und die Sendelizenz von der Wand reißen. Aber dank der allgegenwärtigen Jukebox wurde »Sixty-Minute Man« überall im Land gespielt.

Aber um wirklich ein »bad motherfucker« zu sein, mußte ein Schwarzer sein eignes Lob singen, ohne sich hinter Dan Tucker oder Jim Dandy zu verstecken. Einer der ersten erfolgreichen Künstler, der sich selbst auf einer kommerziellen Aufnahme »zutoastete«, war Ellas McDaniel, besser bekannt unter dem Namen Bo Diddley. Diesen Namen bekam er, weil er sich schon als Junge seine eigene Gitarre gebaut und darauf gespielt hatte. In Mississippi kennt man sie als Diddley-Geige. Zusammen mit einem prahlerischen Hittitel von 1955 mit dem Titel »Bo Diddley« führte er vier Jahre später »the dozens« mit dem noch größeren Hit »Say, Man« ein und rühmte sich selbst in Songs wie »Who Do You love?« (»Ich lief siebenundvierzig Meilen auf Stacheldraht, ich trage eine Kobrahaut als Halstuch, ich habe ein nagelneues Haus an der Hauptstraße, ganz aus Klapperschlangenhaut«). Diddleys Song basierte auf dem Vers eines alten »Toasts« mit dem Titel »The Great MacDaddy«, dessen Text so ging: »I've got a tombstone disposition, graveyard mind [einen furchtlosen Charakter]. I know I'm a bad motherfucker, that's why I don't mind dyin'«; auf Vinyl sang Diddley leicht verändert »Tombstone hand and graveyard mind, just twenty-two and I don't mind dyin'«. Erst in den siebziger Jahren konnte ein »bad motherfucker« es laut und deutlich aussprechen. Sein Name war Rudy Ray Moore, und er nannte sein übermenschliches Alter Ego Dolemite. Aber ihn habe ich für ein anderes Kapitel aufgespart.

Als 1988 plötzlich – wie eine Salve aus einer AK-47 – mit N.W.A.s (Niggaz With Attitude) Album *Straight Outta Compton* Gangsta Rap auf der Bildfläche erschien, präsentierte die Gruppe die alten »Toasts« in neuen Raps. In einer ihrer Nummern, »Something Like That«, stellte sich Bandmitglied Lorenzo Patterson unter dem Namen MC Ren vor ...

and for the street it's Villain.
and strapped with a gat, it's more like Matt Dillon
on *Gunsmoke*, but not a man of the law.
I'm just the baddest motherfucker that you ever saw.
See, I peep and then I creep on a fool,
get my blood pressure high but still stay cool.
Dig a grave of a nigga looking'up to me,
that really had the nerve that he could fuck with me ...
You know, it's MC Ren kickin' mucho ass.

Heutzutage präsentieren sich die meisten schwarzen Plattenkünstler zusammen mit mehr als ein paar Sportshelden der Welt als böse, aufgemotzte, übermenschliche »motherfucker« – oder »sucker-motherfucker stoppers«, um N.W.A.s Dr. Dre zu zitieren –, die all das besitzen, was ein Mann sich nur wünschen kann: Geld, Goldketten und willige junge Frauen. Um den Titel der Autobiographie des Ex-Basketball-Stars Dennis Roman zu paraphrasieren, sie sind »bad as they wanna be«. Sie stehen im Mittelpunkt einer grellen, aggressiven Prominentenkultur, die »Bad Motherfucker!« noch in dem seltenen Moment schreit, da die Rapper selbst es nicht mehr laut aussprechen wollen.

Aber trotz ihrer Erfolge im Showbusiness sind Afroamerikaner auch heute noch im großen Ganzen der Gesellschaft relativ machtlos. Solange sich die Grundlagen nicht geändert haben, wird der verletzte Stolz der jungen schwarzen Männer weiterhin den Trost des »Bad motherfucker«-Mythos benötigen.

Siggy & Ed: Eine komplizierte Geschichte

>>Was geht ab, Motherfucker?<<
Josephus (Gregory Hines) begrüßt König
Ödipus (Ronny Graham) in Mel Brooks
The History of the World: Part I (1981)

Falls Sie nicht mit der Figur des Ödipus vertraut sein sollten, hier ist eine Strophe des Satirikers Tom Lehrer, der ihr historisches Dilemma zusammenfaßt:

Da war einmal ein Mann mit Namen Oedipus Rex.
Sie haben bestimmt gehört von seinem seltsamen Komplex.
Sein Name erscheint in Freuds Index,
Weil er seine Mutter liebte!

Ich meine, er liebte seine Mutter *wirklich*. Wir sprechen hier nicht über irgendein armes Muttersöhnchen, wie etwa den Raketentechniker in dem Comedy-Sketch von Mike Nichols und Elaine May aus den sechziger Jahren, den seine Mutter durch Schuldgefühle auf ein Häufchen Elend reduziert und der nur noch zu brabbelnder Babysprache fähig ist. Nein, dies ist der Ernstfall. Ein wirklicher Mutterficker.

Tatsächlich ist Ödipus, der mythische König von Theben, der seine eigene Mutter heiratete und mit ihr vier Kinder zeugte, der berühmteste Mutterficker von allen. Sigmund Freud benannte das wichtigste Stadium der psychosexuellen Entwicklung nach ihm. Aber die Fabel von Ödipus, wie sie von Sophokles und anderen griechischen Dramatikern präsentiert wurde, hatte wenig mit Inzest und mehr mit dem Schicksal und seiner unerbittlichen Macht über unser Leben zu tun. Ödipus und seine Frau Iokaste wußten nicht, daß sie miteinander verwandt waren, und als sie schließlich ihre Übertretung entdeckten, beendete ihre Selbstbestrafung ein Drama, das Aristoteles später eine der größten aller Tragödien nannte.

Neben Sophokles' Theaterstück *Oedipus Tyrannus* von circa 425 v. Chr. gibt es viele literarische Hinweise auf Ödipus, die nahelegen, daß er vielleicht auf einer historischen Gestalt basierte. Im achten Jahrhundert v. Chr. schrieb Homer im 11. Gesang der *Odyssee*, daß Odysseus während seiner Reise durch die Unterwelt »die schöne Epikaste [Iokaste] sah, Mutter des Königs Ödipus, deren schreckliches Schicksal es war, ihren eigenen Sohn zu heiraten, ohne es zu ahnen. Er heiratete sie, nachdem er seinen Vater getötet hatte, aber die Götter verkündeten die ungeheure Geschichte der ganzen Welt; er blieb jedoch König von Theben, das große Leid ertragend, das die Götter über ihn gebracht hatten; Epikaste aber ging hinab zu dem Haus des mächtigen Pförtners Hades, denn sie erhängte sich aus Schmerz, und die Rachegeister verfolgten Ödipus wie eine erzürnte Mutter – bis zu seiner bitteren Reue am Ende.« Jeder griechische Dramatiker, der etwas taugte, von Euripides bis Aeschylus, versuchte sich an der Ödipus-Legende, aber Sophokles' Klassiker – unter den wenigen, die erhalten geblieben sind – ist das Stück, das noch heute gelesen und aufgeführt wird.

Also, wie schaffen es eine Mutter und ihr Sohn zu heiraten, ohne zu realisieren, was sie getan haben? Nun, in der griechischen Mythologie mit all ihren Orakeln und verrückten Zufällen konnte alles passieren. Was geschah, erklärte Sophokles, auch mittels Rückblenden, so:

Als das Orakel von Delphi Laios, dem König von Theben, sagt, daß sein neugeborener Sohn aufwachsen und ihn töten wird, entscheiden Laios und seine Frau Iokaste, das Schicksal abzuwenden, indem sie die Füße des Jungen durchstechen und dem Hofschäfer befehlen, das verkrüppelte Kleinkind den Wölfen in den Wäldern des nahegelegenen Bergs Kithairon zu überlassen. (Zu jener Zeit war es nicht unüblich, ungewollte oder mißgestaltete Babys in der Wildnis auszusetzen.) Stattdessen gibt der Schäfer, der sich denkt, niemand werde es herausbekommen, das Kind einem anderen Schäfer in Korinth jenseits des Gebirges. Dieser Schäfer wiederum bringt das Neugeborene Polybos, König von Korinth, dessen Frau ihm keinen Erben hat schenken können. Polybus findet sogleich Gefallen an dem Jungen und nennt ihn Oedipus wegen seiner geschwollenen Füße. (*Oed* bedeutet »Schwellung« und findet sich heute noch in dem Wort Ödem; *pus* ist das griechische Stammwort für Fuß – denken Sie nur an einen Oktopus mit seinen acht Tentakeln.)

So weit, so gut. Nun, da die Geschichte eine dramatische Wendung braucht, tritt ein weiteres Orakel auf. (Orakel waren meist alte Frauen, die in Heiligtümern, die ebenfalls Orakel genannt wurden, rumhingen und Prophezeiungen diverser Gottheiten, die auch Orakel hießen, an Interessierte weiterleiteten. In Dramen war es die Hautaufgabe von Orakeln, dem Plot eine neue Richtung zu geben, wann immer ein Stückeschreiber sich in eine Sackgasse geschrieben hatte oder ihm einfach die Ideen ausgingen.) Es sind etwa achtzehn Jahre vergangen, da vertraut auf einem Bankett ein Betrunkener Ödipus an: »Du bist nicht der wahre Sohn deines Vaters.« Ödipus ist natürlich von dieser Enthüllung schockiert, aber um sicherzugehen, daß dies nicht der üble Streich eines Sturzbesoffenen ist, geht er schnurstracks zu einem Orakel, um seine Herkunft zu bestätigen. Das Orakel kann ihm nicht die gewünschte Auskunft geben, aber die Seherin erhält vom Berg Olymp die Kurznachricht, daß Ödipus eines Tages seinen Vater töten und seine Mutter vögeln wird. Dies irritiert Ödipus so sehr, daß er auf der Stelle entscheidet, nie wieder nach Hause zurückzukehren, um ganz sicher zu sein, daß sich die Vorhersage nicht bewahrheitet. Aber wie das Schicksal es nun mal will, humpelt er mit seinem Wanderstab in Richtung seines Geburtsorts Theben, wo seine wirklichen Eltern noch leben. Beim Abstieg vom Berg Parnassos trifft er an der Kreuzung dreier Landstraßen einen herrischen alten Mann mit einem Gefolge von mehreren Leuten. Als der Mann ihm rüde befiehlt, aus dem Weg zu gehen, erklärt Ödipus, daß ein Erbe des Throns von Korinth für niemanden zur Seite tritt. Es ist nicht klar, ob der Alte Ödipus in einem ernsten Fall von Verkehrsrowdytum schlägt oder über seine ohnehin schon empfindlichen Füße fährt, jedenfalls ist unser Held sehr erzürnt. Vermutlich benutzt er seinen Stab als einen tödlichen Ninjastock und streckt die ganze Reisegruppe, einschließlich des alten Mannes, mit ein paar Bruce-Lee-Schlägen nieder. Nur einen läßt er entkommen. Danach setzt Ödipus guten Mutes seinen Weg nach Theben fort und denkt nicht weiter an den Vorfall.

Er läßt sich in der Stadt nieder und prosperiert, nachdem er ein lokales Problem gelöst hat, nämlich das Rätsel der Sphinx. (Sophokles geht nicht ins Detail, weil er nicht will, daß die Sphinx, ein übellauniges Miststück, das jedem fürchterlich auf den Wecker geht, seiner Geschichte im Weg steht, aber andere Autoren erzählen uns, daß dies das Rätsel war: »Welches Tier hat vier Beine am Morgen, zwei am Mittag und drei Beine am Abend?« Oedipus antwortet: »Der Mensch«, denn Babys krabbeln auf allen vieren und alte Leute benutzen einen Gehstock, so wie es der fußverletzte Ödipus tut [deshalb kannte er des Rätsels Lösung].) Durch die korrekte Antwort wird die Sphinx zum Teufel gejagt, und Kreon, der Interimsherrscher von Theben seit der Ermordung König Laios' durch Räuberhand, übergibt die Krone an Ödipus und bietet ihm die Hand seiner Schwester Iokaste, Laios' Witwe, an.

Wieder vergehen Jahre. König Ödipus und Iokaste haben vier Kinder, und da keines von ihnen aussieht wie durch Inzucht gezeugte Hillbillys aus Toadsuck (West Virginia), ahnt niemand etwas. Alles läuft vorzüglich, denn, wie es Mel Brooks in *The History of the World: Part I* ausdrückt: »Es ist gut, König zu sein.« Mit anderen Worten, es ist höchste Zeit für ein weiteres Orakel, das alles vermasselt. (Tatsächlich ist dies der Moment der Geschichte, wo Sophokles sein Stück beginnt, und wir erfahren all die vorherigen Angaben in erzählenden Rückblenden.) Als plötzlich eine tödliche Pest Theben heimsucht, schickt Ödipus Kreon nach Delphi, um das Orakel zu befragen, was das Unheil hervorruft. Kreon kehrt mit der Nachricht zurück, daß die Plage Strafe für den Mord an Laios ist. »Diese Blutschande untergräbt unseren Staat«, kommentiert Kreon. Ödipus verflucht den Mörder, wer auch immer er sein mag, »und barg ich selbst den Täter unter meinem Dach und wußte drum. So mögen sich die Flüche auf mich entladen, die ich ausstieß gegen ihn.« Keine gute Idee. Und dann begeht Ödipus einen weiteren Fehler, indem er den einheimischen Seher Teiresias kommen läßt. Als der alte Mann sich zuerst weigert zu sprechen, droht ihm Ödipus mit dem Tod, woraufhin Teiresias zu ihm sagt: »Nun denn, Arschloch, du wolltest es so« (meine Worte, nicht die Sophokles') und verkündet: »Du selbst begingst den Frevel, der dieses Land entweiht ... Der Mörder, dem du nachspürst, bist du selbst.« Und fügt hinzu: »Ich sage, du lebst mit deiner nächsten Verwandten in Schmach, unwissend in deiner Schande.« Statt Teiresias zu glauben, beschuldigt Ödipus ihn und Kreon, sich diese grauenhafte Geschichte ausgedacht zu haben, um Kreon auf den Thron zu setzen. Teiresias zieht sich klugerweise zurück in die Berge, solange er noch seinen Kopf hat, aber zum Abschied macht er noch die böse Voraussage: »Der Fluch von Mutter und Vater wird dich eines Tages wie ein zweischneidiges Schwert jenseits unserer Grenzen treiben, und die Augen, die jetzt klar sehen, werden fortan umnachtet sein«. Iokaste springt ihrem Bruder Kreon bei, indem sie Ödipus versichert, daß Orakel unzuverlässig sind. So sei einst Laios und ihr von dem Orakel von Delphi gesagt worden, daß ihr eigener Sohn seinen Vater töten werde, und schau doch, was geschah: Laios wurde an einer Kreuzung von Wegelagerern ermordet, lange nachdem sein einziger Sohn in frühester Kindheit gestorben war. Soviel zur Glaubwürdigkeit von Orakeln! Aber Ödipus erzählt ihr, daß er selbst einmal einen Mann an einer Kreuzung tötete. Was, wenn das Opfer Laios wäre? Iokaste versichert ihm, daß ein Zeuge ihr berichtete, daß Räuber die Tat begangen hätten. Aber Ödipus ist mit dieser Antwort nicht zufrieden. Er schickt nach dem einzigen Überlebenden. Vielleicht hatte der Kerl sich einfach nur geschämt zuzugeben, daß nur ein Mann, und dazu noch ein Krüppel, stark genug gewesen war, einem ganzen Trupp die Hucke vollzuhauen.

An diesem Punkt in der Geschichte verlangte das griechische Publikum vielleicht lauthals nach mehr Verwirrung. Als Sophokles also eine neue Figur einführt, ist es nicht der Zeuge, den Ödipus herbeirufen ließ, sondern vielmehr ein Bote von Korinth, der Ödipus mitteilt, daß sein Vater Polybos friedlich in seinem Bett gestorben ist. Das bedeutet, Oedipus ist nun nicht nur König von Thebes, sondern auch König von Korinth. Wenn schon eine Krone, um Skakespeares Richard II. zu zitieren, ein »schweres Gewicht« auf dem Kopf eines Monarchen ist, stellen Sie sich vor, wie zwei sich angefühlt haben müssen, besonders zu einer Zeit, da es noch keine Chiropraktiker gab. Die Nachricht bedeutet auch, das Orakel hat zu

Unrecht Ödipus' Vatermord vorausgesagt, »wenn ihn nicht die Sehnsucht nach mir tötete, so nur trüg ich Schuld an seinem Tod«. Dann fragt sich Oedipus laut: »Muß mir nicht bangen vor meiner Mutter Ehebett?«

Ödipus' Frage evoziert eine Antwort von Iokaste, die eine der umstrittensten Passagen in Sophokles' Drama werden sollte. »Laß vor der Ehe mit der Mutter dir nicht grauen. Oft hat im Traum seine Mutter schon ein Mann umarmt! Doch wer auf solche Träume gar nichts gibt, der lebt am leichtesten.« Diese Worte markierte Sigmund Freud in seinem zerlesenen Exemplar des *Oedipus Rex* wahrscheinlich mit einem Stift, der Ende des neunzehnten Jahrhunderts einem gelben Textmarker entsprach.

»Aber fürchten muß ich die Lebende«, sagt Ödipus. »Geweissagt hat mir einst Loxias [Apollo], daß ich mich mit meiner eigenen Mutter paaren werde.«

Der Bote, der daneben gestanden und zugehört hat, fragt Ödipus: »Wer ist es denn, vor dem Ihr Euch so fürchtet?«

»Merope, die Gemahlin des Polybos«, erwidert ihm Ödipus.

»Aber da gibt es nichts zu fürchten«, sagt der alte Bote und läßt die Katze aus dem Sack. »Sie war nicht Eure Mutter, noch war Polybos Euer Vater.« Er erklärt, daß er einst ein Schäfer in den Bergen gewesen sei und daß »ein Hirte des Königs« aus Theben ihm Ödipus als kleines Kind übergeben habe, er wiederum habe »ihm die Nadel gelöst, die seine Fersen durchbohrte« und ihn dann dem König gebracht. Iokaste, jäh mit Entsetzen erkennend, daß Ödipus ihr Sohn ist, schreit: »Unseliger, mögest du nie erfahren, wer du bist!« und stürzt aus dem Zimmer.

Als nächstes wird der Hirte am königlichen Hof hereingeführt, und der korinthische Bote erkennt ihn als den Schäfer, der ihm damals den kleinen Ödipus übergab. Zufällig ist dieser Schäfer *auch* der einzige Überlebende und Zeuge des Mords an Laios an jener Weggabelung, der, wie er nun gesteht, nicht von Räubern, sondern vielmehr von einem Mann begangen wurde. In dem Moment erkennt Ödipus wie Iokaste die Wahrheit. Er eilt davon, um sie zu suchen, aber sie hat sich bereits erhängt. Außer sich nimmt er die goldene Brosche von ihrem Gewand, sticht deren Spangen in seine Augen und blendet so sich selbst. Kreon krönt sich zum König, und Oedipus zieht sich in die Einsamkeit zurück. Er will in der Wildnis Kithairons sterben, so wie die Götter es ursprünglich beabsichtigt hatten. In einer Fortsetzung mit dem Titel *Ödipus auf Kolonos* brachte Sophokles ihn wieder auf die Bühne zurück, aber er war nur noch ein alter Mann im Schatten seiner Tochter Antigone.

Homer war versöhnlicher: In der Odyssee schrieb er, daß Ödipus seine Herrschaft nach Iokastes Tod fortsetzte. Aber meist wollten die Griechen für diese Taten Strafe ohne Erlösung, denn Vatermord war das schlimmste Verbrechen und das zweitschlimmste war Geschlechtsverkehr mit der Mutter, wobei es auch anders herum gewesen sein könnte. Es spielt keine Rolle, weil Ödipus beide Verbrechen begangen hatte, und seine Schuldhaftigkeit stand hundert Prozent fest, denn nach damaligem Gesetz erforderte eine Straftat kein Schuldbewußtsein, wenn ich mich an die Interpretationshilfen aus der Schulzeit richtig erinnere. Die Frage nach Absicht oder nicht war ohne Bedeutung.

Ödipus' Geschichte ist immer wieder erzählt und viele Male in jedem Medium neu bearbeitet worden. Im siebzehnten Jahrhundert verfaßte John Dryden ein populäres Drama über ihn. Der italienische Regisseur Pier Paolo Pasolini aktualisierte die Geschichte für das zwanzigste Jahrhundert in seinem Film *Edipo Re* von 1967. Steven Berkoff versetzte in seinem Stück *Greek* die Geschichte in das East End von London während der Margaret Thatcher-Ära – ein gewisser Eddy tritt an die Stelle von Ödipus, Armut ist nun die Pest, und die Moral des Stückes ist versöhnlicher als der erbarmungslose Kodex der Griechen. Aber derjenige, der Ödipus in die modernen Geschichtsbücher und psychologischen Abhandlungen brachte, war jener wilde und verrückte Wiener Guru der Neurose, Sigmund Freud.

Da Ödipus keine erkennbaren Mami-Probleme oder Groll gegen seinen Vater hatte und da er Theben ja gerade verlassen hatte, um jede mögliche Erfüllung der furchtbaren Prophezeiungen zu vermeiden, war er eigentlich kein gutes Aushängeschild für Freuds berühmten infantilen Sexualkomplex. Egal. Freud kümmerte sich wie die Griechen nicht um Absicht. Ödipus beging die Tat, und da es in Geschichte oder Mythen keine anderen passenden Muttificker gab, war das gut genug.

Nach Freud ist das menschliche Bewußtsein wie ein kleines Haus mit einem großen dunklen Keller. (Ich vermeide mit Absicht das Bild vom Eisberg, das gewöhnlich benutzt wird, um Freuds Theorien zu illustrieren.) Das meiste davon ist unter der Oberfläche, ein verborgener Vorrat an Bildern und Gefühlen – das Unbewußte –, der die meisten unserer Wachgedanken motiviert und unser Verhalten bestimmt, auch wenn diese subterrane Existenz völlig von Ereignissen geformt wurde, die geschahen, bevor wir fünf Jahre alt waren. Freud entwickelte die Psychoanalyse als einen Weg, um jenen Abgrund zu erforschen, Träume und Ängste aufzuschlüsseln und herauszufinden, was falsch lief. Eines seiner wichtigsten Postulate war, daß jedes Kind, um ein zufriedenes menschliches Wesen zu werden, zuerst mehrere Stadien der sexuellen Entwicklung durchlaufen muß – und jede arme Seele, die irgendwo auf diesem Weg versagt, ist zu gestörten Beziehungen, psychischen Traumata und abgekauten Fingernägeln verdammt. Heraus kam dabei, was Freud den *Ödipuskomplex* nannte. »Jedem menschlichen Neuankömmling ist die Aufgabe gestellt, den Ödipuskomplex zu bewältigen«, schrieb Freud in seinen *Drei Abhandlungen zur Sexualtheorie* (1905); »wer es nicht zustande bringt, ist der Neurose verfallen«. (Ursprünglich bezog Freud Ödipus auf beide Geschlechter; erst später nannte sein Schüler Carl Gustav Jung die weibliche Entsprechung den Elektrakomplex, der auf einem anderen griechischen Mythos beruht, über den Sophokles auch ein Theaterstück schrieb, wenngleich Elektra keinen Sex mit ihrem Vater hatte, sondern vielmehr seine Ermordung rächte, indem sie bei dem Mord an ihrer Mutter mithalf. Lots zwei Töchter wären vielleicht ein besseres Beispiel gewesen, wenn das Buch Genesis sie nicht namenlos gelassen hätte.)

Wie auch immer, hier ist der Ödipuskomplex in Kürze: Während der psychosexuellen Entwicklung jedes Jungen (etwa zwischen dem dritten und fünften Lebensjahr) will er seine Mutter vögeln, aber davor muß er erst einmal diesen großen Blödmann loswerden, der ihm im Weg steht, d.h. seinen Vater. Gleichzeitig fürchtet der Junge (seine mörderischen Wünsche projizierend), daß sein Rivale ihn wahrscheinlich vorher bestrafen wird, indem er ihm seinen kleinen liebeshungrigen Schniedel, der all die Scherereien hervorruft, abschneidet. Wenn alles während dieses Stadiums gut läuft, gibt unser genußsüchtiger Hosenmatz nach, verzichtet auf seine fleischlichen Absichten und beschließt, daß er, wenn er den Alten nicht besiegen kann, sich besser mit ihm verbündet – und so nimmt er die männliche Identität seines Vaters an. Aber wenn er dieses emotionale Dilemma nicht löst, sagt Freud, wird der kleine Kerl für immer zu seiner Mutter halten und sich gegen seinen Vater stellen und eines dieser Muttersöhnchen werden, der noch zu Hause wohnt und am Küchentisch sitzt, wenn er fünfzig ist. Schlimmer noch, er könnte ein Homosexueller werden, der noch zu Hause wohnt, Mamas Essen ißt und sich Celine Dion-Platten anhört. (Mädchen, die nicht den Elektrakomplex überwinden, entwickeln einen »Penisneid«.) Nach Freud geschieht das, wenn eine dominante, überzärtliche oder verführerische Mutter auf die sexuellen Fantasien des Kindes eingeht, nicht indem sie tatsächlich Sex mit ihm hat, sondern indem sie ihn als Vertrauten in ihre eigene gestörte, feindliche Beziehung mit ihrem Ehemann oder mit Männern im allgemeinen hineinzieht.

Als ein begeisterter Leser griechischer Literatur verband Freud Ödipus mit kindlicher Sexualität bereits in einem Brief vom 15. Oktober 1895 an seinen Freund Wilhelm Fliess: »Ich habe die Verliebtheit in die Mutter und die Eifersucht gegen den Vater auch bei mir gefunden und halte sie jetzt für ein allgemeines Ereignis früher Kindheit ... Wenn das so ist, so versteht man die packende Macht des König Ödipus.« In seiner ersten größeren Arbeit, *Die Traumdeutung* (1899), bemerkte Freud: »Uns allen vielleicht war es beschieden, die erste sexuelle Regung auf die Mutter, den ersten Haß und gewalttätigen Wunsch gegen den Vater zu richten; unsere Träume überzeugen uns davon. König Oedipus, der seinen Vater Laios erschlagen und seine Mutter geheiratet hat, ist nur die Wunscherfüllung unserer Kindheit.« Es verging jedoch ein weiteres Jahrzehnt, bis er C. G. Jungs Begriff der »Komplexe« übernahm und ausdrücklich einen Ödipuskomplex identifizierte, und zwar in einer Arbeit mit dem Titel »Über einen besonderen Typus der Objektwahl beim Manne« (1910). In den frühen zwanziger Jahren, als er seine »Entwicklungstheorie« über die Veränderung der »erotogenischen Zonen« eines kleinen Jungen von oral über anal zu phallisch ausarbeitete, verlegte Freud die ödipale Auseinandersetzung in das »phallische Stadium«. Nun besagte seine revidierte Theorie, daß ein Junge, sobald er in die Pubertät eintritt, sein sexuelles Problem löst, nicht indem er den Wunsch, seine Mutter zu ficken, einfach aufgibt, sondern ihn vielmehr unterdrückt. Mit anderen Worten, alle zukünftigen sexuellen Objekte sind Ersatz für Mama (wenn der Junge erfolgreich das phallische Stadium durchlaufen hat) oder für Papa (falls nicht).

Ein Mann, der an ödipaler Angst gelitten haben könnte, war Julius Caesar. Anderthalb Jahrhunderte nach seinem Tod im Jahr 44 v. Chr. bemerkte sein Biograph Suetonius Tranquillus im Kapitel VII seines *Leben des Julius*

Caesar: »In der Stille der Nacht ... träumte [der junge römische Kaiser], daß er bei seiner Mutter lag; aber seine Verwirrung löste sich, und seine größten Hoffnungen wurden erweckt durch die Deuter seines Traums, die erklärten, es sei ein Omen, daß er das ganze Reich besitzen sollte, denn die Mutter, die er im Schlafe so willig gefunden habe, sei nichts anderes als die Erde, die Erzeugerin der ganzen Menschheit.« Ein anderer Biograph, der griechische Historiker Plutarch, erzählte dieselbe Episode. Wie das Schicksal es wollte, war wahrscheinlich einer der Mörder Caesars ähnlich geplagt von ödipalem Verlangen; er war der Sohn der Servilia, Caesars frühe Geliebte und langjährige Liebe, die ein heißer Feger gewesen sein soll. Plutarch glaubte, daß Brutus Caesars illegitimer Sohn war, was eine tiefere, dunklere Bedeutung Caesars letzten Worten hinzufügte, »Et tu, Brute«, als der jüngere Mann wild mit dem Dolch in Caesars Herz stach. (Caesar zeugte übrigens auch ein Kind mit der ägyptischen Königin Kleopatra VII., eine Tochter zweier Geschwister; ihre Mutter war ihre Tante, und ihr Vater war ihr Onkel, und sie hatte nur ein Paar Großeltern.)

Als ein Grundpfeiler der Freudschen Psychoanalyse hat der Ödipuskomplex im Laufe der Jahre viel Prügel bekommen. Viele Leute, besonders Konservative, wollen nicht über halbschlaffe infantile Ständer, Mutterlust oder einen unbewußten Determinismus nachdenken, der den freien Willen übertrumpft; Amerikas evangelikale christliche Rechte hat Freud als einen Agenten Satans verurteilt, allein dafür, *es* zur Sprache gebracht zu haben. Gleichzeitig glauben viele Liberale heutzutage, daß Homosexualität einen genetischen Ursprung hat, dank der Arbeiten von Simon LeVay, Ivanka Savic Berglund und anderen, und tun Freuds Paradigma ganz und gar ab. Trotzdem hat der Ödipuskomplex längst ein Eigenleben angenommen, und der arme Ödipus wird auch zukünftig den Kopf dafür hinhalten müssen, *der* Mutterficker der Geschichte zu sein.

Abschließend wollen wir dort enden, wo wir begannen, mit Tom Lehrers »Oedipus Rex« von einem Livealbum, das sich 1959 sehr gut verkaufte:

Also sei gut und nett zu Mutter, sprich hin und wieder mit ihr.
Kauf ihr Konfekt oder Blumen oder einen neuen Hut.
Aber dabei solltest du es dann auch besser belassen!

Der Kleine hat ein halbes Wort gesagt!

>»You *mother*!«
>Barbara Stanwyck in dem Film *Night Nurse* (1931)

»ONE TOUGH MOTHER!« schrie die elektronische Werbetafel über dem Sunset Boulevard in Hollywood, um eine neue (Mai 2008) E! Channel Reality-Serie mit dem Titel *Living Lohan* anzupreisen – in der Hauptrolle Dina Lohan, Mutter des auf Abwege geratenen Partygirls und Starlets Lindsay Lohan. Die Anzeige erfaßte die drei Definitionen des Worts *mother*, wie wir sie heute kennen. Ja, Dina ist Lindsays biologische Mutter (das ist die erste Bedeutung), aber das riesige, unübersehbare MOTHER, das dort über dem dichten Verkehr schwebte, verspottete auch die Mutterschaft (die zweite, zynische Bedeutung), denn das flaschenblonde Luder mit dem gestrafften Gesicht war ein Boulevardblattsymbol der destruktiven Bühnenmutter – »Zuhältermama« in der heutigen krassen Sprache – geworden, die heftig mit ihrer prominenteren Tochter konkurrierte und dabei alle möglichen schlechten Gewohnheiten und riskanten Verhaltensformen zeigte.

Als »Mingling Moms«, ein soziales Netzwerk von New Yorker Klatschtanten mit zuviel freier Zeit, am Muttertag 2008 Dina Lohan als ihre »Mutter des Jahres« ausriefen, reagierten die Medien und Blogger, als ob das Rote Kreuz die Hisbollah für ihre humanitären Anstrengungen geehrt hätte. Ein Kolumnist bemerkte, niemand könne sagen, ob die Mingling Moms sich einen Spaß erlaubten, weil ihre ausdrucklosen Mienen – das Ergebnis nicht irgendwelcher Pokerstrategie-Klassen, sondern vielmehr ihrer »mit Botox vollgestopften« Gesichter – nichts verrieten. TMZ.com drückte es lapidarer aus: »dina-lohan-is-a-good-mutha-alright.« Tschüß, Mother Goose, Hallo, Liebste Mami, Du miese Mutter.

Dieser Gebrauch von *mother* als abschätziges Wort bringt uns zur dritten Bedeutung, die tatsächlich eine Nuance der zweiten ist, nämlich ein abgekürztes, gesellschaftlich akzeptables *motherfucker* – das »fucker« so unausgesprochen wie das »ts« in *beaux-arts*. Wie sehr ist es wirklich akzeptiert? Nun, niemand beschwerte sich über das Großwort MOTHER, das überall in Los Angeles von den Werbeflächen strahlte. Und Fernsehzuschauer zuckten offensichtlich nicht mal mit den Wimpern, als der New Yorker Detektiv Cyrus Lupo (Jeremy Sisto) in der NBC-Serie *Law & Order* zu einem Kidnapper, dessen weibliches Opfer (in einer Episode Anfang 2008) überlebte, sagte: »You're one lucky mother«, oder als 2007 ein Mitglied aus Snoop Doggs Clique in einer Episode von *Monk* des Senders TNT die Hauptfigur Adrian Monk (Tony Shalhoub) wissen ließ: »Ich hasse diesen motherffff ... Ich hasse diesen Kerl.«

Um es noch mal ganz klar zu sagen: *Mother* ist die Kurzform von *Motherfucker*, und wir hier in Amerika regen uns nicht mehr darüber auf. Jeder kennt den alten Witz über das schwarze Kleinkind, das »mother« lallt, und seinen überglücklichen Vater, der zu seiner Frau läuft und schreit: »Schatz, unser Kleiner hat ein halbes Wort gesagt!« Gerade so wie Präsident George W. Bush vor Fernsehkameras »Wie wir in Texas sagen, das ist ›bull‹ [shit]« äußern konnte, ohne bei einem empörten Publikum Bilder von dampfenden Haufen Bullenscheiße heraufzubeschwören, ist man heute frei, jemanden einen »motherfucker« zu nennen, solange man das Wort halbiert und die zweite Hälfte nur impliziert. In dem Sinne treffen alle drei Bedeutungen des Wortes gleichermaßen auf Mrs. Lohan zu.

Die Fast-Respektabilität dieser abgekürzten Form verdankt sich ein wenig Saddam Hussein, Iraks schlimmstem Motherfucker, der am 6. Januar 1991 prahlte, daß ausländische Truppen, die es wagten, in Kuwait, das seine Armee besetzt hatte, einzumarschieren, in *Umm Al-Ma'arik*, »der Mutter aller Schlachten«, vernichtet werden würden – er spielte dabei auf einen blutigen arabischen Sieg über die Perser, fast vierzehnhundert Jahre zuvor, an. Da »Mutter von« eine arabische Redefigur ist, die äußerst oder das Größte bedeutet, drohte Hussein eine wilde Zerstörung an, die im Westen Bilder aus dem Buch der Offenbarung heraufbeschwörte. Aber als die USA und ihre Verbündeten Husseins viel gerühmte Kriegsmaschine in panischer Flucht nach Bagdad zurücktrieben, wandelte sich der Ausdruck über Nacht in einen Witz (die Mutter aller Rückzüge) und ist es seitdem geblieben. Welcher jede Party mitfeiernde Student hat nicht irgendwann damit angegeben, die Mutter aller Fürze gelassen zu haben? Welcher sich ausgenutzt fühlende Ehemann hat nicht unter der Mutter aller Schwiegermütter gelitten? Wenn eine temperamentvolle Fernsehschauspielerin (zum Beispiel Shannen Doherty) und eine Celebritytante (sagen wir: Paris Hilton) in einem versnobten Nachtclub verbal aneinander geraten, ist es wahrscheinlich, daß die *New York Post* darüber als »die Mutter aller Zickenkämpfe« berichtet. Und manchmal kann der Witz sehr düster werden, etwa als Generäle des Pentagons ihre neue, mächtige, 20000 Pfund schwere Fliegerbombe »The Mother of All Bombs« oder MOAB nannten; das PR-

Büro der Armee befürchtete, daß die Benennung gefährlich frivol klingen könnte, und erklärte sogleich, daß das Akronym tatsächlich das schwerfälligere »Massive Ordinance Air Blast Bomb« bedeutete, was dann allerdings MOABB hätte heißen müssen. In letzter Zeit läßt man das »aller« oft weg; so nannte etwa die Radioreporterin Tovia Smith im Mai 2008 den riesigen Chevy Suburban »the mother of SUVs«. Dies ist eine verderbte Form des alten englischen Idioms »mother of«, was Ahnin oder Vorläuferin bedeutete, wie zum Beispiel in dem Sprichwort »Not ist die Mutter der Erfindung«, oder eine bestimmte Riesensequoia ist »die Mutter des Big Sur-Waldes«. Nun, da wir eine vollkommen respektable Bedeutung für »mother« hatten, die als Kurzform für »motherfucker« galt, konnten »you mother« und »nasty mother« und andere fiese Varianten auch zur Hauptsendezeit ausgesprochen werden. Selbst *The Scientist*, eine angesehene Zeitschrift, die sich als »Das Magazin für Biowissenschaften« anpreist, hatte im Juli 2006 keine Bedenken, einem Artikel über die Unbarmherzigkeit von Mutter Natur den Titel »A Nasty Mother« zu geben. *Motherfukker* ist auf diese Weise transformiert und herabgestuft worden zu einem der »two-way words« (pricks, balls et. al.) George Catlins und ist nicht mehr das tödlichste der sieben tödlichen Wörter, die man im Fernsehen nicht sagen kann – so lange man nur die ersten zwei Silben ausspricht. Man weiß, was gemeint ist, aber gibt vor, ahnungslos zu sein.

Ganz neu ist der zweideutige Gebrauch des Wortes keineswegs. Nehmen Sie zum Beispiel diesen Ausruf: »You *mother*!« Die gespitzten Lippen, die Arme in die Hüften gestemmt, die verbitterte Betonung des zweiten Worts, die Nahaufnahme des Gesichts in diesem Moment – all das ließ keinen Zweifel, daß der weibliche Star des Warner Bros. Films *Night Nurse* eigentlich sagen wollte: »You motherfucker!«

Was die Szene so schockierend macht, ist die Tatsache,

daß die Krankenschwester, die sich da empörte, die junge Barbara Stanwyck war. 1931!

Obwohl die *Production Code Adminstration* (PCA), Hollywoods berüchtigte Überwachungskommission, in jenem Jahr bereits existierte, galten ihre restriktiven Regeln hinsichtlich dessen, was in der Filmunterhaltung inakzeptabel war, erst drei Jahre später. Da hatte nämlich die Katholische Kirche entschieden, sich mittels ihrer *Legion of Decency* selbst zu Amerikas Moralwächter des Filmgeschäfts zu ernennen. 1931 genossen die Filmstudios noch die Freiheiten einer Zeit, die heute ihre »Pre-Code-Ära« genannt wird, und die Filmgesellschaft Warner Bros. war mehr als andere dafür bekannt, Grenzen zu überschreiten. Und doch, die kreativen Köpfe hinter *Night Nurse* – Regisseur William A. Wellman, Drehbuchautor Oliver H. P. Garrett und Dialogspezialist Charles Kenyon – mußten sich gut überlegen, wie sie bei dieser Szene vorgingen. Die Situation war die, daß Stanwycks Figur, eine private Krankenpflegerin, versuchte, eine Alkoholkranke aus der Oberschicht (Charlotte Merriam) davor zu warnen, daß die Leute um sie herum ihre Tochter verhungern lassen wollten, um den Treuhandfonds des Kindes zu plündern. Als klar wird, daß die ständig betrunkene Frau sich nicht überzeugen läßt, nennt Stanwyck sie »eine grausame, unmenschliche Mutter ... Warum werden arme kleine Kinder von Frauen wie Ihnen geboren?« Sie schlägt sie im Zorn zu Boden, und das ist der Moment, da der Regisseur die Nahaufnahme hineinschneidet und Stanwyck die beiden Wörter ausspuckt. Sechzig Jahre später erwähnte die *New York Times*-Filmkritikerin Pauline Kael, als sie für eine Video-Neuausgabe eine Kurzrezension von *Night Nurse* schrieb, nur jenen »unvergeßlichen Moment«. Als ich 2006 eine komplette Kopie des Films bei einer Vorführung der *American Cinematheque* in dem vollgepackten Egyptian Theater in Hollywood sah, zogen die Zuschauer bei der Szene hörbar die Luft ein, andere kicherten. Kein Wunder: Sieht man die Szene in ihrem frühen Schwarz-Weiß-Kontext, dann macht Stanwycks »You *mother*!« mehr Eindruck, hat stärkere Schockwirkung als ein Schwall von *motherfuckers* wie in dem Film *Snakes on a Plane Meet the Bad Mamma Jammas*.

Zensurvollstrecker Joseph Ignatius Breen von der PCA setzte solcher Freiheit 1934 ein Ende, aber er konnte nicht völlig verhindern, daß gelegentlich ein Autor oder Regisseur etwas Verbotenes an den Aufpassern vorbeischmuggelte. 1952 drehte Richard Fleischer in einem RKO-Studio ein kleines, feines B-Movie mit dem Titel *The Narrow Margin*. Ein taffer Polizist (Charlie McGraw) begleitet eine Dame (Marie Windsor), die er für die gleichermaßen hartgesottene Witwe eines Gangsterbosses hält, in einem Zug von Chicago nach Los Angeles. Zu Beginn des Films, als McGraw die Zeugin in Empfang nimmt und mit ihr zur Tür geht, sagt Windsor zu dem Polizisten, der sie bis dahin bewacht hat: »So long, mother«, wieder mit einer harten Betonung des Wortes. Diese Abschiedsbemerkung an einen überfürsorglichen Bewacher, der ihr auf die Nerven gegangen war, war unmißverständlich. Der Satz hätte 1950 bei Warner Bros., Paramount oder MGM nicht die Kontrolle passiert, aber RKO war ein eigenwilliges Studio, dessen exzentrischer Boss, Howard Hughes, nicht immer nach den Regeln spielte.

Aber wenn jemand das schlichte, bedeutungsschwangere Wort »mother« einem größeren Publikum bekannt machte, so war es Richard Buckley, unter Connaisseuren des Coolen als Lord Buckley bekannt, ein weißer Comedian, der Monologe in schwarzem Hipster-Slang hielt, das er in einem übertriebenen Aristokratenenglisch sprach. Geboren 1906 im Goldrauschland Kalifornien, trat Buckley während der dreißiger Jahre in Gangsterspelunken auf und lernte dort die Sprechrhythmen der Jazzmusiker kennen. Um 1950 hatte er seine unkonventionelle Lord Buckley-Nummer entwickelt, wobei er swingend Ereignisse aus Geschichte, Literatur und Mythologie vortrug. In einem Gespräch mit Michael Monteleone und Walt Stempek erinnerte sich Vaughn Marlowe, ein Freund Buckleys, an die Beschränkungen, denen sich Buckley zu jener Zeit gegenübersah:

Sein wirklich schockierendes Stück, die Untergrundnummer, war *Jonas und der Wal*, weil es als eine Überraschung kam. Öffentlich auf der Bühne über Marihuana zu sprechen, war ein Unding. Man hörte niemanden, der das tat. Und zu bemerken, daß er diese ganze Geschichte um einen Typ gebaut hatte, der im Bauch eines Wals Dope rauchte, war komisch, es war zum Totlachen, weil es verboten war. Er hätte die Aufmerksamkeit des Publikums nicht schneller bekommen können, als wenn er Motherfucker gesagt hätte, was natürlich auch ein absolutes Tabu war. Lenny Bruce starb für unsere Sünden.

Lord Buckley beschränkte sich also auf die erste Hälfte des Wortes, um sich keinen Ärger einzuhandeln. In einer Darbietung von Lincolns berühmter Gettysburg-Rede 1951 bezog er sich auf das Schlachtfeld des Bürgerkriegs als »Gettys-mother-burg«. In einer Nummer von 1958 mit dem Titel »Supermarkt« schimpfte er darüber, daß die Riesenläden ursprünglich die Preise niedrig gehalten hatten, indem sie die Kunden alles selber machen ließen, und als später die Preise erhöht wurden, »schiebt man immer noch den ›mother‹ Einkaufswagen. Arbeitet immer noch für sie. Und die Leute bringen sogar ihre leeren Wagen zurück und schieben sie in die anderen.«

In einer anderen Nummer mit dem Titel »Der König der bösen Kerle«, aufgenommen kurz vor seinem Tod 1960, erzählte Buckley nochmals Marquis des Sades Geschichte des Prinzen Minski, ein Hannibal Lector des neunzehnten Jahrhunderts, den Buckley einen »mad mother« nannte.

Da Lord Buckley einer ihrer Hausheiligen war, übernahmen die Beatniks der fünfziger Jahre bereitwillig das Wort *mother*. In einer populären NBC-TV Detektivserie von 1958 bis 61 mit dem Titel *Peter Gunn*, die Henry Mancinis coolen Jazz-Soundtrack spielte und in den Hauptrolle einige Beat-Figuren hatte, hing jeder in einem Club namens *Mother* herum, der sich an Hipster-Schuppen wie San Franciscos *hungry i* anlehnte. Dessen Impresario Enrico Banducci war bekannt dafür, lärmende und streitsüchtige Gäste mit »You noisy bunch of mothers!« zu beschimpfen und rauszuschmeißen. (Die Respekt einflößende »Mutter« in *Peter Gunn* wurde von Hope Emerson gespielt, eine 220 Pfund schwere und über 1 Meter 80 große Schauspielerin.) Und dank einer Beatnik-Figur wurde 1959 »mother« clever in eine Pop-Single für Teenager untergebracht. Voiceover-Spezialist Bob McFadden, der in den sechziger Jahren einer Cartoon-Figur namens Cool McCool seine Stimme lieh, tat sich mit dem angehenden Dichter Rod McKuen zusammen, um eine Albernheit mit dem Titel »The Mummy« aufzunehmen. Die Aufnahme war äußerst simpel. McFadden jaulte mit gekonnter Tollpatschstimme: »Ich bin eine Mumie. Ich erschrecke Leute. Schauen Sie mal, was passiert, wenn ich zu jemandem hingehe. Hi, ich bin eine Mumie!« – und man hörte die Schreie eines ahnungslosen Passanten. Nachdem er das einige Male gemacht hat, nähert er sich einem Beatnik (McKuen) und verkündet: »Ich bin eine Mumie!« Der Hipster antwortet mit einem trockenen »Das ist cool.«

»Ich bin eine *Mumie*!«, ruft McFadden erneut.

»Du meinst, du bist eine Mutter [a mother].«

»Nein, ich bin eine *Mumie*! Schreist du nicht?«

»Oh ja. Zum Beispiel, Hilfe.«

»The Mummy«, zugeschrieben Bob McFadden und Dor (Rod rückwärts buchstabiert) und auf *Brunswick Records* veröffentlicht, schaffte es unter die Top 40, ohne daß sich irgendjemand beschwerte.

Selbst eine traditionelle Nightclubkomikerin wie Belle Barth, die in den jüdischen Urlaubshotels der Catskill Mountains auftrat und zwischen krächzenden Darbietungen simpler Showmelodien zweideutige Witze erzählte, warf in den frühen sechziger Jahren mit *mother* um sich, als wäre das Wort eine Stoffpuppe. »Sayonara, mother!«, ruft Barth einem Gast nach, der während ihres Auftritts den Saal verläßt. Sich über eine andere Zuschauerin lustig machend, witzelt sie: »Sie ist die Mutter des Jahres, nicht wahr? Sie macht nur Spaß? Ich werde seit neunzig Jahren ›mother‹ genannt.« Als die Plattenfirma, die Barths Partyaufnahmen herausbrachte, sie mit einer weiteren Veteranin des »Borscht Belt«[*] namens Pearl Williams zusammentat, nannte sie ihre LP *Battle of the Mothers*. Keine der beiden alten Damen sah auch nur im mindesten mütterlich aus.

Jazz-Magazine sorgten für die Verbreitung des Wortes landesweit. Die Ausgabe vom November 1961 von *Metronome* zum Beispiel beschrieb den populären Künstler Al Hirt aus New Orleans so: »Eins steht fest, Hirt ist ein Talent. Ein großartiger Trompeter. Kein Miles, kein Clark Terry. Kein Jazztrompeter. Aber nichtsdestotrotz ein ›mother[fucker]‹.« Mit anderen Worten, die Schreiber mochten ihn. Unter Jazzspielern und Aficionados war »a mother« ein cooler Typ, der wirklich blasen konnte. Blasen wie ein »motherfucker«.

Ab 1966, als das Wort *motherfucker* in der amerikanischen Mainstream-Sprache häufiger auftauchte, wurde *mother* ein Marketing-Problem für Verve Records, ein Tochterunternehmen der MGM Records, als es einen neuen exzentrischen Rockkünstler namens Frank Zappa unter Vertrag nehmen wollte. Verve verlangte, daß Zappa etwas wegen des Namens seiner Band tun sollte. »Die Plattenfirma, die uns schließlich nahm, wollte keine

---

[*] Scherzhafter Name für die damals bei vielen Juden beliebte Gegend der nördlich von New York gelegenen Catskill Berge.

Gruppe mit dem Namen The Mothers verpflichten«, erzählte Zappa einem finnischen Interviewer 1974.

Weil – nun, wollen Sie den wirklichen oder den Fern-
sehgrund hören? In den Vereinigten Staaten ist der
Ausdruck »mother« eine Kurzform für »motherfucker«,
und der Ausdruck »motherfucker« kann auf vielfältige
Art und Weise benutzt werden. Einmal bedeutet es jemanden, der seine Mutter vögelt, aber man kann auch
einen Musiker so nennen, der angeblich gut auf seinem
Instrument ist. Und zu der Zeit und an dem Ort, wo wir
arbeiteten, waren all die Jungs, die in der Gruppe waren, die besten, die es in Pomona gab ... Also dachte
ich, wir sollten die Gruppe The Mothers nennen. Wie
ich schon erklärt habe, die Kurzform für das andere
Wort. Die Plattenfirma sagte: »Nein, eine solche Platte
läßt sich nicht verkaufen«, und sie sagten: »Wenn ihr
nicht den Namen der Gruppe ändert, werden wir euch
keinen Vertrag geben.« Sie wollten das Album The
Mothers' Auxiliary nennen, ein Name, der in den USA
gewöhnlich mit Elternorganisationen in Verbindung
gebracht wird. Also sagte ich: »Nein, da wir keine
Wahl haben, werden wir The Mothers of Invention.«

Aber dieser neu geprägte Name stand nur auf dem Cover
ihres ersten Albums, *Freak Out!* (1966). Die Innenseite
der ausklappbaren Hülle der LP nannte Zappa den »Leiter und musikalischen Direktor von THE MOTHERS of
Invention«, und auf der Rückseite begann eine gewisse
»Suzy Creamcheese« ihren Covertext mit: »Diese Mothers sind verrückt ... Keines der Kids an meiner Schule
sind wie diese Mothers.« Als Zappa sich vertraglich gesi-
chert hatte, seine folgenden LP-Cover selbst entwerfen zu
dürfen, sorgte er dafür, daß »The Mothers« in blumigen
Großbuchstaben sein zweites Album *Absolutely Free*
dominierten; darunter versteckte er in winzigen Buchstaben die Worte »of invention«. Außerhalb der Büros von

Verve Records blieb die Gruppe bekannt als Frank Zappa and The Mothers.

(Während einer Ostküstentour 1967 bat man Zappa and The Mothers für einen Auftritt in einer WOR-TV Show mit dem Titel *From The Bitter End*, die in einem bekannten Folkclub in Greenwich Village gedreht wurde, bei ihrer Aufnahme von »Son of Suzy Creamcheese« lippensynchron zu singen. Mit starrem Blick in die Kamera formte Zappa unhörbar wieder und wieder die Worte »You're a motherfucker«, statt den Text nachzusprechen. Sobald der TV-Produzent bemerkte, was vor sich ging, blendete er ein »Bitte warten«-Zeichen ein. Zum Glück für alle Beteiligten dauerte der Song weniger als eine Minute und vierzig Sekunden. Die Vorführung ist auf mehreren DVDs und auf YouTube verfügbar.)

Woody Allen hatte seinen eigenen Standpunkt in dieser Angelegenheit und verwandelte in einer Szene gegen Ende seiner Komödie *Bananas* von 1971 das Wort in eine Pointe. Ein südamerikanischer Staatsanwalt ruft die ehemalige Miss America Sharon Craig (gespielt von Dagne Crane) in den Zeugenstand, um gegen Allens Figur, Fielding Mellish, auszusagen. Der Auftritt sollte eine Parodie des hirnlosen Geplappers bei Schönheitswettbewerben sein.

Ankläger: Sagen Sie dem Gericht, warum Sie denken, daß er ein Landesverräter ist.
Sharon Craig: Ich denke, Mr. Mellish ist ein Landesverräter, weil seine Ansichten sich von den Ansichten des Präsidenten und anderer seiner Art unterscheiden. Meinungsverschiedenheiten sollten toleriert werden, aber nicht, wenn sie zu unterschiedlich sind. Dann wird er ein subversiver »mother[fucker]«.

Anfang der siebziger Jahre, als sich das Rebellenethos der Anti-Vietnam-Bewegung auch unter der Arbeiterklasse Amerikas ausbreitete, verfaßte ein Café-Trouba-

dour aus Texas namens Ray Wylie Hubbard eine Anklage gegen das Herzland der Nation mit dem Titel »Up
Against the Wall, Redneck Mother«, inspiriert von LeRoi
Jones berühmter Zeile; allerdings begnügte sich Hubbard
mit dem ersten Teil des Wortes. Einem von Hubbards
Tourkumpeln, Jerry Jeff Walker, gefiel »Up Against the
Wall, Redneck Mother« so gut, daß er es 1973 für sein
erfolgreiches Album *Viva Terlingua* aufnahm. Der Song
wurde eine so populäre Hymne progressiver Countrymu-
sik, daß viele andere Künstler eigene Versionen heraus-
brachten, darunter Bobby Bare, Kinky Friedman, die
Riders of the Purple Sage und die Hemorrhage Mountain
Boys (sie sangen den Song in Pig Latin).

He was born in Oklahoma [West Virginia, in
Wylies Original],
His wife's name's Betty Lou Thelma Liz
And he's not responsible for what he's doing
'Cause his mother made him what he is.
And it's up against the wall, redneck mother,
Mother, who has raised her son so well.
He's thirty-four and drinking in a honky-tonk.
Just kicking hippies' asses and raising hell.
Sure does like his Falstaff beer,
Likes to chase it down with that Wild Turkey liquor;
Drives a fifty-seven GMC pickup truck;
He's got a gun rack; »Goat ropers need love, too«
sticker.

Dieses Barlied zum Mitsingen wurde aufgenommen wie
ein Echo auf das wachsende Unbehagen unter den Ar-
beitern Amerikas. Sie spürten, daß ihr Land, das sie einige Jahre zuvor angelogen und in einen sinnlosen Krieg
geschickt hatte, als Weltmacht seinen Höhepunkt über-
schritten hatte und es nur noch abwärts gehen konnte.
Vietnam war praktisch verloren. Das lähmende Ölembar-
go der OPEC 1973 zeigte jedermann, daß die Faust, die

Onkel Sam bei den Eiern packte, zu einem Kartell arabischer Windelköpfe gehörte. Und die steigende Zahl deutscher und japanischer Autos und Pick-ups auf den Straßen erinnerte sie täglich daran, daß die Fabrikjobs allmählich verschwanden. Während die jungen weißen Männer in eine ungewisse Zukunft starrten, rauchten sie Marihuana und hörten lauten, knallharten Rock und die bittere Countrymusic von »Outlaws« wie Waylon & Willie und David Allen Coe. Es war befreiend, mit den Redneck-Brüdern und ein paar Krügen Bier unter der »DEATH BEFORE DISHONOR«-Gürtelschnalle in einer verrufenen Kneipe zu stehen und »Up against the wall, redneck mother*fucker*« zu singen. FM-Sender und Jukeboxes konnten *das* nicht spielen, aber die Kurzversion war völlig okay, und jeder kapierte noch den bösen Witz.

Tatsächlich wurde *mother* so alltäglich, daß alle von den schwarzen Funksters bis zu den Rock'n'Roll hörenden weißen Nationalisten das informellere *muther* oder *mutha* übernahmen, was es noch weiter von *motherfucker* entfernte. In einer wohltuenden Ausnahme zu all den sozialen Spannungen konnten sich Schwarze und Weiße quer durch das politische Spektrum auf *etwas* einigen. So nannte sich zum Beispiel eine in den 70er Jahren gegründete rein weiße Jug-Band aus Minnesota die *Sorry Muthas*. Viele Jahre später schrieb Garrison Keillor in dem Begleitheft zu einer CD: »Auch die Sorry Muthas waren erfolgreich, obwohl sie sehr darauf achteten, es nicht zu übertreiben, und sie trennten sich, bevor sie zuviel Geld machten.« Um 1977, als Polydor Records ein James Brown-Album mit dem Titel *Mutha's Nature* herausbrachte, war das Wort fester Bestandteil von Rhythm and Blues.

1980 hatte es in beiden Schreibweisen Großbritannien erreicht, dokumentiert durch *Metal For Muthers* – der Name zweier Anthologie-Alben britischer Heavy Metal-Bands der siebziger Jahre – und eine EP von vier Trash

Rock-Gruppen mit dem Titel *Muthas Pride*. 1982 gründete ein Punk- und Hardrock-Promoter aus New Jersey *Mutha Records*, um die Aufnahmen seiner Bands auf den Markt zu bringen. Die neunziger Jahre brachten uns die Metalbands Heavy Sonic Muthers und die White Trash Muthers, Hiphopper Poison Clans CD *2 Low Life Muthas* und den Song »Nasty Muthas« des britischen Electronicakünstlers Substance. Für den Fall, daß ein paar Armleuchter dort draußen immer noch nicht im Bilde waren, nahmen George Clinton und Digital Underground 1997 Funkadelics funkigen Titel »(Not Just) Knee Deep« auf einer *Greatest Funkin' Hits*-CD als »Knee Deep« (Deep as a Mutha Funker Remix) nochmals auf. Im Jahr 2000 gab LaWanda Paige, bestens bekannt als Aunt Esther in Red Foxxs Sitcom *Sanford and Son*, mit dem Titel ihres Comedy-Albums *Mutha Is Half a Word* weitere Erläuterungen. In jüngerer Zeit präsentierte eine Rockband aus Neuseeland mit dem Namen Flight of the Conchords eine andere Version mit ihrem Song »Mutha'uckas«.

Schon früh, 1968, gab es zwei Filme mit dem Titel *Muthers*. *The Muthers* war ein vierundsiebzigminütiges Guckkasten-Sexdrama mit Polyester- und Spitzenkönigin Marsha Jordan und der ehemaligen *Playboy*-Gespielin Virginia Gordon in den Hauptrollen. Sie spielten zwei Salonlöwinnen aus der Vorstadt, die schwer auf den Putz hauen, während ihre Ehemänner in der Stadt Geld machen und ihre Kinder am Poolrand Dope rauchen. Wie in jedem guten Moralstück bezahlen sie am Ende alle für ihre Sünden. *The Muthers* war ein typisches Beispiel für den Softporno, der mit dem Auftauchen der Hardcorefilme Anfang der siebziger Jahre rasch verschwand.

Acht Jahre später kam es zu einem zweiten Outing mit dem Titel *The Muthers*, ein Blaxploitation-Streifen zum Genre »Frauen im Knast«, der auf den Philippinen vom Drehbuchautor und Regisseur Cirio H. Santiago, einem Protegé des B-Movie-Königs Roger Corman, gedreht wurde. Wieder wurde ein früheres *Playboy*-Girl rekrutiert: Jeannie Bell, Hauptdarstellerin in dem Film TNT Jackson. Nun spielte sie zusammen mit Rosanne Katon ein halbnacktes, quietschvergnügtes, modernes Piraten-Duo, das Jeannies Schwester (Trina »Thumper« Parks) aus den Klauen eines Sklavenhändlers rettet. Der Untertitel sagt alles: »Aus dem wimmelnden Sklavenmarkt kommen die wütenden Seebarbarinnen ... the Muthers!« Eine typische Stelle ist Parks Kommentar, nachdem eine Schlange in eine ihrer drallen Brüste gebissen hat: »Genauso wie jede andere Schlange, der ich je begegnet bin – kann meine Titten nicht in Ruhe lassen.« Dame Judy Dench hätte es nicht besser sagen können.

Heutzutage ist *mutha* die bevorzugte Schreibweise, und es bezeichnet praktisch die gegenwärtige Neuauflage der Blaxploitation-Ära der siebziger Jahre, als viele der herausragenden Protagonistinnen so unerschrockene Frauen wie *Coffy* und *Foxy Brown* (beide Pam Grier) und *Cleopatra Jones* (Tamara Dobson) waren. Melvin Van Peebles, der Filmemacher, der das Genre 1971 mit seinem Opus *Sweet Sweetback's Baadasssss Song* (der das Wort *bad-ass* in seiner positiven Bedeutung durchsetzte) erfand, schrieb und drehte 2008 eine Parodie mit dem Titel *Confessionsofa Ex-Doofus-ItchyFooted Mutha*. In der Zwischenzeit sind Bad Muthaz und Bad Brothas Mean Muthas zwei DVD-Serien, die schwarze Filme der siebziger Jahre mit Fred »The Hammer« Williamson und anderen in den Hauptrollen wiederauflegten.

Der Name ist sogar Produkten beigelegt worden; so hießen etwa in den neunziger Jahren die Auspuffrohre der Dyna-Modelle der Harley Davidson »Dyna bub two-inch Step-Muthers«. Und Evisu, ein anspruchsvoller japanischer Designer von Jeansstoffen und Schuhen, hat eine Sportschuhmarke mit dem Namen »Muthas Head«.

Dann gibt es das erfolgreiche Videospiel *Big Mutha Truckers* (2002 eingeführt und seitdem nachgerüstet), das Sie in das Führerhaus eines achtzehnrädrigen Lastwagen setzt und bei dem Sie versuchen, »A Trial by Truckin'«

in Hick State County zu gewinnen, wo Motorradfahrer, Autodiebe und die korrupte Polizei alle dabei sind, Ihren Lastwagen fahrunfähig zu machen und etwas von Ihrem Gewinn zu bekommen. (*Mother trucker* hatte bereits die Duldung des konservativen Amerika; schon 1996 war *Mother Tucker: The Diana Kilmury Story* ein mit dem Emmy ausgezeichneter TV-Film über eine moderne Anführerin der Gewerkschaft der Lastwagenfahrer, die sich gegen das System auflehnte.) Außerdem, falls Sie in Kalifornien Zubehör für Ihren Pick-up brauchen, können Sie einen von mehreren Läden mit dem Namen Mother Truckers besuchen (*mothertruckers.com*)

In einem Artikel für die *Black Journalism Review* (*blackjournalism.com*) nennt Askia Muhammad diese Popularität von *mutha* und *mother* die neue »M.F. Culture«. Er sieht es so: »Der Einfluß der Schwarzen auf Amerika hat die Grenzen dessen, was nun in gehobener weißer Gesellschaft erlaubt ist, stark erweitert.« Muhammad stellt die heutige grenzenüberschreitende Unterhaltung Red Foxx' »unzüchtigen«, aber relativ harmlosen Aufnahmen von vor fünfzig Jahren gegenüber. »Redd Foxx ... gab nur die Andeutung, daß sein Humor verboten war ... Heute ist das Verbotene nicht mehr verboten ... Ich sah neulich auf einem Kinderkanal eine Werbung für einen Tractorpulling-Wettbewerb – lose definiert als ein ›Motorsport‹-Ereignis –, die die Teilnehmer als »Bad Mother-Truckers« beschrieb. Das ist so ungefähr das Äußerste, was ich mir vorstelle, dem jemand nahekommen kann, um in einem für Kinder zugänglichen Programm das einst verbotene MF-Wort zu sagen.«

Mancher mag das Schwarzamerikas Vergeltung nennen – und es ist eine »Mordssache«. (Halten Sie den Gedanken fest und wenden Sie sich gleich dem nächsten Kapitel zu.)

Dein ist die Rache

»Ja, Vergeltung ist hart, Köpfe rollen in den Straßen!«
Amiri Baraka, *The Autobiography of LeRoi Jones* (1984)

Wahida Clark, Mitglied einer Jugendbande in New Jersey, saß wegen Konspiration, Betrugs und Geldwäsche im Staatsgefängnis von Alderson (West Virginia), als sie der falschen Person gegenüber die Klappe aufriß und für acht Monate in Einzelhaft landete. Geh nicht in den Knast, wenn du keine Zeit hast, nicht wahr? Nun, Wahida machte aus ihrer Auszeit das Beste und schrieb einen Roman über eine koksende kleine Diva, die sich in die Welt von Glamour, Glitter und Gewehren hochschläft. Sie nannte ihn *Don't Knock the Hustle*, aber ihr Verleger gab ihm den Titel *Payback's a mutha*, ein populärer Ausdruck in der Hip-Hop-Musik seit den achtziger Jahren. Als das Buch 2006 ein Bestseller wurde, ernannte die Presse Wahida zur Königin der Gangsterbrautliteratur.

»Payback's a mutha« meint natürlich »payback is a motherfucker«. Aber was bedeutet das und woher kommt die Redewendung?

Das Substantiv »Payback« taucht im letzten Drittel des zwanzigsten Jahrhunderts auf und stammt von der Verbalphrase »to pay back something«. Im allgemeinen bezieht es sich auf die Rückzahlung eines Darlehens, aber in der Bibel, schon in der Genesis und dann zitiert im Römerbrief des Neuen Testaments, bekommt das Wort eine dunklere Bedeutung: »Die Rache ist mein; ich werde vergelten, sagt der Herr.« Dank mehrerer Generationen von Filmgangstern, beginnend mit Edward G. Robinson in *Little Caesar* und Jimmy Cagney in *The Public Enemy* (beide von 1931), scheint die Bibelversion sich durchgesetzt zu haben. »Paying back« ist nun ein amerikanisches Synonym für »getting back at« (es jemandem heimzahlen). Aber bei dem, was hier als Vergeltung gemeint war, ging es nicht bloß um Revanche, es war mehr als das schon im Kodex Hammurabi festgelegte »Auge um Auge«. Nein, es mußte eine fast übermenschliche Gewalt oder eine kollektive Bestrafung sein, etwa gemäß dem Sprichwort: »The chickens coming home to roost« [Seine Taten fallen auf den Urheber zurück] (Zum Mißfallen vieler Leute machte Malcolm X 1963 nach der Ermordung John F. Kennedys diese Andeutung). »Payback« heißt nicht einfach, Arschlöchern das zu geben, was sie verdienen, sondern es ihnen mit Zorn und im Übermaß heimzuzahlen: Wenn also die Stunde der Rache kommt, dann ist es nicht einfach nur schlimm, sondern es wird so böse sein wie ein »motherfucker«. Ja, diese Art der Vergeltung *ist* tatsächlich ein »motherfucker«.

Vor einiger Zeit gab es auf einer Website einen Wortwechsel, als ein weißer Blogger, der sich darüber beklagte, wie Schwarze ihn in Atlanta behandelten, von einem Afroamerikaner die Antwort erhielt: »Das Gefühl, das weiße Leute in Atlanta haben, ist das, was schwarze Leute in Iowa oder in anderen Staaten, die meist weiß sind, fühlen. Payback is a mutha!«

»Ach ja, es ist also akzeptabel für Schwarze, im Namen von ›payback‹ Rassisten zu sein«, antwortete der Blogger. »Erklär mir mal, wie du unterscheidest, welche Weißen ›payback‹ verdienen und welche nicht?«

Ein anderes Beispiel ist Amiri Barakas Bemerkung gegenüber dem Interviewer Kalamu ya Salaam am 22. Juni 2003 in der Online-Ausgabe der *African American Review*, wo er über die Zeit spricht, als er noch LeRoi Jones war und die ersten, meist begeisterten Kritiken seines Stücks *Dutchman* von 1964 in New Yorks Mainstreamzeitungen durchlas: »Ein seltsames Gefühl überkam mich; es sagte: Oh, ihr werdet mich also berühmt machen, aber dann werde ich es euch allen [Weißen] zurückzahlen. Ich werde es euch heimzahlen, wie ihr unsere Leute erniedrigt habt. Das war klar. Da war nichts Unentschiedenes ... Als ich dieses Gefühl hatte, war es ein tolles Gefühl. Es war, als wäre ich eine Art Rächer oder so was. Es sagte: Nun werde ich es diesen motherfuckers heimzahlen!« Jones gab kurz danach seine Musik-Karriere auf, verließ seine weiße Frau und Greenwich Village und zog in das weiter nördlich gelegene Harlem, um mit seiner afrozentrischen, antiwestlichen »Black Arts«-Bewegung zu beginnen.

Schwarzes »Payback« als wohlverdiente Rache wurde im Jahr 1995 zum nationalen Thema, nachdem die größtenteils schwarze Jury des O. J. Simpson-Prozesses den Ex-Football-Star trotz überwältigender Beweise vom Mord an seiner Frau und ihrem Freund freigesprochen hatte. Kommentatoren in den einschlägigen Zeitungen fragten: »War dies die Vergeltung für all die Schwarzen, die über die letzten hundert Jahre von weißen Geschworenen vorschnell und oft zu Unrecht ins Gefängnis geworfen wurden?« Genauso war der Aufstand, der drei Jahre zuvor Teile von Los Angeles in Flammen aufgehen ließ, nicht nur Vergeltung für eine Jury, die vier Polizisten freisprach, die gnadenlos einen kleinen Kriminellen namens Rodney King zusammengeschlagen hatten (was zufällig auf Video gefilmt worden war), und auch nicht nur für eine einheimische Koreanerin, die für die Erschießung der schwarzen Teenagerin Latasha Harlins (auch auf Video festgehalten) eine Bewährungsstrafe bekam, sondern für all den Scheiß, den Schwarze sich schon so lange gefallen lassen mußten. »Wir wollten koreanischen Ladenbesitzern physisch und ökonomisch wehtun, ihre Versicherungsprämien verteuern – alles, was wir ihnen heimzahlen konnten«, erklärte der schwarze Aktivist Najee Ali Ende April 1992 dem *Christian Science Monitor*. Die militante Hip-Hop-Sängerin Sister Souljah (Lisa Williamson) äußerte sich in ihrem Video mit dem Titel »Der Haß, den Haß hervorbringt« so: »Sie sagen, ein Unrecht hebt das andere nicht auf, aber es sorgt verdammt noch mal für Ausgleich.«

Der Rapper Ice-T (Tracy Marrow) aus Los Angeles, 1994 der Gründer einer Heavy Metal-Band namens Body Count, drückte seine Feindseligkeit gegen die Weißen in dem Song »Masters of Revenge« aus: »›Niggaz‹ sind Meister der Vergeltung, Anstifter des Chaos, Boten des Zorns, alles, was wir euch antun wollen, ist das, was ihr uns angetan habt. Alles, was wir euch wegnehmen wollen, ist das, was ihr uns gestohlen habt. Du nahmst meine Vergangenheit, ich will deine Zukunft ... Du nahmst meine Eltern, wir wollen eure Kinder ... Payback, muthafuckas!«

Mit dieser Vorstellung von »Payback« wurde eine breitere Öffentlichkeit das erste Mal drei Jahrzehnte zuvor durch den Paten des Soul, James Brown, konfrontiert. Es waren die frühen siebziger Jahre, Teile der Bürgerrechtsbewegung hatten sich in Black Power radikalisiert; Ghettos im ganzen Land waren in Flammen aufgegangen, und Schwarze sprachen über die große Vergeltung für all die Jahre der Unterdrückung. Brown hatte schon seit einiger Zeit Straßenslogans in Riffs verwandelt, wie etwa »Say it loud – I'm Black and I'm Proud« und »I Don't Want Nobody to Give Me Nothing (Open Up the Door, I'll Get It Myself)«. 1973, er hatte bereits vier Jahre zuvor ein Album mit dem Titel *It's a Mother* herausgebracht, nahm Brown einen R&B-Funkhit mit dem Titel »The Payback (Part 1)« auf.

Allerdings wußte Brown selbst in seinen bissigsten Songs auf Nummer Sicher zu gehen. In den Anfangszeilen von »The Payback« zielte er auf die Verbitterung seiner schwarzen Zuhörer über die Machtstrukturen: »Hey! Gotta gotta pay back! (*Vocal chorus*: the big payback!) Revenge! I'm mad! (*Chorus*: the big payback!) Got to get back! Need some get-back! Payback! (*Chorus*: the payback!) That is! Payback! Revenge! I'm mad!« Dann stellte er den Song auf den Kopf, indem er dessen Botschaft auf eine Klage der Schwarzen reduzierte, denen nicht Unrecht von den Weißen geschieht, sondern die sich gegenseitig Unrecht tun. »Get down with my girlfriend, that ain't right! Hollerin', cussin', you wanna fight, payback is a thing you gotta see, brother, do any damn thing to me, sold me out for chump change (*Chorus*: yes you did!) … Get ready, you mother, for the big payback! (*Chorus*: the big payback!)« Nun schien es nur noch darum zu gehen, sich für das Ausspannen der Freundin zu rächen.

Vierzehn Jahre später, im Jahr 1987, kam geradewegs aus Compton in Kalifornien der Mitbegründer des Gangsta-Raps, King Tee (Roger McBride), der mit der Aufnahme des Songs »Payback's a Mutha« für Capitol Records jede Zweideutigkeit beseitigte. Für King Tee war die Redewendung ein zeitgemäßes Äquivalent der Bemerkung George Herberts vierhundert Jahre zuvor: »Gut zu leben ist die beste Rache.« Und dabei benutzte er auch ein wenig »Signifying«: »Ja, iss noch nicht lange her, als ich siebzehn war, als ich durch die Stadt ging, Schwachköpfe glotzten mich blöd an, sie zeigten mir nicht den Respekt, sagten den Girls, ich sei bescheuert. Das hättest du nicht tun sollen, Bruder. Ich bin hier, um es dir heimzuzahlen … Schau, ich hab Geld, weil ich ein Pro in diesem Geschäft bin, du dachtest, du kommst davon, aber nun mußt du bezahlen, du hast den Girls gesagt, ich sei bescheuert, hättest du nicht tun sollen, Bruder. Schau, ich bin King Tee, und ›my payback's a mutha‹ … Es ist Zeit für dich, ›my payback's a mutha‹.« Fünf Jahre später inspirierte King Tees Rap den Titel eines Albums der Gruppe No Face: *Payback (Is a Mutha)*. Wieder hatte sich die Bedeutung verändert: Nun meinte die Redewendung Schwarzamerikas Obsession mit der superprotzigen Glitzerkultur der achtziger Jahre und ihrem überdemonstrativen Überkonsum als ein Mittel, alle anderen zu übertreffen und die Erinnerung an die früheren Jahre der Erniedrigung auszulöschen.

Heutzutage würden die meisten Eltern der weißen Mittelklasse wahrscheinlich einräumen, daß Schwarzamerika durch den gewaltigen Erfolg der Hip-Hop-Kultur – mit all ihrer modischen Ausstaffierung und den ständig sich ändernden antisozialen Einstellungen – seine Rache bekommen hat. Bereits 1988, als N.W.A. (Niggaz With Attitude) Millionen von Gangsta-Alben an Weiße aus den Vorstädten – besonders an die Söhne geschiedener Mütter, die die ödipalen Störungen vaterloser Ghettojungs nacherlebten – verkauften und Worte wie *bitch*, *ho'* [whore], *muthafuckas* und *yo'mamma* in den Wortschatz der Teenager einführten, war »payback« auf dem Weg, zum Allgemeinplatz zu werden. Ice-T mochte es beklagen, daß diese Scharen weißer Jugendlicher, die in Baggypants und mit umgedrehten Baseballkappen den Cripwalk übten, »die akustische Entsprechung des Voyeurs sind, fasziniert von dieser verrückten Welt, die nichts mit ihrer Erfahrung zu tun hat«, aber Rap ließ sie in die »M.F. Culture« eintauchen und schuf eine neue, milliardenschwere Geschäftsmöglichkeit für die Ice-Ts dieser Welt.

Hat ein griffiger Ausdruck erst einmal Eingang in die Sprache gefunden, dann kann ihn nichts mehr aufhalten, was sich besonders in den Musik-Charts zeigt. Um die Mitte der neunziger Jahre hatte »payback« seine politische Färbung verloren und sich in eine Bezeichnung für das schlechte Karma betrügender Liebhaber gewandelt. R&B-Sänger Gerald Levert jammerte in seinem Pop-Hit von 1998, »Thinkin' Bout it« darüber, wie ihn all die Jahre, in denen er Frauen wie Dreck behandelt hatte, nun, da er sich richtig verliebt hat, heimsuchen. »Beim besten Willen, ich kann nicht begreifen, warum ich dich nicht einfach verlassen kann, warum du mir dies antust, Baby. Warum muß ich deine ständige Gier ertragen, dein unaufhörliches Verlangen, so verdammt freakig zu sein. Jetzt verstehe ich es, weil ich mal so war, ja, irgendwann bekommt man es heimgezahlt, Baby ... So ist es wohl, ›payback's a mother‹.«

Heutzutage gibt es natürlich keinen Grund mehr, sich mit der ersten Hälfte des Wortes zu begnügen. So konnte Lil' Kim in »Heavenly Father« (2003) rappen: »You ain't promised. Karma's a motherfucker ... Payback's a motherfucker, put that on the Stuy.« Und Jake the Flake & the Flint Thugs titelten einen Song »Payback's a Muthafucker« (2006), und in demselben Jahr leitete Sublime, ein Punk-Ska-Trio aus Long Beach (Kalifornien), seinen »New Song« mit den Worten ein: »I heard that payback's a motherfuckin' bitch, but I won't switch, and I would not take my life ... Payback's a motherfuckin' blast.«

Einmal in den Mainstream gelangt, wurde das Wort auch ein fester Bestandteil von Filmdialogen. In dem 1985 erschienenen Low Budget-Film *Stryker's War* legt sich ein zurückkehrender Vietnamsoldat mit einem mörderischen Kult an. Eine tote Ratte in die Luft haltend, die er mit seinem Bajonett erstochen hat, verkündet er: »Dieses Mistviech bestätigt es! Payback is a motherfucker!« Und kaum zehn Jahre später war der Ausdruck so vertraut geworden – und so abgedroschen –, daß in der Comedy *Friday* der von Chris Tucker gespielte Stormy ihn veralbert, indem er ihn auf seine Wurzeln zurückführt: »Gib mir mein Geld ... Yeah payback's a motherfucker, nigga.« (Der Sender USA Network säuberte [mit Overdubbing] im Interesse des konservativen Amerika den letzten Satz, indem er ihn in das völlig respektable »payback's a mother, aint'it. Peace« transformierte.)

Es ist diese Respektabilität, die den Ausdruck vollends auszulöschen droht, besonders unter Schwarzen, die dazu neigen, etwas, was Weiße sich zu eigen gemacht haben, zurückzuweisen. Der afroamerikanische Romanautor Jervey Tervalon, Autor von *Dead Above Ground*, erinnert sich darin, daß seine Kindheit in Los Angeles »voll war mit wunderbar expressiven Wendungen, aber wenige hatten eine solche Wucht wie ›Payback is a mutha‹. Aber jetzt ist der Satz passé. Heutzutage hört man ›payback's a bitch‹ viel häufiger als ›payback's a mutha‹. Aus welchen Gründen auch immer scheint alles mit ›mutha‹ forciert oder veraltet zu sein.«

Mit anderen Worten, nun, da Vergeltung bloß eine Gemeinheit ist, kann nur noch Rache »eine Mordssache« sein.

Mami, wie ich dich liebe, wie ich dich liebe!

> »Mammy – ein Kosewort, das weiße Kinder für ihre Negerkindermädchen und für alte Diener der Familie benutzen.«
> *Bartlett's American Dictionary* (1859)

Von all den Wörtern, die wir für Mutter haben, ist keines aufgeladener mit düsteren Emotionen als *mammy*, eine Variante von *mama*. (Die Schreibweise *mammie* findet sich seltener.) Mit all seinen Assoziationen mütterlicher Liebe, verbunden mit Erniedrigung und Unterwerfung, überschreitet das Wort die amerikanische Rassenschranke wie kein anderes. Das *Oxford English Dictionary* datiert seinen Ursprung in das England und Irland des frühen sechzehnten Jahrhunderts; es war höchstwahrscheinlich ein kindlicher Diminutiv des Wortes *mam*, das mit Mamilla verwandt ist, da die Brustwarze normalerweise der früheste, intimste Kontaktpunkt eines Kindes mit seiner Mutter ist. Aber »mammy«, wie wir es heute kennen, kommt aus den Südstaaten des 18. Jahrhunderts, wo weibliche Sklaven nicht nur das Herz der schwarzen Familie waren, sondern auch die Ammen und Aufpasserinnen für die Kinder ihrer weißen Herren. Obwohl viele wohlhabende Familien bis weit ins zwanzigste Jahrhundert schwarze Kindermädchen und Haushälterinnen beschäftigten, gaben die Weißen im Allgemeinen das Wort *mammy* in den dreißiger Jahren auf. Aber lebendige »Mammy«-Figuren bevölkerten weiterhin die moderne Popkultur als Devotionalien der Minstrel-Shows (z.B. Al Jolsons »My Mammy«), als Film- und TV-Figuren (Mammy 1939 in *Vom Winde verweht* – Hattie McDaniel bekam für ihre Rolle den Oscar als beste Nebendarstellerin –, und Beulah in den gleichnamigen Radio-und Fernsehshows der Nachkriegszeit), als Firmenmaskottchen (Tante Jemima auf den Verpackungen der Quaker Oats) und als kitschige Sammlerstücke wie Salz- und Pfefferstreuer und Keksdosen.

Für Afroamerikaner war *mammy* wie das Wort *nigger* so entmenschlicht und mit Scham durchsetzt und forderte so viel Widerspruch heraus, daß es nur noch ohne jede Sentimentalität als abwertender Ausdruck zu gebrauchen war – für Mütter und Großmütter. »Es ist eines dieser Wörter, das wir [Schwarze] verwenden können, aber man sollte es besser nicht tun«, sagt Gloria Stanford, eine ehemalige Sozialarbeiterin aus Kalifornien. In *Pimp: Die Geschichte meines Lebens*, seine 1967 erschienene Autobiographie, erinnert sich der Ex-Zuhälter Iceberg Slim, wie einer seiner Straßenlehrer ihm sagte: »Jeder Schwachkopf, der glaubt, eine Hure liebt ihn, hätte nicht aus dem Arsch seiner mammy fallen sollen.« Ein anderer Zuhälter mit dem Namen Weeping Shorty liebte es, seine Sätze mit »Well kiss my mammy's dead ass« einzuleiten. Schwarze Prostituierte nannten Freier, die nach älteren Frauen Ausschau hielten, »mammy freaks«. Weil es traditionell die Rolle der Mutter ist, alles, was im Haushalt kaputtgeht, wieder zu reparieren, heißt alles, was billig und mit welchen Materialien auch immer zusammengeklatscht ist, »mammy-rigged«, eine Variante von »jerry-rigged« (gepfuscht).

Wie mother bekam natürlich auch mammy – besonders *your* mammy – ihren Anteil an Beschimpfungen und Beleidigungen, wann immer Schwarze »das Dutzend« spielten. 1938, als der Jazzpionier Ferdinand »Jelly Roll« Morton ein Interview für die Forschungsbibliothek des US-Kongresses aufnahm, sang er einen Song mit dem Titel »The Dirty Dozen«, den er seiner Erinnerung nach »etwa 1898« in einem Chicagoer Bordell aufgeschnappt hatte. Angelehnt an das »Dozens«-Spiel beruhte die Wirkung des Textes auf »mammy« als Pointe. »Das Hauptthema war die Mammy, die keine Schlüpfer trug«, erzählte Morton dem Interviewer Alan Lomax zwischen den Strophen, die er auf dem Klavier spielte. »Ich dachte damals, es ist eine abartige Mammy, die keine Unterwäsche trägt.«

Oh, you dirty motherfucker,
you old cocksucker,
you dirty son of a bitch,
you're a bastard,
you're everything,
and yo' mammy don't wear no drawers.
Yes, you did me this, you did me that.
you did your father,
you did your mother,
you did everybody you come to,
'cause yo' mammy don't wear no drawers.
That's the dirty dozen,
oh, the dirty lovin'dozen,
the dirty dozen,
yes, yo' mammy don't wear no drawers.
So I had a bitch,
wouldn't fuck me 'cause she had the itch,
yes, she's my bitch,
oh, yo' mammy wouldn't wear no drawers.
Said, you dirty motherfucker,
you old cocksucker,

You dirty son of a bitch,
oh, everything you know,
oh, you're a low bitch,
Yes, yo' mammy won't wear no drawers.
I went one day
out to the lake,
I seen your mammy
a-fuckin' a snake.
Aw, she tried to shake
aw, she shuck, shake on the cake,
Mammy don't wear no drawers.

Die Moral des Songs? Wenn deine Mami eine dreckige Schlampe ist, die keine Unterwäsche trägt, was zum Teufel macht das aus *dir*?

Die Beleidigung hat einen langen Stammbaum, dessen Wurzeln mindestens vierhundert Jahre zurückreichen. So findet sich im ersten Akt von Shakespeares *Timon von Athen* diese Szene:

Maler: Du bist ein Hund.
Apemantus: Deine Mutter ist von meinem Stamm. Was ist sie, wenn ich ein Hund bin?

Und was macht das aus dir?

Im Jahr 1930, als die populäre Blueskünstlerin Memphis Mennie »New Dirty Dozen« aufnahm, mußte sie natürlich den Text stark verändern und alles, selbst »deiner Mami Schlüpfer« der Fantasie überlassen:

I know all about your pappy and your mammy,
your big fat sister and your little brother Sammy,
your auntie and your uncle and your mas and pas,
they all got drunk and show their Santa Claus.

Der Soziologe John Dollard gab 1939 in dem Artikel »The Dozens: Dialectic of Insults« dieses Beispiel:

If you wants to play the dozens
play them fast.
I'll tell you how many bull dogs
Your mammy had.
She didn't have one,
she didn't have two,
she had nine damned dozen,
and then she had you.

Mammy wurde sicher kein Respekt erwiesen, als die populäre Rhythm-and-Blues-Gruppe The Clovers 1954 eine Underground-Aufnahme mit dem Titel »Rotten Cocksucker Ball« machte, die so begann: »Cocksuckin' Sammy, get your motherfuckin' mammy, we're goin' downtown to cocksuckers ball.« Ich sollte darauf hinweisen, daß »cock« in diesem Kontext wie auch bei Jelly Roll Mortons »The Dirty Dozen« Südstaatenslang war und Vagina statt Penis bedeutete.

Der Autorin Zora Neale Hurston zufolge war die Wendung »Dat's your mammy« die schwarze Entsprechung der damals bei den Weißen beliebten beleidigenden Erwiderung »So's your old man« mit dem unausgesprochenen Hinzufügung »Und was macht das aus *dir*?« Auch wenn »yo'mammy« heute von »yo' mama« ersetzt worden ist, taucht das Wort gelegentlich noch auf. In dem 2004 erschienen Buch *Yo'Mama!: New Raps, Toasts, Dozens, Jokes & Children's Rhymes From Urban Black America* präsentiert der Herausgeber Onwuchekwa Jemie dieses Beispiel:

I fucked your mammy from Baltimore,
she had hairs on her pussy that swept the floor,
she had bumps on her ass that would open the back door.

Das Wort Mammy hat auch seine eigene Spalte im Motherfucker-Wörterbuch. Unter den Varianten befinden sich *mammy-tapper, mammy-jumper, mammy-humper, mammy-rammer, mammy-huncher* und *mammy-lover* – die letzten beiden waren Lieblingswörter der schwarzen Mittelklasse-Figuren in John Oliver Killens' Roman von 1971, *The Cotillion*. Aber der Ausdruck, der den größten Appeal in der Popkultur hatte, war *mammy-jammer*, dank seines alliterierenden Reims. Jazz-Klarinettist Mezz Mezzrow benutzte in seiner Autobiographie von 1946 den Satz »Those Jim Crow mammy jamming whites« und listete »mammy jamming« zusammen mit »motherferyer« im Anhang auf, jeweils definiert als »eine inzestuöse Obszönität«. Wir sprechen hier nicht von bloßer Vögelei: Mammy jamming erfordert einen Riesenschwanz, der Muttis »Biskuitrolle« zustopft und dabei keinen Millimeter unausgefüllt läßt, mit anderen Worten: aktionsgeladenes Ficken.

1964, als sich jeder R&B-Künstler in Los Angeles im Gefolge von Twist, Pony und Mashed Potato einen neuen Tanzschritt ausdachte, nahmen die Musiker Don Harris und Dewey Terry, die besser bekannt für ihre Crossover-Kompositionen (»I'm leavin' It Up to You« und »Big Boy Pete«) als für ihre Don & Dewey-Singles waren, einen Song über den »mammie jammie« auf. Aber darüber zu singen, wie man Mami rammelt, muß für den Publikumsgeschmack ein wenig zu anzüglich gewesen sein, denn Specialty Records brachte die Aufnahme erst 1970 heraus, und selbst dann veränderten sie noch den Titel auf dem Label zu »Mammer-Jammer«, was wohl zu der Zeit in bestimmten Vierteln die bevorzugte Aussprache war.

Aber seit Schwarze »er« am Ende von Wörtern wie *nigger* und *mother* durch »a« ersetzen, dauerte es nicht lange, bis sie sich auch für mamma und jamma entschieden – noch zwei getrennte Wörter, aber ohne den Bindestrich. Niemand ließ sich natürlich täuschen, denn ein mamma jamma war selten einfach nur ein mamma jamma: Er, sie oder es war ein »bad mamma jamma«. Wie »a bad motherfucker« bedeutete anfangs auch »a bad mamma jamma« etwa einen geilen Typ oder eine schwierige Situation, aber um 1980 diente es vor allem zur Beschreibung einer gut gebauten jungen Frau, die in jeder Hinsicht das Gegenteil der traditionellen Mammy war. Mit anderen Worten, die sinnliche und selbstbewußte Pam Greer in Minirock und Plateauschuhen hatte die pummelige, augenrollende und kopftuchtragende Hattie McDaniel ersetzt. (Allerdings muß gesagt werden, daß McDaniels Mammy in *Vom Winde verweht* eine zähe Person war, die sich mit jedem Schwarzen auf der Plantage anlegte und gegenüber Miss Scarlett und Rhett Butler ziemlich bissig sein konnte.) Leon Harwood, ein Pianist und Produzent aus Los Angeles, schrieb für einen jungen Detroiter Sänger namens Carl Carlton einen baßstarken Song mit dem Titel »She's a Bad Mamma Jamma (She's Built, She's Stacked)«. Vielleicht weil sie sich Sorgen über Beschwerden von Radiosendern und Ladenketten machte, änderte die Plattenfirma die Schreibweise auf dem Label zu »She's a Bad Mama Jama (She's Built, She's Stacked)«. So wollte man ein wenig Abstand zwischen dem Song und jeder Anspielung auf Inzest schaffen, obwohl Carlton es auf dem Track ganz deutlich als mamma jamma ausspricht.

Her body measurements are perfect in every dimension,
she'got a figure that's sho' 'nuff [enough] gettin'
attention.
She's poetry in motion, a beautiful sight to see,
I get so excited viewin' her anatomy.
She's a bad mamma jamma,
just as fine as she can be, hey,
she's a bad mamma jamma, oh,
just as fine as she can be.

Die Aufnahme war ein großer Disco-Funk-Hit – als 45er Single und als doppelseitiger Dance Mix –, der 1981 schwarze Clubs (und vielleicht auch ein paar weiße) in Rock-Stimmung hielt. Ihr folgten mehrere Coverversionen (alle benutzten die gewöhnlichere Schreibweise »mamma jamma«), unter anderen von Stevie Wonders, den Ohio Players, Parliament, der Gap Band und Rick James, und der Track findet sich in vielen Anthologien, die die Ära exemplifizierten. In Rapperin Foxy Browns »Big Bad Mamma« von 1997 sampelte und remixte ihr Produzent originale Melodien und überspielte sie mit der R&B-Soul-Vokalgruppe Dru Hill:

She's a bad mamma jamma,
just as foxy as can be.
Hey, she's a bad mamma jamma,
just as foxy as can be.

Carltons Aufnahme tauchte 2002 auf dem Soundtrack von *Underground Brother*, einer Parodie schwarzer Filme aus den achtziger Jahren, wieder auf. Selbst *The Parkers*, eine schwarze TV-Sitcom des Senders UPN, brachte in der vierten Staffel eine Folge mit dem Titel »She's a Bad Mamma Jamma«.

Die meisten Weißen verstanden, daß *mamma jamma* ein Double für *motherfucker* war, auch wenn vielen von ihnen wahrscheinlich die Mammy-Verbindung nicht klar war. Ebenfalls kriegten sie mit, daß damit nun eine attraktive Klassefrau gemeint war. Aber mehr als die Schwarzen generalisierten Weiße das Wort und beschreiben damit zum Beispiel Autos, Waffen, Gitarren, Verstärker und andere geschätzte persönliche Gegenstände.

Und doch ist mamma jamma nicht immer geeignet für die Hauptsendezeit. TV-Autoren haben häufig auf »mama yama« (*mahma yahma* ausgesprochen) zurückgegriffen, ein Ausdruck, der ursprünglich in den fünfziger Jahren auftauchte, und zwar auf einer Rhythm & Blues-Platte mit dem Titel »Yama Yama, Pretty Mama« des Künstlers Richard Berry, der heute am besten für seinen

Rock'n'Roll-Klassiker »Louie Louie« bekannt ist. In der Serie *Seinfeld* beschrieb Cosmo Kramer (Michael Richards) schlampig aussehende Frauen gelegentlich als »mama-yamas«. Und in *Buffy the Vampir Slayer* bezeichnete sich eine schöne lesbische Hexe manchmal selbst als »a hot mama-yama«, etwa in der Folge »All the Way« aus dem Jahr 2002, in der sie sinnierte: »Kaum zu glauben, daß eine so heiße ›mama-yama‹ aus so einfachen, bescheuerten Verhältnissen kommt.« Noch schwerer ist es zu glauben, daß mama-yama von motherfucker abstammt.

Aber abgesehen von diesen schwachen und entfernten Verwandten ist mammy aus der weißen Kultur verschwunden, und es gibt viele Schwarze, die sich wünschen, daß das Wort nicht mehr zum amerikanischen Sprachschatz gehört. Die Geschichtsprofessorin Deborah Gray White schrieb in ihrem Buch *Ar'n't I a Woman*, daß Mammies kaum die mythologischen Gestalten waren, als die man sie hinstellte. »In Wirklichkeit war die Arbeit der Haushalt-Mammy nie beendet, und sie arbeitete oft bis zur Erschöpfung ... Außerdem wollte der Mythos uns glauben machen, daß die Mammy eine respektierte und verehrte Dienerin war, die fast zur Familie gehörte; in Wahrheit wurde Mammy, wenn sie zu alt wurde, oft aus dem Haus geworfen, ohne viel Rücksicht auf ihr Überleben. Diese eindeutige Grausamkeit widerfuhr der Mutter von Frederick Douglass (ein ehemaliger Sklave und bekannter Abolitionist), eine Mammy, die ausgedient hatte und dann in einer Lehmhütte im Wald allein gelassen wurde, um zu krepieren.«

Mammy, Ruhe in Frieden!

Witzige
Motherfucker

»Wenn man schlüpfriges Material verwendet, fällt man auf das Stereotyp des
Neger-Komikers zurück.«
                    Comedian *Dick Gregory* (1964)

»Ganz recht, ich sagte Scheiße«, teilte Comedian Redd
Foxx dem Publikum des *Apollo Theater* in Harlem mit.
»Wenn Sie ehrlich sind, jeder von Ihnen hier sagt Scheiße. Kommen Sie mit mir raus auf den Parkplatz und lassen Sie mich meine Autotür gegen Ihre Hand schlagen.
Sie werden Scheiße rufen *und* motherfucker. *Shit, motherfucker!*«

Redd Foxx hatte seit 1954 Live-Alben gemacht, ge-
spickt mit Anspielungen und Doppeldeutigkeiten, aber
den »shit, motherfucker«-Witz konnte er erst 1970 veröffentlichen, auf seiner MF Records LP *You Gotta Wash
Your Ass*. (MF war Foxx' eigene Firma, und ja, MF stand
für Motherfucker.) Es war damals noch die Zeit, da *motherfucker* für die Pointe aufgespart wurde, weil es das
Publikum zu einem schockierten Lachen brachte. Das ist
endgültig vorbei. Schwarze Comedians (und viele junge
weiße) laden heute ihre Gags mit *motherfuckers* auf,
nicht um einen Lacher zu bekommen, sondern um ihren
Witzen etwas Würze zu verleihen, wohl wissend, daß

jeder, der sie in den Clubs hört oder in den einschlägigen TV-Sendungen sieht, kaum beleidigt sein wird. Falls überhaupt, dann ist das heutige Publikum eher enttäuscht, wenn *motherfucker* überhaupt nicht benutzt wird.

Damals kam Redd Foxx dem verbotenen Wort mit »mother frocker« am nächsten in einer Nummer auf seinem Album von 1959, *Sidesplitters Vol. 2*. Die Geschichte geht so: »Da waren zwei Fabriken in New York. Die eine machte Umstandskleider für werdende Mütter, daher hießen sie die Mother Frockers. Die Fabrik auf der anderen Seite der Straße machte Korken für Weinflaschen. Sie mußten die Korken einweichen, bevor sie sie in die Flaschen tun konnten, daher hießen sie die Cork Soakers. Eines Tages weichte einer der Männer einen Korken nicht lange genug ein, er flog aus der Flasche heraus und traf einen der Mother Frockers ins Auge. Das machte alle Mother Frockers wütend auf die Cork Soakers; sie gingen nach draußen und hatten den größten Mother-Frocking Cork-Soaking Kampf, den man je sah.« Diese Passage blieb ein so beliebter Teil der Show, daß Foxx ihn auch noch in seiner jugendfreien Version erzählte, nachdem er *motherfucker* ohne jedes Risiko sagen konnte. Zurück in den fünfziger und sechziger Jahren mußte Foxx das eigentliche Wort der Fantasie des Publikums überlassen, so etwa bei seinem Witz über einen Mann, der versehentlich auf den Fuß eines New Yorker Kongreßabgeordneten tritt und eine Bemerkung hervorruft, die Foxx mit gespielter Naivität als etwas erinnerte, was wie »Mother's Day« klang. In einer früheren Nummer über Pferdewetten auf der Rennbahn Santa Anita beklagte er sich darüber, daß ein Klepper, auf den er gesetzt hatte, ihn schwer enttäuscht hatte. »Die Rennbahnfunktionäre nannten ihn einen ›Mudder‹[*], und deshalb nannte ich ihn, als ich mein Geld verlor: Du traniger *mudder*!« Foxx' gewagtester Gag auf seinem ersten Al-

[*] Ein Pferd, das gut auf einer nassen, schlammigen Bahn läuft.

bum war ein Pseudowerbespot für ein neues Produkt mit dem Namen »Fugg Soap«. Das Wort *fug* war bereits in literarischen Kreisen verbreitet, weil John Steinbeck und Norman Mailer es in den vierziger Jahren in zwei Bestsellerromanen als Ersatz für *fuck* verwendet hatten, aber Foxx' Plattenproduzent, eingedenk des Sprichworts, daß Vorsicht ein Teil der Tapferkeit ist, titelte den Track harmlos »New Soap«. Erst viele Jahre später, als Foxx' erste Alben neu herausgegeben wurden, erschien *Fugg* auf der Hülle. In den fünfziger Jahren durfte er nicht einmal *shit* sagen; er mußte die vier Buchstaben in einer Nummer über verschiedene Arten des Niesens verstecken: Der Stallnieser war »*Horshhttt!*«

Angesichts der Tatsache, daß Lenny Bruce Anfang der sechziger Jahre verhaftet wurde, weil er unumwunden auf der Bühne *motherfucker* und *cocksucker* gesagt hatte, waren schwarze Comedians so klug, sich zurückzuhalten, selbst innerhalb der Chitlin Clubs[*], auf die sich die meisten von ihnen immer noch beschränken mußten. Noch weniger wagten sie es, irgendetwas in ein Aufnahmegerät zu sprechen, was bei den stets drohenden Anklagen wegen Verstoßes gegen die Moral als Beweisstück benutzt werden konnte. Walter »Dootsie« Williams, ein schwarzer Plattenfirmabesitzer aus Los Angeles, der um 1950 damit begann, leicht schlüpfrige »party records« zu produzieren, berichtete, daß er damals, lange bevor er Redd Foxx' erste LP aufnahm, seine Geschäftsadresse von seinen Albumhüllen entfernen mußte, da ständig die Polizei an seiner Tür erschien und damit drohte, ihn ins Gefängnis zu werfen, weil etwa einer seiner Künstler, ein Komiker namens Billy Mitchell, einen lustigen »Song of the Woodpecker« sang, dessen Witz auf dem Wortspiel

---

[*] Chitlin Circuit war der Name einer Reihe von Musiktheatern im Süden und Osten der USA, wo schwarze Bühnenkünstler während der Rassentrennung auftreten konnten. Der Name geht wohl zurück auf das traditionelle Soul Food »Chitterings«.

mit *pecker* (Schwanz) beruhte. Heute würden diese Aufnahmen Schulkindern kaum ein Kichern entlocken, aber damals in den fünfziger Jahren waren sie ein Tritt in den Hintern der braven, gutmütigen Slapstickkomödie, die als amerikanischer Mainstreamhumor galt. Diese Schallplatten gehörten zu den wenigen Beispielen schwarzer Comedy, die auch Weiße hören konnten und die sie wahrscheinlich noch am leichtesten verstanden.

Afroamerikanischer Humor lebte wie Afroamerikaner selbst seit Jahrhunderten in einem Paralleluniversum. Hineingeboren in ein brutales System der Versklavung, das sie ihrer Menschlichkeit zu berauben versuchte, hatten Schwarze nur drei Möglichkeiten des Verhaltens: sich widersetzen, kapitulieren oder täuschen. Widerstand war fatal, und Kapitulation bedeutete den seelischen Tod. Ihnen blieb kaum etwas anderes übrig, als ihren Zorn zu verbergen und mit Weißen auf eine Art und Weise zu kommunizieren, die nicht bedrohlich und nach außen arglos schien. Dem Kulturhistoriker Mel Watkins zufolge lernten Schwarze, ein selbstschützendes »öffentliches Bild von immer fröhlichen, unernsten, sorglosen ›Sambos‹ in die Köpfe der weißen Mehrheit« zu projizieren, selbst wenn sie innerlich vor Wut kochten. Ein altes Blueslied brachte ihr Dilemma auf den Punkt: »Got one mind for white folks to see, and another for what I knows is me (Ein Gesicht für die Weißen, ein anderes, von dem ich weiß, das bin ich).« Der Autor und Aktivist W.E.B. Dubois prägte den Begriff »Doppelbewußtsein«. Der einzige Ausbruch aus dieser Gespaltenheit war Humor, aber noch der mußte zweideutig und ironisch sein und so verschlüsselt, daß er das eine für Insider meinte und etwas anderes für die Nicht-Dazugehörigen. Der schwedische Sozialanthropologe Ulf Hannerz konstatierte in den siebziger Jahren: »Die komplexe Strategie, echte Gefühle mit Fröhlichkeit und Verstellung zu maskieren, scheint ein charakteristischer Aspekt der schwarzen Lebensweise geworden zu sein.«

Robert Gold schrieb in seinem *Jazz Lexicon* von 1964, das Wort *hip* komme von jenen hüfthohen Stiefeln, die üblicherweise von Kanalisationsarbeitern oder Fischern getragen wurden. Wenn die Scheiße zu tief wurde, mußte man seine »hip boots« anziehen. Hip zu sein bedeutete, man wußte über die gesellschaftlichen Mißstände Bescheid, einschließlich des Rassismus' und all seiner Heucheleien. Schwarze Gauner in den Großstädten waren sicher hip, und ebenso viele Jazzmusiker, schwarze und weiße. Aber der komische Narr, der es wagte, die ganze Wahrheit auszusprechen, ohne Rücksicht darauf, wen es beleidigte und wie es auf ihn zurückschlagen mochte, war der Hippste von allen.

Die ersten professionellen schwarzen Comedians fanden nach dem Bürgerkrieg Arbeit in Minstrel-Shows, wo sie die lächerlichen Standardrollen spielten – der schlitzohrige Großstädter Zip Coon, der leichtfüßige Jim Crow, der faule und dumme Sambo –, die zuvor von weißen Darstellern mit geschwärzten Gesichtern erfunden worden waren. Die Einrichtung der Minstrels beruhte im wesentlichen auf einem stereotypen Witz: Schwarze waren grinsende, in den Tag hineinlebende Faulenzer oder Schwindler, immer kichernd und plappernd, immer bereit, für die Weißen zu singen und zu tanzen, und völlig zufrieden mit dem Status quo. Es war genau das, was das weiße Publikum, besonders in den Südstaaten, sehen wollte. Aber als allmählich schwarze Darsteller diese Rollen übernahmen, verliehen sie ihnen mehr Ausdruck und Menschlichkeit, und manchmal machten sie sie sogar auf noch grellere Weise lächerlich, um die Absurdität der Minstrels zu zeigen – ein riskantes Manöver, weil es zwar schwarze Zuschauer amüsierte, aber die Vorurteile der Weißen verstärkte. Diese Entertainer entschärften viele der alten Neger-Witze, indem sie sie in persönliche Sticheleien verwandelten. So beleidigte zum Beispiel in den früheren, rein weißen Minstrel-Shows eine Figur die Reinheit und Heiligkeit schwarzer Mütter mit der Bemerkung: »Diesen Mammies kann man nicht trauen, wenn der Herr zu ihnen in die Hütte kommt.« Der schwarze Darsteller dagegen änderte es, indem er zu einer anderen Figur sagte: »Deiner Mammy kann man nicht trauen, wenn der Herr zu ihr in die Hütte kommt«, womit er die Last von der Rasse als ganzer nahm und sie der Mutter eines anderen und damit auch ihm aufbürdete; *er* wurde die Zielscheibe des Spotts an Stelle der schwarzen Mütter. Das war zwar nur ein kleiner Sieg, aber dennoch ein Sieg. Vermutlich entwickelte sich aus diesen Minstrel-Nummern das, was später der verbale Schlagabtausch »The Dozens« wurde.

Als Minstrel-Shows um die Jahrhundertwende allmählich in das Varieté übergingen, tauchte der erste berühmte Neger-Comedian und Amerikas erster größerer Plattenstar auf. Er war ein auf den Bahamas geborener New Yorker namens Bert Williams, dessen Songs und Monologe auf schwarze Folklore zurückgriffen, aber so behutsam, daß Weiße sie noch akzeptieren konnten. Obwohl er relativ jung 1922 starb, inspirierte Williams die nächste Generation der Neger-Comedians, darunter Dewey »Pigmeat« Markham, Butterbeans and Susie, Tim Moore, Jackie »Moms« Mabley, John Mason und Leroy & Skillet. Aber anders als Williams waren sie Künstler des Chitlin Circuit, beschränkt auf abgesonderte Tabakscheunen und heruntergekommene Ghettotheater, wo sie ihren Humor nicht auf ein weißes Publikum abstimmen mußten. Auch wenn sie immer noch Trottelgags und gutmütigen Fatalismus auf die Bühnen brachten, so lösten sie sich doch von dem glotzäugigen, selbstverachtenden »coon« und »sambo« und machten pointierte Bemerkungen über die brutale Welt, mit der sie es täglich zu tun hatten. Aber wenn sie nicht gerade in einer Spelunke irgendwo in den Südstaaten waren, achteten sie stets auf ein Mindestmaß an Anstand. Aus jener Zeit sind nur sehr wenige Billigstfilme erhalten geblieben, die ausschließlich für ein schwarzes Publikum gedreht wurden.

Zwangsläufig waren sie eine harmlose Angelegenheit, die weder einen weißen Theaterleiter noch einen Südstaatensheriff beunruhigte, der zufällig vorbeikommen konnte, um zu prüfen, was die ortsansässigen *nigras* sich anschauten. Selten bekommen wir einen Einblick, was in Abwesenheit neugieriger Augen und Ohren Fremder in einem Harlemer Rattenloch oder in einem Schuppen in Alabama wirklich gesagt wurde. Die wohl früheste *motherfucker*-Erwähnung findet sich in einer rein schwarzen Musicalkomödie mit dem Titel *Killer Diller*. Moms Mabley – die der Schauspieler Ossie Davis »die Mutter aller schwarzen Komiker« nannte – kündigte einen Gag über die aus einem alten Kinderlied bekannte Old Mother Hubbard mit genau dem richtigen Tonfall an, so daß ihre Zuhörer wußten, wovon sie sprach. »Glaubt ja nicht an diese Märchen«, sagte sie. »Daß die alte Mutter Hubbard zum Küchenschrank geht und Knochen für ihren Hund holt und so'n Zeug, ist nie passiert. Mutter Hubbard hatte ihren *Gin* in dem Schrank.«

Und dann kam der hellhäutige, rotköpfige Redd Foxx mit seinen verschmitzt anzüglichen Sachen. Geboren als John Sandford in St. Louis (Missouri), begann er seine Karriere als *Washtub*-Spieler in einer Chicagoer Bluesband und nahm 1946 einige Platten als Sänger auf. Aber seine wirkliche Neigung war die Stand-up Comedy, eine ziemlich junge Kunstform, die von professionellen Beifallserzeugern in jüdischen Urlaubsorten in den Catskill Mountains geschaffen worden war. Weiterentwickelt wurde sie dann von Entertainern, die kurze Szenen mit aggressiven Sprüchen brauchten, um die Zuschauer zwischen den Auftritten der Stripperinnen bei Laune zu halten. In den frühen fünfziger Jahren zog Foxx nach Los Angeles und lernte Dootsie Williams kennen, der zu der Zeit schwer an der wachsenden Rock'n'Roll Begeisterung verdiente, indem er R&B (später Doo Wop genannte) Songs wie den millionenmal sich verkaufenden »Earth Angel« produzierte. Aber Williams war allmählich die immer höheren Ausgaben für Schmiergelder leid, die an die Sender für die Verbreitung von Teenager-Singles bezahlt werden mußten, und wollte wieder »party records« produzieren, weil sie billig waren und keine Radiowerbung benötigten. Er machte aus Foxx einen Underground-Star, indem er seine »Fugg Soap«-Nummer von 1954 als Single veröffentlichte. Eingedenk der Polizei, die einst um Mitternacht gegen seine Tür hämmerte, ließ er Foxx aber nie über andeutenden Humor und alberne Wortspiele wie »mother frockers« hinausgehen. Ein typischer Witz war die Anregung einer Billigversion des gerade in Mode gekommenen Bikinis: »Zwei Heftpflaster und ein Korken. Okay, *zwei* Korken.«

Anfang der sechziger Jahre, als das weiße Amerika täglich auf seinen Fernsehgeräten die Brutalität gegen Neger in den Südstaaten sah, steuerte schwarze Comedy immer mehr in Richtung sozialer Kommentar, vor allem dank Dick Gregory, ein cooler Typ aus Chicago im Brooks-Brother-Anzug, der auf einem Hocker saß, Rauchringe ins Publikum blies und Sätze sagte wie: »Ich weiß viel über den Süden. Ich verbrachte eines Abends zwanzig Jahre dort.« Gregory erzählte nicht so sehr Witze, machte vielmehr bitterwitzige Bemerkungen: »Was für ein Land! Wo sonst muß ich hinten im Bus sitzen, in den schlimmsten Gegenden wohnen, zu den schlechtesten Schulen gehen, in den miesesten Restaurants essen und verdiene 5000 Dollar pro Woche, nur indem ich darüber rede?« Dies war traditionellerweise die Art, sich selbst runter zu machen und damit die Weißen zu treffen. Dieses Material servierten die schwarzen Bühnenkomiker schwarzen Zuhörern. In der Vergangenheit hätte der Komiker, wenn sich ein paar Weiße in die Aufführung verirrt hätte, wahrscheinlich seine Gags abgemildert. Aber nun hatten die täglichen Bilder in den Medien, die den von der Rassentrennung beherrschten Süden dämonisierten, die Atmosphäre verändert. Dadurch, daß er weniger zornig auftrat und weiße Zuhörer glauben ließ, er schließe sie als liberale Sympathisanten gegen den Fanatismus ein, wurde Dick Gregory Amerikas erster schwarzer Crossover-Komiker. Das einzige heikle Wort, mit dem er je auf der Bühne spielte, war *nigger*, und es wurde auch der Titel seiner Autobiographie von 1964. (In der Widmung an seine Mutter schrieb er: »Wenn du je wieder das Wort Nigger hörst, denk daran, sie werben für mein Buch.«) Tatsächlich spielte er Lenny Bruces berüchtigte »Sind heute abend irgendwelche Nigger hier?«-Nummer, und zwar landesweit, aber ohne das Wort *motherfucker* oder irgendeine andere Obszönität. Nur in seinem Buch ließ er es gelegentlich fallen. Sein weißer Mitautor Robert Lipsyte, der auch das Typoskript schrieb, berichtete später, daß Gregorys einzige Beanstandung ihm gegenüber war: »Du hast motherfucker mit Bindestrich geschrieben. Es ist ein Wort.«

Als die Bürgerrechtsbewegung erstarkte, opferte ein ermutigter Gregory seine Karriere im Showbusiness für einen militanteren Aktivismus, der die schwache Toleranz seines neuen Publikums strapazierte. »Ich bin ein Neger und erst dann ein Entertainer«, sagte er. »Comedy ohne politische Absicht ist bloß eine andere Art der Schwarzen, für Weiße zu tanzen.« Aber er hatte bereits die Tür für schwarze Stand-up Comedy geöffnet, und viele junge Komiker wie Bill Cosby und Flip Wilson waren nur allzu bereit, die größere Bühne zu betreten und zu tanzen. Sogar Veteranen wie Redd Foxx, Pigmeat Markham, Nipsy Russell, Slappy White und Moms Mabley belebten ihre Karrieren neu. Der Preis für ihren Erfolg jedoch war, daß sie für ein breites Publikum ihren Humor abschwächen mußten.

Aber es gab einen schwarzen Komiker, der gewillt war, am Rande und unbemerkt von der weißen Gesellschaft zu bleiben. Rudy Ray Moore war 1959, da war er einunddreißig, vom Mittleren Westen nach Los Angeles gezogen mit der Idee, ein R&B-Sänger zu werden. Nachdem er einige minderwertige Singles für ein winziges Label aufgenommen hatte, landete er einen Job als Conferencier in einem bei Schwarzen beliebten Club, wo er zwischen Musik und Comedy-Nummern so ziemlich alles sagen konnte, was er wollte. 1961 bat ihn Dootsie Williams, ein Partyalbum aufzunehmen. Moore war begeistert, seinen Namen auf einer Liste zu sehen, die seinen Helden Redd Foxx einschloß, aber viel später sollte er bemerken, Foxx' Alben »hatten nicht die explizite Sprache. Schon wahr, es gab Sätze für Erwachsene, zweideutige Wörter. Aber auf Platten sagte er nie ›motherfucker‹ und so was.« Doch auch Moore war das damals nicht möglich. Williams verlangte von ihm, sich auf nicht jugendfreie Witze über Penislänge und Wortspiele wie das über einen Chinesen mit dem Namen Foo King zu beschränken. Jede Obszönität, die er während seiner Auftritte fallen ließ, wurde anschließend auf dem Band geschnitten.

Aber Rudy Ray Moore hatte Unternehmungsgeist. Nachdem er in den sechziger Jahren mehrere nicht allzu erfolgreiche Alben aufgenommen hatte, beschloß er, selbst als Produzent zu agieren. Zu der Zeit arbeitete Moore als Manager bei *Dolphin's of Hollywood*, ein rund um die Uhr geöffneter Plattenladen an einer der belebtesten Ecken von Los Angeles. Er kannte daher den lokalen Vertrieb sehr genau. Zufällig war der Bürgersteig vor dem Laden der Aufenthaltsort eines nicht mehr ganz jungen Säufers namens Rico, der die bemerkenswerte Begabung hatte, kunstvolle »Toasts« vorzutragen, besonders nachdem er ein paar Erfrischungen aus dem Schnapsladen nebenan in sich hineingekippt hatte. Ricos Lieblingsfigur war ein »super-bad motherfucker« namens Dolomite. Eines Tages, während der Trinker über Dolomites Heldentaten reimte und eine kleine Gruppe von Zuhörern sich vor Lachen nicht halten konnte, fragte sich Moore, warum niemand authentisches Material wie dieses auf Partyalben herausbrachte statt der schwachsinnigen Witze, die nichts bedeuteten. Er bezahlte Rico für die

Aufnahme einiger seiner unflätigen Nummern, aber dann studierte er sie selbst ein, Ricos besondere Vortragsweise nachahmend. Die Toasts, die er in seiner Jugend gehört hatte, wie »Shine and the Great Titanic« und »The Signifying Monkey« waren nun vergessen. Als er sich gut genug vorbereitet fühlte, versammelte Moore Freunde in einem lokalen Aufnahmestudio mit »Schnaps und Sandwiches und Bier und anderem. Und ich brachte sie in die richtige Stimmung, riß diese Witze, und man hörte auf dem Track die Leute lachen.« Er preßte sein eigenes Album mit dem Titel *Eat Out More Often*, auf dem der Dolomite-Toast zu hören war, der so begann: »Einige Leute sagen, Willie Green sei der schlimmste Motherfukker, den die Welt je gesehen hat, aber ich möchte, daß du dir einen Joint anzündest und deine Perücke feststeckst, und dann werde ich dir von dem bösen kleinen Motherfucker namens Dolomite erzählen.« Auf der billigen selbstgemachten Albumhülle nannte er sich nun Dolemite. Das Album verbreitete sich wie ein Lauffeuer in den schwarzen Vierteln von Los Angeles und stand 1970 vier Wochen lang auf den Soul-Charts von *Billboard*. Mit seinen ersten Tantiemen produzierte Moore ein weiteres Album, *This Pussy Belongs to Me*, das es auch in die Charts schaffte, und nach einigen Jahren konnte er seinen Low-Budget-Film *Dolemite* finanzieren, in dem er selbst die Hauptrolle des karateschlagenden Superzuhälters spielte. Dabei spuckte er Sätze aus wie »Du nutzloser, mieser, kleiner, auf dem Schrottplatz Rattensuppe löffelnder motherfucker!«, worüber das schwarze Publikum vor Lachen brüllte.

Moore war natürlich der Nutznießer der Kulturkämpfe der sechziger Jahre, einer Zeit, in der sich die Beschränkungen für obszönes Material auflösten. Der Kritiker Mel Watkins bemerkte dazu: »Der vulgäre, lästerliche Straßenjargon, in dem sich der Volkshumor meist äußerte und der ein fester Bestandteil des Stils und der Bedeutung der Geschichten und Witze war, wurde in der Populärkultur vor den sechziger Jahren nicht toleriert.« Moore sagte später zu dem Schriftsteller Adam Bulger: »Ich bin der erste gewesen, der all die Four-Letter-Words benutzte.« Anfang der neunziger Jahre beendete er in einer TV-Late-Night-Show des Comedian Arsenio Hall einen seiner Raps mit »Dolemite is my name – and I'm out of this motherfucker!«

Ungefähr zur selben Zeit wie Dolemites Durchbruch erfand sich ein junger Songwriter und Produzent aus Georgia namens Clarence Reid neu und gab sich den Bühnennamen Blowfly. Seine Großmutter hatte einmal, nachdem sie seine schmutzigen Liedtexte gehört hatte, zu ihm gesagt: »Du bist eine Schande für die schwarze Rasse. Du bist nicht besser als eine Schmeißfliege.« Reids Blowfly-Figur war wie Dolemite überlebensgroß und so schlimm, wie es ihm gefiel. Es begann schon am Tag seiner Geburt: »Der Arzt schlug mir auf den Arsch. Ich schrie: Noch einmal, du Motherfucker, und ich schieb dir den Gummihandschuh in deinen Arsch!« (Ähnlich lauteten Dolemites erste Worte an seinen Vater, als er aus der Gebärmutter flutschte: »Okay, ich hab von jetzt an hier das Sagen, Mösenlutscher.«) Aber im Gegensatz zu Dolemite fügte Blowfly seinen Toasts musikalische Parodien hinzu (zum Beispiel sang er »Raindrops Keep Falling on My Head« als »My Baby Keeps Farting in My Face«), wobei ihn dieselben professionellen Funkmusiker begleiteten, die er auch bei seinen R&B-Hits wie Betty Wrights »Clean Up Woman« beschäftigte. Sein erstes Album, *The Weird World of Blowfly* (1971), war ein sofortiger Erfolg bei schwarzen Zuhörern.

Aber Rudy Ray Moore und Clarence Reid, deren beste Zeit in den siebziger Jahren war, mußten beide für ihr schmutziges Mundwerk und einen hundertprozentigen Ghettostandpunkt einen hohen Preis zahlen: Segregation. Auch wenn sich später Spitzenrapper eine Menge ihres Materials aneigneten, erreichten Dolemite und Blowfly nie ein großes Publikum. Ihre Sachen waren immer zu schwarz, zu verschlüsselt, zu kraß; sie wollten oder konnten keine Kompromisse eingehen. Scharfe, lästerliche und ehrliche schwarze Comedy – als Gegengift zu Bill Cosbys schrulligem, farbenblinden Humor, der plötzlich populär geworden war – unter die Massen zu bringen, gelang einem respektlosen Komiker aus Amerikas Allerweltsstadt – Peoria (Illinois) – namens Richard Pryor.

Wie Moore und Redd Foxx war Pryor auf seinen ersten Alben, die Ende der sechziger Jahre auf kleinen unabhängigen Labels in Los Angeles herauskamen, stark eingeschränkt. Seine Figuren waren noch nicht ausgeprägt, und er schwang noch keine Reden im reinen Ghettoslang. *Nigger* tauchte in den ersten Jahren ab und zu auf, aber das Allzweckwort *motherfucker* war nirgendwo zu hören. Rückblickend wird dessen Abwesenheit jedem Pryor-Fan, der sich diese frühen, noch unentschiedenen Alben anhört, auffallen. Die Versuche des jungen Richard, die rhythmische Authentizität des Straßenjargons ohne jenes verbotene Wort zu vermitteln, funktionierten einfach nicht.

Anders als die übertriebenen Figuren Dolemite und Blowfly präsentierte sich Richard Pryor als Jedermann: manchmal cool, dann wieder irritiert oder verängstigt oder voller Wut. Sein Gesicht vermochte in einem Augenblick das ganze Spektrum menschlicher Gefühle zu zeigen. Im Gegensatz zu Reid konnte er fast jeden in seinem Viertel – selbst den weißen Polizisten – ausdrucksvoll und einfühlsam imitieren. Er konnte auch brutal ehrlich sein, nicht nur mit seinen bitterwitzigen Bemerkungen zu den Verhältnissen zwischen Schwarzen und zwischen Schwarzen und Weißen, sondern auch in seinem Gebrauch rohester Straßensprache. Ihn einen Komiker zu nennen, wird Richard Pryor bei weitem nicht gerecht. Satiriker oder Aktivist mit Witz sind da schon genauer. Sein Genie, wenn man es denn so nennen will, erfaßte all die Gefühle – den Selbsthaß, die seltsamen

Ticks der Schwarzen, die Verletzungen durch Weiße –, die schwarze Komiker normalerweise vor einem exklusiv schwarzen Publikum zur Sprache brachten, und präsentierte sie vor einem gemischten Publikum, in dem fast jeder zu angestrengt oder zu nervös lachte, um beleidigt zu sein. Im Sinne von König Lears Satz »Manch wahres Wort wird im Scherz gesprochen«, fügte Pryor rasiermesserscharfe Spitzen in seine Witze ein, die Weiße vielleicht nicht gerne hörten, aber als Publikum blieb ihnen keine Wahl. Doch das kam erst später. Während der sechziger Jahre war Richard Pryor ein sanfter, liebenswürdiger Comedian mit gepflegtem Haar und einer Drolligkeit, die weiße Zuschauer beruhigte. Er hatte seinen ersten landesweiten Auftritt 1964 in *Broadway Tonight*, der TV-Show des alternden Schnulzensängers Rudy Vallée, wo er vor allem Grimassen für ältere Bürger und Frauen mittleren Alters schnitt. Er ließ jedermann wissen, wie dankbar er war, dort sein zu dürfen. Doch selbst zu der Zeit kochte in ihm eine innere Wut und brach gelegentlich auch in der Öffentlichkeit hervor. Seine Karriere spiegelte das Doppelbewußtsein des Schwarzen, der zwei völlig verschiedene Gefühlswelten anzusprechen hatte: ein schwarzes Publikum, das den feindseligen, harten Kerl sehen wollte, und Weiße, die einen harmlosen, lustigen Clown erwarteten. Die Anstrengung, zwei Persönlichkeiten in einem Körper zusammenzuhalten, wurde für Pryor zunehmend schwieriger. Schließlich erlitt er auf der Bühne eines Hotels in Las Vegas einen Nervenzusammenbruch und zog sich nach Berkeley zurück, wo er eine Zeitlang als exzentrischer Kiffer lebte, der in einem Kimono durch die Straßen lief und mit sich selbst redete. Was ihn vor der Verwahrlosung rettete, war die Bekanntschaft mit einer lokalen Gruppe aufstrebender schwarzer Intellektueller und Schriftsteller, darunter Ishmael Reed und Claude Brown, die ihn inspirierten, zu seinen kulturellen Wurzeln zurückzukehren und die echte Stimme eines Schwarzen in der Post-Malcolm X-Ära zu finden.

Als Pryor Berkeley verließ und zur Comedy zurückkehrte, war er ein anderer Künstler. Um seine Glaubwürdigkeit als Bewohner der Straße zu bestätigen, pfefferte er seine Monologe mit vielsagendem und ständig wechselndem Vokabular aus der ihm vertrauten Umwelt und enthüllte so »den einzigartigen, zuvor stets verborgenen oder zurückgewiesenen Teil afroamerikanischen Humors, der in den untersten, am wenigsten angepaßten Schichten der schwarzen Gemeinschaft gedieh« (Mel Watkins in seinem 1994 erschienenen Buch *On the Real Side*).

Seine ausgebufften neuen Figuren und Nummern ließen Pryor nicht nur bei kämpferischen Schwarzen in den Großstädten gut ankommen, die über ihre eigene Zwangslage lachen wollten, sondern auch bei den Schwarzen der Mittelklasse, die in den sechziger Jahren ihre Wurzeln in der afrikanischen Kultur und ein neues Selbstbewußtsein entdeckten. Viele junge Weiße, die die Politik der Vietnam-Ära und die Skandale der Präsidentschaft Richard Nixons ernüchtert hatten, fühlten sich Pryor ebenfalls brüderlich verbunden. Seine Biographen John A. Williams und Dennis A. Williams drückten es so aus: »Ein respektloser, lästernder, offensichtlich halbverrückter Mann, der ›motherfucker this, motherfucker that‹, ›nigger this, nigger that‹ oder (ins Gesicht des militanten Feminismus) ›bitch this, bitch that‹ schrie – ein über die Bühne wirbelndes, taumelndes, von Dope erstarrtes Straßengespenst war gewiß nicht obszöner als das, was in Washington vor sich ging oder jeden Abend in den Nachrichten aus Südostasien über den Bildschirm flimmerte.« Außerdem lernte ihn das größere weiße Mainstreampublikum kennen, als sich seine zuvor planlose Nebenkarriere in Hollywood zu Filmruhm entwickelte, vor allem nach seiner Durchbruchsrolle als Gene Wilders irrer Kumpel in dem Kassenschlager *Silver Streak* von 1976. Plötzlich war Richard Pryor der heißeste, coolste Schwarze in Amerika, eine echte kulturelle Führungsgestalt, die, was immer ihr in den Sinn kam, mit einer aggressiven Haltung vorbrachte. Jeder wollte hören, was er zu sagen hatte, als ob er ein Fenster wäre, durch das man direkt in die Herzen der Schwarzen schauen konnte. Und die beiden mächtigsten Wörter in seinem Vokabular, die Wörter, die fest in seiner Alltagssprache verankert waren, waren *nigger* (das er allerdings einige Jahre später, nach einem Besuch in Kenia, ablehnte) und *motherfucker*. Pryor lancierte diese beiden verbotenen Kraftausdrücke so, wie es nie jemand zuvor getan hatte. Sie blinkten wie eine Leuchtreklame. Natürlich kannten Weiße das erste Wort, aber nicht, wie Pryor es verwendete, nämlich als eine Auszeichnung, die Schwarze verband und alle anderen ausschloß. Das zweite Wort war fremder, verstörender. Die einen stürzten zu ihren Slangwörterbüchern; andere ergriffen die Flucht.

Hier sind einige Beispiele der Vorliebe Pryors für das flexibelste Viersilbenwort:

- Parodie auf einen scharlatanhaften Ghettoprediger, dem die Mühseligen und Beladenen in seiner Gemeinde äußerst lästig sind: »Ich sage den Verkrüppelten, die hierher kommen – könnt ihr euch nicht eine andere Kirche suchen? ... Und ihr taubstummen Motherfuckers, ihr Motherfuckers, die ihr nicht sprechen könnt, wir brauchen euch hier nicht.«

- Kommentar zur sinkenden Fertilitätsrate der Weißen: »Zu wenig Weiße in letzter Zeit. Ihr habt alle aufgehört zu ficken? Mangel an Nigger wird es nicht geben. Nigger ficken ... Irgendjemand muß schließlich diesen Motherfucker übernehmen.«

- Antwort auf eine Standardfrage, warum schwarze Männer immer herumstehen und sich selbst im Schritt befummeln: »Weiße fragen immer: ›Warum haltet ihr Jungs euch an eurem Ding fest?‹ ... ›Ihr habt uns alles andere weggenommen, Motherfucker.‹«

- Lob für einen schwarzen Boxweltmeister: »Dieser Sugar [Ray Robinson] kämpft so gut, es macht deinen Schwanz hart. Sugar holt sich den Arsch jedes Motherfuckers. Fragt Jake LaMotta.«

- Erklärung, warum Schwarze vorsichtig bei Polizisten sind, die sie im Auto anhalten: »Nigger muß laut sagen, Ich greife jetzt in meine Tasche nach meinem Führerschein, weil ich keinen motherfuckin' Unfall haben will.«

- Klage über Weiße aus der Mittelklasse, die fade Musikimitate bevorzugen: »Die Jackson Five singen sich den Arsch ab, aber Weiße reden über die Osmond Brothers ... Mother*fuck* a Osmond Brothers!«

- Bericht über seine Erfahrung mit Rechtsanwälten: »Anwälte sind teure Motherfuckers. Ich hatte mal einen Anwalt, nach einer Woche gab der Motherfucker mir eine Rechnung über vierzigtausend Dollar. Ich sage, Motherfucker, ich hab dich doch grade erst kennengelernt! Diese Motherfuckers bewahren dich vor dem Knast und dem Gericht – aber es kostet eine Menge! Ich kannte einen dieser Typen ... der Motherfucker nahm mich bis aufs letzte Hemd aus!«

- Vermittlung von Ghettoweisheit durch seine Figur Mudbone: »Man muß nicht alt sein, um kein Idiot zu sein. Eine Menge junger Männer, sie sind kaputter als ein Motherfucker, stimmt's?«

- Erinnerung an seinen Herzinfarkt: »Ich wachte in einem Rettungswagen auf. Und da waren nur Weiße, die mich anstarrten. Ich sage, ist das nicht eine Sauerei. Ich sterbe und ende im falschen motherfuckin' Himmel. Nun muß ich für den Rest meiner Tage Lawrence Welk [Bigbandleader] anhören.«

- Herausforderung von Männern, die prahlen, sie könnten die ganze Nacht ficken: »Ihr lügenden Motherfuckers ... Ich kann Liebe nicht länger als drei Minuten machen.«

- Ein witziger schwarzer Blick auf nicht-schwarze Situationen wie etwa in seiner Nummer über einen Säufer, der Dracula trifft: »Hör mal Nigger – ja du mit dem Cape! Was glotzt du denn durch das Fenster dieser Leute? Wie heißt du, Mann? Dracula? Was für ein Name ist denn das für einen Nigger? Woher kommst du? Transsylvanien! Ich weiß, wo das ist, Nigger – du bist nicht der hellste Motherfucker auf der Welt. Auch wenn du der häßlichste bist.«

Unglücklicherweise schaffte es der Künstler Pryor nicht über die achtziger Jahre hinaus. Drogen und persönliche Probleme, eine Reihe schwacher Filme und schließlich die allmähliche Entkräftung durch Multiple Sklerose führten zu einem über fünfzehn Jahre sich hinziehenden Verfall bis zu seinem Tod Ende 2005. Als sein Erbe hinterließ er zwei Generationen schwarzer Komiker (zusammen mit ein paar weißen), die keine Skrupel mehr hatten, bei jeder Gelegenheit »nigger!« und »motherfukker!« zu schreien. Tatsächlich brachte kurz vor seinem Tod der TV-Sender *Comedy Central* eine liebevolle Erinnerung an ihn mit dem Titel *I Ain't Dead Yet, Motherfucker* – benannt nach Pryors eigener Website –, bei der ein Dutzend Stars von Whoopi Goldberg und Robin Williams bis zu Chris Rock und Dave Chappelle versuchten, seine Verdienste zu würdigen.

Natürlich meinte nicht jeder, daß Pryors Einfluß ausschließlich positiv war. Dick Gregory äußerte gegenüber John A. Williams und Dennis A. Williams, daß Pryors Sperrfeuer aus Ghettogossensprache subversiver gewesen sei, als irgendjemand es vorausgesehen hatte. »Wenn in der Vergangenheit Leute Aufnahmen von Redd Foxx spielten, verschwanden die guten Christen sofort. Mit Richard war das anders, wir alle hörten nur sein Genie, nicht die Obszönitäten. Es war ein Zeichen der Liebe und Verehrung, seine Platten aufzulegen. Man schickte die Kinder nicht aus dem Zimmer. Aber Kinder hören, was man sagt, nicht, was hinter den Worten ist. Sie hörten die Obszönitäten. Jeder neue Komiker dachte daher, Erfolg sei nur noch durch die Verwendung vulgärer Ausdrücke zu erreichen.«

Für schwarze Entertainer, egal in welchem Medium, war entscheidend, daß Pryor die Regeln geändert hatte, indem er die ausdruckslose Maske abwarf und auf die Glamourpose und die vorher unerläßlichen, für ein weißes Publikum bestimmten Sprüche verzichtete. Nun konnten Künstler so zornig und provokativ sein, wie sie wollten, solange sie einigermaßen talentiert waren. Und für Komiker insbesondere, wenn sie nicht gerade bei größeren Fernsehgesellschaften auftraten, hieß das, sie konnten auf *motherfucker* als Allzweckwort zurückgreifen, wann immer sie ein paar Silben brauchten, um das Publikum bei Laune zu halten. Viele Komiker wie der Superstar Eddie Murphy oder die Möchtegern-Komiker der TV-Serie *Def Comedy Jam*, die Pryor folgten, schienen entschlossen zu sein, jeden anderen Motherfucker, der hinter einem Mikrophon stand, zu »übermotherfuckern«. Selbst die Ladys wie Millie Jackson und Wanda Sykes warfen großzügig mit dem Wort um sich. Ende der achtziger Jahre gehörte es auch zum Bestand der Rap-Musik und plärrte in das Ohr jedes Kids unter Zwanzig. Vor allem Weiße reagierten auf *motherfucker*, weil sie es im Gegensatz zu *nigger* auch in Anwesenheit von Schwarzen sagen konnten, ohne gleich eine Schlägerei zu riskieren. Und als sie erst einmal *motherfucker* in ihr Vokabular aufgenommen hatten, begannen weiße Jugendliche, eine andere Sprache zu sprechen. Es war nicht genau das, was Norman Mailer meinte, als er 1957 den Begriff des »weißen Negers« einführte, aber zweifellos durchlief das weiße Amerika einen Prozeß der »Ne-groization«.

Es war die Übereinstimmung von Ghetto-Comedy und Gangsta-Rap, was die Karriere von Rudy Ray Moores Dolemite wiederbelebte. N.W.A.s Eazy-E und Big Daddy Kane luden ihn zu gemeinsamen Aufnahmen ein. Andere Künstler, darunter 2 Live Crew, sampelten seine Titel. Und im Jahr 2008, nicht lange bevor Moore starb, ließ er seine Figur Petey Wheatstraw, »der Schwiegersohn des Teufels«, auf einer CD mit Blowfly wiederauferstehen. Das alles erinnerte an die Shine- und Stagolee-Toasts von einem Jahrhundert zuvor, unverschämte und übertreibende Geschichten von tollen schwarzen Motherfuckern, die versuchten, im Amerika des weißen Mannes ein wenig Respekt (und die eine oder andere Muschi) zu bekommen.

Lenny starb für euch Motherfucker!

»Meine Schwiegermutter hat meine Ehe zerstört. Meine Frau kam nach Hause und fand uns zusammen im Bett.«
Lenny Bruce (1964)

»Sind heute abend irgendwelche Nigger hier?«, fragte Lenny Bruce in einer seiner berüchtigten Nummern:

Oh, mein Gott, hast du gehört, was er sagte? Sind hier heute abend irgendwelche Nigger? Ist das widerlich! Ist das grausam! Will er auf diese billige Art Lacher bekommen? Nun, ich glaube, ich sehe einen Nigger an der Bar, der sich mit zwei Unbeschnittenen unterhält ...
Nun, warum habe ich das getan? Nur wegen der Schockwirkung? Na ja, wenn alle Nigger anfingen, sich gegenseitig Nigger zu rufen, nicht nur untereinander, was sie ohnehin tun, sondern auch in Gegenwart anderer; wenn Präsident Kennedy im Fernsehen erschiene und sagte: Ich erwäge, zwei oder drei der Topniggers des Landes in mein Kabinett zu berufen – wenn man nur Nigger, Nigger, Nigger hörte –, in sechs Monaten

würde Nigger nicht mehr bedeuten als Gute Nacht oder Gesundheit. Wenn dieser herrliche Tag kommt, wird es kein Niggerkid mehr geben, das weinend von der Schule kommt, weil irgend so ein Motherfucker ihn Nigger nannte!

Auf der Bühne war Lenny Bruce ein verbaler Bebop-Jazzer, dessen pessimistische Ansichten zu Drogen, Sex, politischer Macht, Religion und der schäbigen Kehrseite des Mittelklasseanstands weit über die Grenzen der Schwiegermutterwitze und Borscht Belt-Gags hinausreichten, die Mitte des zwanzigsten Jahrhunderts als amerikanische Comedy galten. Beliebte jüdische Stand up-Komiker wie Buddy Hackett, Jack Carter, Joe E. Lewis und Henny Youngman gaben sich manchmal ein wenig »schlüpfrig«, nachdem die blauhaarigen *Bubelehs* (Großmamas) zu Bett gegangen waren, aber waren niemals zu *shmutsik*. Und dann tauchte Lenny Schneider auf, besser bekannt als Lenny Bruce, der sich jahrelang in schmuddeligen Striplokalen – »Toiletten« nannte er sie – abgerackert hatte. Er mußte mit halbnackten Frauen um die Aufmerksamkeit der Kunden buhlen, indem er über das, was ihm gerade an bizarren oder obszönen Gedanken durch den Kopf ging, improvisierte; gelegentlich zog er sich auch selbst aus, um das nächste Mädchen anzukündigen. Zu der Zeit, da er die Kurve kriegte, etwa 1956, war sein Auftritt dem Kritiker Nat Hentoff zufolge »eine evokative Mischung aus Jiddismen, Neger- und Showbusinessargot und seinen eigenen semantischen Erfindungen«, einschließlich verbotener Wörter und Bilder, die die Zuhörer herausforderten, sich mit ihren persönlichen und kulturellen Heucheleien auseinanderzusetzen. Er enthüllte öffentlich, was andere nur privat zu sagen wagten, wobei er nicht nur das jeweilige Publikum verspottete, sondern auch – mit tödlicher Treffsicherheit – Schwarze, Homosexuelle, Prominente und jede andere Gruppe, die sein böser Blick traf. 1958 titelte seine Plattenfirma sein zweites Album *The Sick Humor of Lenny Bruce*. Als Steve Allen, Moderator einer TV-Varieté-show, im April 1959 Bruce einem landesweiten Publikum vorstellte, nannte er ihn »den schockierendsten Comedian unserer Zeit«.

Aber Bruces wirkliche Schockwirkung erreichte das tranige Amerika erst Anfang der sechziger Jahre; am Beginn standen zwei Obszönitätsprozesse in Kalifornien – einer in San Francisco (wo er 1962 von dem Vorwurf freigesprochen wurde, einen Transvestiten »Schwanzlutscher« genannt zu haben) und ein weiterer zwei Jahre später in Los Angeles (wo ihn ein stellvertretender Bezirksstaatsanwalt namens Johnnie Cochran beschuldigte, in West Hollywoods Club Troubadour »du zwergenhafter Motherfucker« gesagt zu haben). Bruce wurde auch in dem Nachtclub *Gate of Horn* in Chicago verhaftet, wo er laut einem Polizeibericht äußerte: »Sie sagen, wir ficken unsere Mütter für ein paar Schokoriegel« und »Ich will eure Mütter ficken. Oh, danke, danke, danke.« Eine Bandaufnahme des Monologs zeigte jedoch, daß es eine Nummer darüber war, wie Europäer die Besatzung durch amerikanische Truppen erlebt haben müssen: »Überall hassen sie Amerikaner. Und wissen Sie warum? Weil wir für Schokoriegel ihre Mütter fickten« und »Ihr wißt, was diese Amerikaner euren armen Müttern antaten? Stell dir das vor, deine Mutter mußte sich anstellen ... Der Hauptfeldwebel vögelte deine Mutter und sie bekam dafür miesen Kaffee und Eier und billige Zigaretten ... Dort ist der Kerl, der meine Mutter fickte – oh, danke, danke, danke. Danke, daß Sie das getan haben und danke für die Bonbons.« Dies war weit entfernt von den höflichen »Analytiker und ödipaler Patient«-Nummern, die Komikerkollegen wie Shelley Berman und Nichols & May vorführten. Bruce wurde in dem Prozeß für schuldig befunden, aber er legte Revision ein, und die Sache wurde nicht weiter verfolgt.

Wie sich herausstellte, begann sein Sturz ausgerechnet

in Greenwich Village, Amerikas liberalstem Bollwerk. Am 31. März 1964, als der Achtunddreißigjährige auf der Bühne des Cafés *Au Go Go* in der Bleecker Street immer wieder »Schwanzlutscher« und »Scheiße« rief und den republikanischen Präsidentschaftskandidaten Barry Goldwater einen »motherfucker« nannte, saß ein Inspektor der New Yorker Lizenzbehörde namens Herbert Ruhe im Publikum und machte sich Notizen. Am nächsten Morgen, es war der erste April, legte der Bürokrat pflichtgemäß seinen Bericht dem Stellvertretenden Bezirksstaatsanwalt Richard Kuh vor, der ihn an den Bezirksstaatanwalt Frank Hogan weiterreichte. Der war ein knochenharter Katholik irischer Herkunft, dem alle Sünden, die tödlichen und die läßlichen, zuwider waren und der keinerlei Sympathie für diesen jüdischen Bastard hatte, der nicht nur auf die Talarträger der Kirche spuckte, sondern auch die Frechheit besaß, in einer seiner Nummern die heilige Jackie Kennedy zu verunglimpfen – »sie hat die Hufe geschwungen«, als Lee Harvey Oswalds Kugeln das Hirn ihres Mannes über die Daley Plaza verspritzten. Da Hogan nicht erwartete, daß sich an jenem Abend irgendwelche Vergewaltiger oder Räuber auf den Straßen herumtrieben, schickte er gleich mehrere Polizeibeamte zu dem Café *Au Go Go*. Sie hatten ein verstecktes Tonbandgerät dabei, um rasch ein Transkript anfertigen zu können, das am nächsten Morgen einer Jury von dreiundzwanzig Geschworenen vorgelegt wurde. Wie uns fast jede Folge von *Law & Order* wieder und wieder gezeigt hat, kann ein Großes Geschworenengericht selbst ein Schinkensandwich unter Anklage stellen; dieses erhob sofort eine nicht-koschere Anklage gegen den Comedian wegen Verstoßes gegen das Strafgesetzbuch der Stadt (Paragraph 1140-A), das »obszöne, unanständige, unmoralische und unsaubere Dramen, Stücke, Ausstellungen und Unterhaltungen ... die einen verderblichen Einfluß auf die Moral der Jugend und anderer ausüben könnten«, verbot. Für jeden der drei Anklagepunkte drohte Bruce eine Höchststrafe von drei Jahren Gefängnis. Am nächsten Abend, den 3. April, als eine Menge zahlender Gäste auf die 22 Uhr-Aufführung wartete, stürzte eine Phalanx von Bullen hinter die Bühne und zerrte Bruce in Handschellen weg.

Unbeeindruckt kehrte er vier Tage später auf die Bühne des Cafés zurück, um seine Erlebnisse vor Gericht in allen Details zu erzählen, und wieder war ein Polizist mit einem Aufnahmegerät im Publikum und fing noch mehr belastende *cocksuckers* und *motherfuckers* ein. Diesmal hatte ihn das Gesetz auf frischer Tat erwischt.

Die Menge, die zur Eröffnung von Bruces Prozeß am 16. Juni 1964 vor dem Gerichtsgebäude erschien, war so groß, daß der Zirkus in einen dreimanegigen Gerichtssaal umziehen mußte. Statt einer Jury sah sich Bruce drei Richtern gegenüber; John Murtagh hatte den Vorsitz. Bruces Anwalt war Ephraim London, einer der Topanwälte des Landes in Fragen der Meinungsfreiheit und berühmt für die Zurückweisung von Obszönitätsvorwürfen gegenüber Romanen wie *Lady Chatterley*. Doch die tägliche Befragung im Gerichtssaal gab er an seinen jungen Partner Martin Garbus ab, ein Lenny-Bruce-Fan, der bereits mehrere Zensurprozesse gewonnen hatte. Der Strategie folgend, daß Bruce wegen »seiner Angriffe auf Religion und öffentliche Personen und nicht wegen seines Gebrauchs schmutziger Wörter« strafrechtlich verfolgt (oder, genauer, schikaniert) wurde, präsentierte Garbus ihn den Richtern als einen modernen Jonathan Swift, dessen Äußerungen literarischen und gesellschaftlichen Wert jenseits bloßer Obszönität hatten. *Obszönität* war das rechtswirksame Wort hier, der Grundpfeiler der Anklage, weil das Oberste Bundesgericht sieben Jahre zuvor in dem Prozeß *Roth vs. U.S.* die Auffassung vertreten hatte, daß Obszönität, die nur auf »das lüsterne Interesse zielt und ohne positive soziale Bedeutung ist«, die Art von Rede sei, die nicht durch den Ersten Zusatzartikel der Verfassung geschützt ist. Wenn auch eine jüngere Entscheidung des Gerichts in *Jacobellis vs. Ohio* (dies war der Fall, in dem Richter Potter Stewart den bekannten Spruch tat, daß er nicht versuchen werde, Pornographie zu definieren, »aber ich erkenne sie, wenn ich sie sehe«) Obszönität enger als »ohne jeden sozialen Wert« definiert hatte, mußte die Anklagevertretung die Richter nur davon überzeugen, daß Bruces Verwendung schmutziger Wörter keinerlei gutem Zweck diente.

Deshalb beschrieb Staatsanwalt Richard Kuh Bruces Nummern als »Anhäufung ekelerregender Wortbilder, durchsetzt mit all den Drei- und Vier-Buchstaben-Wörtern und noch schlimmeren Zehn- und Zwölf-Buchstaben-Verbindungen, die direkt ins Publikum gespieen werden« – durch keine Kunst oder soziale Kritik gerechtfertigt. »Es gibt keinen übergeordneten Zweck, keinen Zusammenhang ... da ist kein roter Faden, nur Schmutz«, teilte er dem Triumvirat der Richter mit.

Lenny Bruce wußte, daß er in Schwierigkeiten war, als der Hauptzeuge der Anklage, Inspektor Ruhe, aus den Notizen vorlas, die er am ersten Abend im Club gemacht hatte. Sich sichtlich unwohl fühlend und schweißfeucht, lieferte Ruhe eine lausige Darbietung von Bruces Nummer. »Ich werde nach seinem schlechten Timing, seinem Ego, seiner verstümmelten Sprache beurteilt werden«, schimpfte Bruce anschließend. »Er hat nicht ein schmutziges Wort ausgelassen; vom Rest hat er wenig mitbekommen ... Er sagt nur die schmutzigen Wörter. Sein Auftritt ist obszön.«

Nach drei Tagen mit Zeugenaussagen der Polizei war die Beweisführung abgeschlossen.

Als das Gericht wieder zusammenkam, ließ Martin Garbus mehrere Experten aufmarschieren, darunter einen Psychologen, der die Vorstellung, Bruces Worte könnten irgendjemanden sexuell erregen, als Unsinn abtat. Medienexperten versicherten, daß Bruce keine Standards des Gemeinwesens verletzt habe, und weitere Fachleute bestanden darauf, daß seine Art des Humors wichtig für die geistige Gesundheit einer freien Gesellschaft sei. Aber die Starzeugin war eine Kolumnistin des New Yorker *Journal American* namens Dorothy Kilgallen, landesweit bekannt als Teilnehmerin der beliebten Fernsehquizshow *What's My Line?* Kilgallen hatte in der Vergangenheit Bruces Auftritte wohlwollend besprochen, aber wichtiger noch, sie war kein Beatnik aus Greenwich Village oder eine Radikale von der Columbia University, sondern eine Prominente von der Upper-East-Side, dem wohlhabenden Viertel in Manhattan. Garbus sprach später davon, daß sie »eine so unwahrscheinliche Advokatin öffentlicher Obszönitäten war, wie man es sich nur erhoffen konnte«.

Kilgallen »vermittelte das Bild einer Frau mit Salonmanieren, die man sich eher zu Hause Tee trinkend vorstellte«, als daß sie Lenny Bruce dabei zuschaute, wie er in einem halbdunklen Café mit Obszönitäten um sich warf. Außerdem war sie wie Staatsanwalt Frank Hogan irisch-katholisch und eine persönliche Freundin des reaktionären Kardinals Spellman. Als sie vor Gericht aussagte, daß Bruce »ein glänzender Satiriker« sei, »dessen soziale Kommentare, gleichgültig, ob ich ihnen zustimme oder nicht, äußerst berechtigt und wichtig sind«, klang es wie eine vernünftige Ansicht, der vielleicht sogar der Papst seinen Segen hätte geben können.

Hier ist ein Ausschnitt aus Garbus' direkter Befragung:

Garbus: Werden die Wörter »cock sucker«, »fuck«, »shit« und »ass« und »motherfucker« in den Abschriften verwendet?

Kilgallen: Ja.

Garbus: Wie werden sie verwendet?

Richter Murtagh: Ich denke, die Transkripte sprechen für sich selbst, Anwalt ...

Garbus: Miss Kilgallen, gibt es einen künstlerischen Zweck im Gebrauch der Sprache, wie wir sie in den Transkripten vorfinden?

Kilgallen: Meiner Meinung nach ja.

Garbus: Inwiefern?

Kilgallen: Nun, ich denke, daß Lenny Bruce als ein Nachtclubkünstler diese Wörter in dem Sinne benutzt, wie es James Baldwin oder Tennessee Williams oder Dramatiker auf den Broadwaybühnen tun: zur Hervorhebung, oder weil das die Art und Weise ist, wie Leute in einer bestimmten Situation sprechen würden.

Garbus: Miss Kilgallen, haben Sie *Blues for Mister Charlie* gesehen?

Kilgallen: Ja.

Garbus: Und gibt es in dem Stück einige der Wörter, die sich in Mr. Bruces Transkript finden?

Kilgallen: Ich glaube, fast alle ...

Garbus: Haben Sie das Wort »mother fucker« schon mal zuvor gehört?

Kilgallen: Ja.

Garbus: Und in diesem Kontext, wie wird das Wort verwendet?

Kilgallen: Manchmal wurde es als Schimpfname benutzt, als ein Ausdruck der Schmähung, und manchmal habe ich es unter Leuten aus dem Showbusiness, die manchmal ziemlich offen und derb sprechen, als Kosewort gehört.

[Anmerkung des Autors: Garbus' Bezug auf »das Wort mother fucker« deutete darauf hin, daß es für ihn ein Kompositum war, aber für den Gerichtsschreiber waren es zwei getrennte Wörter. In dem Kreuzverhör weiter unten bezog sich Staatsanwalt Kuh auf motherfucker als »die Wörter« und »die Phrase«. Er betrachtete *cocksucker* ebenfalls als zwei Wörter. Dies war das Jahr 1964, die gedruckten Formen dieser Wörter waren noch in einer Übergangsphase, und Garbus, vertrauter mit Undergroundkultur als die anderen Gerichtsbeamten, hätte sicher die modernere Schreibweise verwendet.]

Kuh: Sie erklärten [zuvor], dies seien Wörter, die Sie nicht benutzen. Können Sie mir sagen, ob der überwiegende Anteil des Gemeinwesens ihre Verwendung in gemischter Gesellschaft, in öffentlichen Vorführungen abstoßend findet?

Kilgallen: Ich kann nicht für die Mehrheit des Gemeinwesens sprechen; ich kann nur für mich selbst sprechen, aber ich glaube, daß bestimmte Wörter gerechtfertigt und nicht anstößig sind, wenn sie in dem passenden Zusammenhang verwendet werden und wenn sie in dem Moment richtig zu sein scheinen und wenn sie in angemessener Art und Weise gesagt werden. Manche Leute können verletzend sein, ohne das, was wir ein schmutziges Wort nennen, zu sagen. Andere können ein schmutziges Wort gebrauchen und erregen keinen Anstoß.

Kuh: Können Sie mir sagen, wie die Wörter oder Ausdrücke auf Seite 2: »shit in your pants« und »cock sucker« auf eine Art verwendet werden, die ihnen künstlerischen Wert gibt, die Mr. Bruces moralischen Charakter zeigen und die unbedenklich sind?

Kilgallen: Mr. Bruce verwendet diese Wörter eher als eine hingeworfene Bemerkung.

Richter Murtagh: Eher als was?

Kilgallen: Als beiläufige Bemerkung.

Richter Murtagh: Was soll das heißen?

Kilgallen: Das ist Showbusinesssprache, Euer Ehren. Es ist etwas, was man beiläufig sagt, auf das kaum jemand achtet.

Richter Murtagh: Wie ist die Tatsache, daß diese Wörter so nebenbei gesagt werden, wie macht sie das anständig, wenn sie ansonsten unanständig sind?

Kilgallen: Nun, Euer Ehren, für mich sind Wörter nur Wörter, und wenn die Absicht und die Wirkung nicht beleidigend sind, sind die Wörter in sich selbst nicht beleidigend ... Es hängt davon ab, wie es gemacht wird. Ich habe Entertainer gesehen, die diese Wörter nicht verwendeten, aber trotzdem verletzend waren, und ich kann Ihnen Beispiele nennen. Ich habe sie kritisiert.

Richter Murtagh: Haben Sie Mr. Bruce bei den beiden Auftritten gehört?

Kilgallen: Nein, aber da ich seine Vorführungen kenne, kann ich mir vorstellen, wie er sie gesagt hat ...

Kuh: Kennen Sie irgendwelche Plattenaufnahmen von Bruce?

Kilgallen: Ich glaube, ich habe eine Schallplatte.

Kuh: Nun, Sie erwähnten zuvor ein Stück – oder so etwas – von Mr. Bruce über das Palladium. Ist es das auf der Platte?

Kilgallen: Nein, ich bin nicht sicher. Es ist so lange her, daß ich die Aufnahme hörte, ich könnte es nicht wirklich sagen.

Kuh: War das Stück, wenn wir es so nennen wollen, über das Palladium, ein eher langes Stück?

Kilgallen: Ja.

Kuh: Ziemlich lang?

Kilgallen: Für ihn ja.

Kuh: Und abgesehen von einem Wort am Ende, das Wort »urinieren« glaube ich ... davon abgesehen, erinnern Sie sich an irgendwelche anderen Vier-Buchstaben-Wörter oder Kombinationen, und ich bitte um Verzeihung, Miss Kilgallen, wie »cock sucker« in diesem langen Stück?

Kilgallen: Ich kenne es nicht auswendig. Ich kenne nur die allgemeine Idee und weiß, daß ich es sehr amüsant fand, wenigstens für Showleute. Ich kann nicht sagen, ob das auch für das normale Publikum gilt, aber ich erinnere mich, [der Schauspieler und Komiker] Milton Berle lachte viel, als er es hörte.

Kuh: Danke. Wenn ich Ihnen sage, daß diese Aufnahme keine Vulgarität enthält, keines der Wörter, die Mr. Garbus bisher in seiner Befragung verwendet hat, würden Sie diese Behauptung bestreiten?

Kilgallen: Nein, Sir, das kann schon sein.

Kuh: Sie erkennen also an, daß Mr. Bruce amüsant sein kann, selbst für Milton Berle, ohne diese Vier-Buchstaben-Wörter oder Verbindungen davon zu benutzen?

Kilgallen: Ja, sicher kann er das, weil er fast ein Genie ist ...

Kuh: Würden Sie sagen, daß Bruce fähig ist, seine soziale Satire, seine moralischen Werte, sein künstlerisches Können völlig ungehindert rüberzubringen, ohne den Gebrauch dieser Wörter, die, wie Sie ja anerkennen oder doch zumindest nicht ausschließen, nicht gesagt wurden?

London: Ich erhebe Einspruch. Hier geht es nur um diese Transkripte, um nichts sonst.

Richter Murtagh: Einspruch abgewiesen.

Kilgallen: Ich weiß nicht, ob er das, was er sagen will, ganz rüberbringen kann, weil einige dieser Wörter, die anstößig sind, wie Sie es ausdrücken, Ausdrücke sind, die Leute im wirklichen Leben benutzen, und ich denke, um anschaulicher zu sein, muß er sie verwenden, gerade so wie ein Theaterautor oder ein Romanschriftsteller sie gebrauchen würde.

Kuh: Lassen Sie mich Ihnen dies vorlesen – und ich lese von Seite 22 der Vorstellung am 1. April ... er sagt: »So fühlen wir uns alle, beschissen die ganze Zeit und deprimiert, weil wir nicht gut sind, weil wir wegrennen, aber niemand jemals bleibt, es ist alles Schwachsinn, keiner von euch motherfuckers bleibt jemals in seinem Leben bei einer Sache, ihr seid nie drangeblieben, und deshalb könnt ihr da sitzen und die Klappe aufreißen.« Meinen Sie, daß diese Sprache für die Wirkung dieses Teils des Skripts nötig ist?

Kilgallen: Ich denke, er meinte, es sei nötig, und vielleicht war es das. Er drückte die Befürchtung aus, die alle Menschen spüren, er zeigte Verständnis dafür.

Kuh: Und glauben Sie, daß Wörter wie »motherfuk-ker« und »shitty« und so weiter dafür notwendig waren, abgesehen davon, was er gefühlt haben mag – meinen Sie wirklich, daß das nötig war, Sie als eine Person, die kritisch ist und die hier als eine Expertin für Kritik auftritt?

London: Ich möchte dagegen Einspruch erheben, Euer Ehren.

Richter Murtagh: Einspruch abgewiesen.

Kilgallen: Ich kann das wirklich nicht beurteilen, weil ich nicht gehört habe, wie er es sagte.

Kuh: Nun, werden Sie zugestehen, Miss Kilgallen, daß es zumindest eine beträchtliche Anzahl von Menschen im Gemeinwesen gibt, die diese Sprache äußerst abstoßend fände?

Kilgallen: Bestimmt gibt es die.

Kuh: Können Sie uns sagen, wie der Gebrauch dieser Sprache, nicht in Mr. Bruces Augen, sondern in Ihren, als eine Kritikerin, als eine Person, die hier als Sachverständige geladen ist, wollen Sie uns sagen, wie der Gebrauch dieses Satzes, den ich vorlas, für die künstlerische Einheitlichkeit, wenn man so will, der Jackie Kennedy-Geschichte notwendig ist?

Kilgallen: Ich billige nicht alles, was Mr. Bruce gesagt haben mag. Ich stelle nur fest, daß das, was ich gelesen habe, mich nicht beleidigt.

Kuh: Dann räumen Sie ein, als Kritikerin und Expertin für Kritik, daß diese Worte für diese Geschichte unnötig gewesen sein mögen, daß Sie persönlich keine Rechtfertigung für sie finden können, auch wenn Sie persönlich keine Einwände haben – ist es das, was Sie uns sagen wollen?

Kilgallen: Ich glaube, daß diese Worte angebracht waren, wenn Mr. Bruce es in seiner Show für nötig hielt ... Ich meine, es ist Mr. Bruces Stil, so wie *Blues für Mister Charlie* James Baldwins Stil ist und *Wendekreis des Krebses* Henry Millers Stil ist. Er hat das Recht, die Wörter zu verwenden, die er für passend und relevant und vielleicht für dramatisch hält.

Der Zeuge Forrest Johnson, ein presbyterianischer Pfarrer, der bei Bruces erster Vorstellung im Café *Au Go Go* anwesend war, sagte aus, daß er die Sprache des Comedian nicht als unpassend betrachtete. Im Kreuzverhör fragte Kuh Johnson: »Würden Sie sagen, daß der Ausdruck, und ich bitte um Entschuldigung, Reverend, für die Benutzung dieser Sprache, aber daß der Ausdruck ›mother fucker‹ in Übereinstimmung mit dem Gebot steht: Du sollst deinen Vater und deine Mutter ehren?«

Johnson antwortete: »Ich denke nicht, daß der Ausdruck ›mother fucker‹ irgendeine Beziehung zu dem Gebot hat.«

Kuh konterte: »Für die Uneingeweihten, für einfache Menschen, diejenigen, die nicht Pfarrer sind, Mr. Johnson, könnte jemand die Wörter ›mother fucker‹ so verstehen, daß sie etwas mit Müttern und ficken zu tun haben?«

Richard Gilman, der Theaterkritiker von *Newsweek*, bezeugte ebenfalls, daß Bruces Worte keine sexuelle Konnotation hätten. »Nicht mehr, als wenn ein Individuum ein anderes mother fucker nennt«, sagte Gilman. »Es ist allgemeiner Sprachgebrauch und bedeutet nicht, daß das Individuum beschuldigt wird, Geschlechtsverkehr mit seiner Mutter gehabt zu haben.«

Es war Bruce und seinen Anwälten klar, daß er den Prozeß verlieren würde. Obwohl Murtagh nur einer der drei Richter war, hatte er die Regie in dem Verfahren übernommen und schien mit der Anklagevertretung zusammenzuarbeiten, indem er fast alle Einsprüche der Verteidigung abwies. Murtagh ließ auch Kuhs Unterstellung unkritisiert stehen, daß eine Vorführung vor einem geschlossenen Publikum zahlender Erwachsener den gleichen Standards unterworfen sei wie eine landesweit vertriebene Aufnahme einer Vorführung. Schon aus ökonomischen Gründen wäre 1964 die Herausgabe eines solchen Albums unmöglich gewesen wäre. (Kuh, dessen Abneigung gegen Bruces Unanständigkeit nicht bloß eine Gerichtssache war, erklärte später in seinen Erinnerungen, daß er es »für besonders angebracht hält, daß Live-Shows, seien sie auf ein Eintritt zahlendes Publikum beschränkt oder nicht, genauso den Obszönitätseinschränkungen unterliegen wie Bücher [und Aufnahmen]«. Er war der Auffassung: »Wenn Pornographie den Weg zu Reichtum bahnt und Schmutz Bewunderung findet, egal ob es nun der Jugend erlaubt ist, eine besondere Vorführung zu sehen oder nicht, sicher werden sie daraus lernen, wie der Erfolg des Entertainers erzielt wurde.«)

Das Gericht wartete mit der Verkündung des Urteils neunundneunzig Tage. Bruce verbrachte die Zwischenzeit damit, seine Rechtsanwälte zu feuern und einen bizarren Brief an Richter Murtagh zu schreiben – wohl in der Hoffnung, ihn milde zu stimmen. Er fügte seine eigene Analyse des »wörtlichen« und »zeitgenössischen« Gebrauchs seines »farbigen Vokabulars« bei und ließ den Richter wissen: »Achtundneunzig Prozent der Wörter, die ich verwendete, sind korrekte Wörter in *Webster's Third New International Dictionary*.« Er beendete sein Schreiben mit der Beteuerung, es gehe ihm nicht um »Verachtung«, sondern vielmehr um »Kommunikation«.

Als schließlich Anfang November der Tag der Urteilsverkündung kam, befand der Vorsitzende Richter Murtagh Lenny Bruce und Howard Solomon, den Besitzer des Cafés *Au Go Go*, für »schuldig im Sinne der Anklage«. Nach der Auffassung des Gerichts »zielte Bruces Show auf lüsternes Interesse«, war »offenkundig beleidigend für den Durchschnittsbürger in dem Gemeinwesen« und ermangelte »jeder positiven sozialen Bedeutung«. Mit anderen Worten, sie war obszön. *Motherfucker* oder *cocksucker* oder *shit* vor erwachsenen New Yorkern zu sagen, die sogar gewillt waren, für dieses Privileg zu bezahlen, war eine Straftat. Einer der drei Richter äußerte eine abweichende Meinung.

Obwohl er zu »vier Monaten Zuchthaus« verurteilt wurde, blieb Bruce gegen Kaution frei und legte Berufung ein. Doch zu seinen Lebzeiten sollte es keine Rehabilitierung geben. Nicht einmal das *New York Law Journal* veröffentlichte Murtaghs Meinung, weil die Herausgeber sich weigerten, die sogenannten Obszönitäten abzudrucken, und ohne sie wäre die Urteilsbegründung nach den Ansprüchen eines Rechtsjournals lückenhaft und unbrauchbar gewesen. Bruce verbrachte die Zeit, die ihm noch blieb, in narkotischem Nebel, beschäftigte sich zwanghaft mit seinen juristischen Problemen, strengte eine Reihe sinnloser Zivilklagen an und vertrieb das Publikum mit monotonen Selbstgesprächen und Lesungen aus den Abschriften seines Prozesses. Er war vom Comedian zu einem dieser Spinner herabgesunken, die in Parks auf einer Obstkiste stehen und Reden schwingen. Zitierbare Äußerungen – wie etwa »Verbiete das Recht, fuck zu sagen, und schon gibt es kein Recht mehr, fuck the government zu rufen!« – kamen nur noch selten. Als einer seiner frühen Unterstützer, der Kolumnist des *San Francisco Chronicle*, Herbert Caen, ihm vorwarf, er verwechsle seine persönlichen Probleme mit Nachtclubunterhaltung, beschimpfte Bruce ihn als »einen schwanzlutschenden motherfucker«. Hätte er ein paar Jahre länger durchgehalten und nicht alle Brücken hinter sich abgebrochen, vielleicht hätte Bruce Licht am Ende des Tunnels gesehen: Seine Nachfolger wie Richard Pryor und George Carlin schwenkten die Fackel der freien Rede, als sie Amerikas Obsession mit finsterer Religion und der bösen Macht schmutziger Wörter verspotteten. Aber stattdessen nahm Bruce am 3. August 1966 ein Pulver. Polizisten fanden ihn, zusammengesackt neben der Toilette in seinem Haus in Hollywood Hills, am falschen Ende einer Nadel. *Playboy* pries ihn am treffendsten in einer einzigen Schlagzeile: »Tot. Mit vierzig. Das ist obszön.«

Das Gesetz hatte schweres Geschütz aufgeboten, um Lenny Bruce davon abzuhalten, sein schmutziges Mundwerk in der Öffentlichkeit zu betätigen. Insgesamt achtmal verhaftete ihn die Polizei, und vier Städte leiteten sechs Gerichtsverfahren gegen ihn ein. Die Prozesse zogen sich über vier Jahre hin, beschäftigten acht Bundesrichter und mehr als ein Dutzend Staatsanwälte. Bruce legte Berufungen bei Gerichten in New York, Los Angeles und San Francisco ein, was die Arbeitszeit von fünfundzwanzig Richtern beanspruchte, die alle viel Besseres zu tun gehabt haben müssen.

Einer der New Yorker Ankläger, der Stellvertretende Staatsanwalt Vincent Cuccia, äußerte später sein Bedauern über seine Rolle in dem Café *Au Go Go*-Prozeß.»Ich fühle mich schrecklich wegen Bruce. Wir trieben ihn in den Bankrott und in die Armut und ermordeten ihn dann. Ich beobachtete, wie er allmählich zerfiel. Das ist das Einzige, das ich in Hogans Behörde tat, dessen ich mich wirklich schäme. Wir alle wußten, was wir taten. Wir benutzten das Gesetz, um ihn zu töten.«

Fast vierzig Jahre später, am 23. Dezember 2003, begnadigte der Gouverneur von New York, George Pataki, Lenny Bruce öffentlich und verstand diesen Akt als »eine Deklaration der Verpflichtung New Yorks, den Ersten Zusatzartikel der Verfassung zu achten«. Er wagte es jedoch nicht, die Anklagevertretung von 1964 »motherfucker« zu nennen.

1974 ging Hollywood daran, Bruce zu einem Helden zu machen. MGM adaptierte Julian Barrys Broadway-Stück *Lenny*, und *cocksucker* war das Stichwort, das in dem Film die beängstigende Macht der Justiz gegen ihn in Gang setzte. »Motherfucker« dagegen war an keiner Stelle zu hören, nicht einmal in der »Sind heute abend irgendwelche Nigger hier?«-Nummer, in der zum Schluß der Satz fällt: »Irgend so ein motherfucker nannte ihn Nigger.« In dem Film endete der Witz mit dem harmloseren »Jemand nannte ihn Nigger.« Barry zufolge beschränkte die *Motion Picture Association of America* (MPAA), die Organisation, die die Alterseinstufung von Filmen vornimmt, die Produzenten auf eines der beiden schmutzigen Wörter, wenn sie eine Freigabe unter 17 bekommen wollten. Man entschied sich für »Schwanzlutscher«, weil es zu Bruces erster Verhaftung 1961 geführt hatte und in sein turbulentes Leben mit seiner Frau, der Stripperin Honey Harlowe, hineingearbeitet werden konnte. Nichts erfuhr man in dem Streifen über sein stürmisches und verführerisches Verhältnis zu seiner Mutter Sadie, die unter ihrem Künstlernamen Sally Marr bekannt war und die zu der Zeit, da Lenny heranwuchs, als Stripperin ihr Geld verdient hatte.

In seinen Erinnerungen *Tough Talk* berichtete Martin Garbus, daß er Dorothy Kilgallens Aussagen von 1964 in einem anderen Verfahren, diesmal vor der Beschwerdeinstanz der *Motion Picture Association of America*, benutzte. »Es war, als wäre ich in einer Zeitschleife gefangen gewesen, denn hier in Los Angeles, an einem Wintermorgen 1994, las ich aus einer Zeugenaussage vor, die ich dreißig Jahre zuvor während eines New Yorker Sommers bekommen hatte. Die beiden Fälle waren völlig verschieden, aber sie hatten etwas gemeinsam, nämlich die obsessive Beschäftigung dieser Nation mit dem Begriff der Obszönität.«

Die MPAA hatte den Konzertfilm des Comedian Martin Lawrence, *You So Crazy*, mit einem NC-17 (keine Jugendfreigabe unter 17) belastet, »eine beschönigende Aktualisierung des alten Bewertungssystems«, schrieb Garbus. Es war der Todesstoß für den Film, »eine hinterhältigere Form der Zensur«, denn die meisten Zeitungen und Zeitschriften weigerten sich, Werbung für NC-17-Filme zu machen, die meisten Kinos zeigten sie nicht, und viele Video- und DVD-Einzelhändler wie Wal Mart und Target führten sie nicht.

Garbus sah eine durchgehende Linie von Lenny Bruce zu dem jungen schwarzen Comedian. »Lawrences Stand-up-Nummern waren durchsetzt mit einem beißenden, brutal ehrlichen Humor, einschließlich expliziter Beschreibungen von Sex und Körperteilen, die wenig der Phantasie überließen. Weitgehend gedacht als soziale

Satire, wurden sie in einer Sprache vorgetragen, die man von der Straße kennt. Ihr Slang und die Themen waren einem schwarzen Publikum sofort verständlich, so wie Bruces Nummern mit jiddischen Redewendungen und Anspielungen aufgelockert waren.«

Als Garbus den Film genauer studierte, konnte er verstehen, warum Bruces Humor selbst aufgeklärtere Zuhörer seiner Zeit verwirrt hatte. »Bruce und ich hatten in großem Maße die gleichen Wurzeln, unsere Sicht der Dinge war durch unsere Herkunft sehr ähnlich. Aber wie sollten Leute einer anderen Zeit und aus anderen Verhältnissen ihn ohne weiteres verstehen? Wer wäre so kühn gewesen und hätte versucht, dem Chorleiter einer Baptistenkirche in den Südstaaten zu erklären, daß Lenny, wenn er einen protestierenden Schwarzen beschrieb, der Barry Goldwater zurief: »Don't lay that jacket on us, motherfucker«, keinen Kommentar zu einem Kleidungsstil abgab oder eine Einstellung zum Inzest ausdrückte?«

Die Berufungsinstanz der MPAA stellte sich als ein noch härteres Scheingericht heraus als Murtaghs Geschworenengericht. Ihre fünfzehn Mitglieder, meist mittleren Alters und fast alle weiß, gehörten zweifellos nicht zur Fangemeinde der Ghetto-Comedy. »Kilgallens Aussage, so scharfsinnig und genau sie war, half Lawrence genauso wenig wie Bruce bei seinem Prozeß«, sagte Garbus. »Die Abstimmung der Jury ging mit 12 zu 3 gegen ihn aus. Der Produzent entschied sich dafür, den Film ohne eine MPAA-Einstufung herauszubringen, was bedeutete, daß sein Vertrieb stark eingeschränkt war. Er wurde in ausgewählten Kinos gezeigt und schnitt ganz passabel ab. Martin hatte weiterhin Erfolg beim Fernsehen und in Spielfilmen, die von der MPAA ihr Siegel bekamen. Er lieferte seine Stand-up-Nummern, unbehindert von gesetzlichen Beschränkungen oder Androhungen von Verhaftung. Lenny erging es bei weitem nicht so gut.«

Und doch sollte, dem Bühnenkomiker und Bilderstürmer der sechziger Jahre Paul Krassner zufolge, der Bruce bei der Abfassung seiner Autobiographie half, Lenny das letzte Wort haben. In einem Artikel in der Kulturzeitschrift *Utne Reader* von 1996 mit dem Titel »What Ever Happened to Obscenity?« bemerkte Krassner, daß diese Vier-, Zehn- und Zwölf-Buchstaben-Wörter, die den Comedian damals vor Gericht brachten, nun Teil des amerikanischen Alltags sind. »Lenny Bruce hat schließlich seinen Willen bekommen«, sagte er. »Schmutzige Wörter sind entmystifiziert. Tabus, so scheint es, verändern sich wie alles andere auch.«

Mit anderen Worten, Lenny Bruce gab uns die Freiheit, in einem vollen Kinosaal *motherfucker* zu rufen.

Rock'n'Roll
Mofos

»I wanna rock! I'm not bullshitting you
motherfuckers, let's go!«
Ben Folds Five
»For All the Pretty People« (2005)

Populäre amerikanische Musik hat traditionell das Mut-
tersein verehrt und »Mom« stets als ein gesegnetes Sym-
bol von Glaube, Liebe und Vertrautheit hochgehalten.
»Ich will ein Mädchen grad so wie das, das der liebe alte
Dad heiratete«, croonte schon 1911 das Peerless Quartet,
drei Jahre bevor Präsident Wilson »Mother's Day« zu
einem nationalen Feiertag erklärte. »Ein echtes, altmodi-
sches Mädchen mit einem Herzen so treu, eines, das nur
dich liebt.« Der irische Tenor John McCormack ließ so
manche salzige Träne in die Bierkrüge tropfen mit »Mother Machree«, die »einen Platz in meinem Herzen hat,
der keinem Mädchen gehört.« 1916 buchstabierte der
Balladensänger Henry Burr »M-O-T-H-E-R (Ein Wort,
das mir die Welt bedeutet)« auf über einer Million
Schellackplatten und beschrieb dann die heilige Bedeutung jedes Buchstaben. In den zwanziger Jahren sang
George Jessel nostalgisch von »My Mother's Eyes« mit
den Eröffnungszeilen: »Ich kann mich an liebevolle Zärt-
lichkeiten erinnern, mit denen ich überschüttet wurde; die

Augen meiner Mutter schauten mich so zärtlich an, was wollten sie sagen? Nun weiß ich es.« Willie Howard hegte die Erinnerung an »My Yiddishe Momme« und wünschte sich, »noch einmal ihre Hand zu halten wie damals und sie um Vergebung für Dinge zu bitten, die ich tat und die sie weinen ließen.« Al Jolson, der heute am besten für seine verschiedenen »Mammy«-Songs bekannt ist, sank auf ein Knie und sang in dem Film *The Jazz Singer* »Mother of Mine, I Still Have You«. Sogar der Hillbilly-Star Jimmie Rodgers mischte mit »Mother, the Queen of My Heart« mit. Jeder dieser Songs war eine Botschaft an Mutti, eine Erklärung ewiger Liebe für die eine Frau, die sich mit Herz und Seele um das Wohlergehen ihres kleinen Prinzen kümmerte, und niemand hätte etwas anderes gedacht. Nicht einmal Henry Burrs »Daddy You've Been a Mother to Me« hätte ein Kichern hervorgerufen.

Erst mit dem Blues begannen Sänger, die Grenzen zwischen Mutterschaft und Liebesaffäre zu verwischen – vielleicht als eine Reaktion auf das verstörende Matriarchat, das das weiße Amerika seinen schwarzen Bürgern aufzwang. Der erwachsen werdende Junge brachte das Wort *mama* mit in seine ersten romantischen Beziehungen. Als Son House 1930 »My Black Mama« aufnahm, sang er nicht über die Frau, die ihn auf die Welt gebracht hatte, sondern vielmehr über die ungeliebte Frau, die ihm soviel häuslichen Ärger bereitete – oder zumindest schien es den Zuhörern so. Das vielleicht bemerkenswerteste Beispiel der Verwirrung von Mutter und Geliebte ist Big Boy Crudups Aufnahme von 1946, »That's All Right«, die Geschichte eines Mannes, der sich nicht entscheiden kann, ob er weiterhin mit seiner Freundin zusammenbleiben oder auf die Ermahnungen seiner Eltern hören soll: »Meine Mama hat's mir gesagt, mein Papa auch, das Leben, das du führst, Sohn, und die Frauen werden dein Tod sein.« Aber in einer anderen Strophe borgt er sich eine Zeile aus Blind Lemon Jeffersons »Black Snake

Moan« von 1927, in der »mama« seine Freundin ist: »Well now, that's all right now, mama, that's all right for you, that's all right, mama, any way you do, but that's all right, that's all right, that's all right now, mama, any way you do.« Die doppelte Verwendung von »mama« in »That's All Right« schafft eine erhebliche Ambivalenz, was erklären mag, warum ein Muttersöhnchen wie Elvis Presley sich des Textes bemächtigte.

Natürlich mußten diese Künstler jede offensichtliche Verbindung zwischen kindlicher und sexueller Liebe vermeiden, wenn sie ins Studio gingen, und es versteht sich von selbst, daß »mother fucker« (zu jener Zeit noch getrennt geschrieben) so wie jede andere Obszönität auch strikt tabu war. Als zum Beispiel 1938 Jelly Roll Morton, der große Jazzpianist aus New Orleans, ein ausführliches Interview mit Alan Lomax, dem Folkloristen der Library of Congress, führte, spielte er einen prahlerischen Song mit dem Titel »Windin' Boy Blues«, den er dreißig Jahre zuvor in einem Hurenhaus in New Orleans erstmals gespielt hatte (»winding« bezog sich auf kreisende Fickbewegungen). Er sang »I'm the winding boy, verwehrt mir diesen Namen nicht, I'm the windin' boy, zum Ruhm geboren ... Ich sah das Mädchen, auf einem Baumstamm sitzend, ich bumste sie, bis ihre Möse stank ... Ich traf dieses Mädchen, legte sie flach im Gras, ich zog die Schlange [›snake‹ meint hier Penis] aus dem dicken Arsch« und so weiter. Aber als Morton 1939 den Song für ein Tochterunternehmen von Victor Record's Bluebird aufnehmen wollte, benannte er ihn in das mehrdeutige »Winin' Boy Blues« um und machte daraus ein Instrumentalstück mit nur einem kurzen Refrain, in dem alles entfernt war außer der Eröffnungszeile »I'm the windin' boy, don't deny my name«, die er durchgehend wiederholte. Ebenso änderten die Bluessänger Memphis Minnie (Lizzie Douglas) und Speckled Red (Rufus Perryman), als sie ihre jeweilige Version von »The Dirty Dozen« in den dreißiger Jahren aufnahmen, die erste

Zeile »All you motherfuckers gather round« zu »All you menfolk gather round« um.

Das bekannteste Beispiel einer lyrischen Überarbeitung erschien in den vierziger Jahren. Als Granville »Stick« McGhee während des Zweiten Weltkriegs in einem Ausbildungslager in Virginia war, machten seine Armeekumpel und er einen kleinen Bluessong über das Trinken von billigem Wein. Sie nannten ihn »Drinkin' Wine, Mother Fucker, Drinkin' Wine« und beendeten jede Strophe mit »Gib mir die gottverdammte Flasche.« Wenige Jahre später, als Stick die Gelegenheit bekam, für Harlem Records in New York Aufnahmen zu machen, spielte er seinen Song dem Besitzer, J. Mayo Williams, vor, einem studierten Schwarzen, der seit den zwanziger Jahren für größere Plattenfirmen gearbeitet hatte. Stick erzählte später: »Man konnte auf einer Platte nicht *bed* sagen, geschweige denn *mother fucker*.« Der Song mußte gesäubert werden. Selbst das *goddamn* hatte zu verschwinden.

Williams fand eine Lösung. Er war früher einmal der Produzent eines schwarzen Varietékünstlers namens Sam Theard gewesen, der manchmal unter dem Namen Spo Dee O Dee Aufnahmen machte, eine Bezeichnung, die er auch Ende der dreißiger Jahre in einem Novelty-Song mit dem Titel »Spo-De-O-Dee« verwendete. Unter verschiedenen Schreibweisen wurde »spo-de-o-dee« – nach *spo-de*, dem Slangwort für Sperma, das wahrscheinlich von der weißen Farbe des Josiah Spode Porzellans inspiriert war – einer von Theards Euphemismen für den Geschlechtsverkehr: »Adam traf Eva im Garten von Eden, dort begann es zuerst; Adam sagte zu Eva: Laß uns spo-de-o-dee, na komm schon, laß uns etwas Spaß haben.« Mayo Williams gefiel der Ausdruck, weil er ihn an seinen weißen Bossen vorbeischmuggeln konnte, aber wichtiger noch, spo-de-o-dee waren vier unbetonte Silben, genauso wie mother fucker. Als sich also Stick McGhee mit seiner Gitarre in das Aufnahmestudio setzte, veränderte er »Drinkin' Wine, Mother Fucker« in »Drinkin' Wine, Spo-Dee-O-Dee.« Der Song wurde einer der größten R&B-Hits von 1949 – und wurde schließlich eine Rockabilly- und R&B-Standardnummer. Jerry Lee Lewis, ein in jeder Hinsicht verrückter motherfucker, hatte sogar 1973 einen Country-Hit damit.

Aber »Drinkin' Wine, Spo-Dee-O-Dee« war nicht der erste Blues-Song, bei dem ein Ersatz für *motherfucker* gefunden werden mußte, um ihn studioreif zu machen. Ein Dutzend Jahre zuvor, am 10. Januar 1935, nahm die damals herrschende Königin des Blues, die Sängerin und Gitarristin Memphis Minnie, den Song »Dirty Mother for You« für Decca Records auf, dessen Titel, der in jeder Strophe erschien, wie ein verwischtes »dirty motherfukker« klang:

I ain't no doctor, but I'm the doctor's wife
You better come to me if you want to save your life
He's a dirty mother for ya, he don't mean no good
He got drunk this morning, tore up the neighborhood.

I want you to come here, baby, come here quick
He done give me something 'bout to make me sick
Awww, dirty mother for ya, he don't mean no good
He got drunk this morning, tore up the neighborhood.

Der Song wurde so populär, daß andere Bluessänger auf größeren Labels sich daran versuchten, darunter der Sänger und Pianist Roosevelt Sykes – »Dirty Mother For You (Don't You Know)«, auch bei Decca – und Washboard Sam auf Vocalion, Deccas Blueslabel. Heutige Bluesfans sind wahrscheinlich vertrauter mit einer Version von 1947, die ein gewisser Nelson Wilburn unter dem Namen Dirty Red als »Mother Fuyer« unter die Leute brachte. Aufgenommen in Chicago für eine Plattenfirma aus Los Angeles, wirkten der legendäre Lonnie Johnson an der Gitarre und Blind John Davis am Klavier mit. Der Text und die Anordnung der Strophen unterschieden sich vom Vorgänger; die Platte war zweifellos für den Verkauf unterm Ladentisch gedacht.

R&B-Star Johnny »Guitar« Watson trug den Song weiter in die siebziger Jahre mit einer funkigen Version, die auch dem Album den Namen gab: »Real Mother For Ya«. Das Cover zeigte ein Foto der wirklichen Mutter von Watson, die ihn als Jungen in einer Rolls-Royce Seifenkiste schob. Die Single erreichte Mitte 1977 den Platz Fünf von *Billboards* R&B-Charts und schaffte es fast in die Top 40, zweiundvierzig Jahre nach Memphis Minnies Original.

Eine labelfreie Raubkopie für Junggesellenabschiedspartys wurde 1954 von den Clovers eingespielt, eine der populärsten Vokalgruppen der Zeit, die mit Titeln wie »Blue Velvet«, »One Mint Julep« und »Devil or Angel« bekannt waren. Am Ende einer der Sessions für Atlantic Records sangen sie a cappella eine Neufassung von Shelton Brooks aus dem Jahr 1917 stammender Minstrelmelodie »Darktown Strutter's Ball«, die nun »Rotten Cocksucker's Ball« hieß und die Eröffnungszeile hatte: »Cocksuckin' Sammy get your motherfuckin' mammy, we're goin' downtown to the cocksucker's ball.« Offensichtlich zirkulierten Variationen wie »The Freak's Ball« und »The Motherfucker's Ball« schon seit ein paar Jahrzehnten. Frank Zappa nahm später bei einem Konzert die Clovers' Version – als »Cocksucker's Ball« – auf, die dann auf dem 1986 in England veröffentlichten Live-Album *Does Humor Belong in Music?* landete. Zappa widmete den Song »allen Republikanern im Publikum«. (*Cock*, wie schon mehrfach in diesem Buch vermerkt, war in den Südstaaten ein gebräuchliches Wort für Vagina; daher bedeutete »cocksucking« in diesem Zusammenhang Cunnilingus, nicht Fellatio.)

Die Inspiration für mindestens zwei Songs in den späten sechziger Jahren war eine New Yorker Gruppe von Linken und Anarchisten, die sich selbst »Up Against the

Wall Motherfuckers«, meist abgekürzt »The Motherfuk-kers« nannten. Vielleicht war das der erste öffentliche Gebrauch des Wortes in seiner zusammengesetzten Form. Die Motherfuckers wurden damals im Umkreis der Situationisten von dem Maler Ben Morea und dem Dichter Dan Georgiakis gegründet, die ihren Namen von LeRoi Jones' bitterem Gedicht »Black People« (1967) nahmen. Jones schrieb: »Du kannst einem Weißen nichts wegnehmen, er hat es bereits gestohlen, er schuldet dir alles, was du willst, selbst dein Leben. Alle Geschäfte werden sich öffnen, wenn du die Zauberworte sagst. Sie lauten: An die Wand, mother fucker, dies ist ein Überfall!«

Die Motherfuckers organisierten Schlafplätze, freie Essensausgabe und Rechtsberatung für Radikale auf der Flucht, zettelten politische Demonstrationen und Aufstände an (einschließlich einer Konfrontation mit dem Pentagon) und besetzten gewaltsam einen bekannten Veranstaltungsort, das Fillmore East, bis dessen Besitzer Bill Graham nachgab und wöchentlich freie Konzerte erlaubte. Ihr »Up against the wall, motherfuckers!«-Slogan wurde ein beliebter Anfeuerungsruf, nachdem Studenten ihn 1968 während der Proteste an der Columbia University an die Wände der Mathematischen Fakultät geschrieben hatten. Mark Rudd, der hitzige Anführer der Students for a Democratic Society (SDS), zitierte den Satz sogar in einem Brief, den er an den Präsidenten der Universität schrieb: »Wir beginnen damit, Sie wegen Ihrer Unterstützung des Vietnamkriegs und Amerikanischen Imperialismus zu bekämpfen ... Es bleibt nur eines zu sagen. Für Sie mag es nihilistisch klingen, da es der Eröffnungsschuß in einem Befreiungskrieg ist. Ich benutze die Worte von LeRoi Jones, die Ihnen, da bin ich mir sicher, nicht besonders gefallen werden: ›Up against the wall motherfucker, this is a stick-up‹.« Rudd machte den Kampfruf zum Logo des SDS an der Columbia University und erklärte später: »Es stellt die Verwaltung und die Interessen, die sie repräsentiert, auf die eine Seite, die linken Studenten und die Interessen der Menschheit auf die andere. Die Unentschiedenen in der Mitte sind gezwungen, sich zu entscheiden.« Abbie Hoffman, Mitgründer der anarchistischen Yippies, machte den Motherfuckers das höchste Kompliment, indem er sie »den Albtraum der Mittelklasse« nannte, »ein Anti-Medien-Medienphänomen, bloß weil ihr Name nicht gedruckt werden konnte.«

»Up against the wall, motherfucker!« wurde im ganzen Land ein Schlachtruf der Gegenkultur, als Jefferson Airplane, eine Acid Rock Band aus San Francisco, 1969 die Worte in den Refrain ihres Songs »We can be together« auf ihrem Erfolgsalbum *Volunteers* einfügte (das RCA-Victors ursprünglich mehrere Wochen zurückhielt, während das Label erfolglos mit dem Autor Paul Kantner darüber verhandelte, den aggressiven Liedtext wegzulassen):

All your private property is
Target for your enemy.
And your enemy is
We
We are forces of chaos and anarchy
Everything they say we are we are
And we are very
Proud of ourselves
Up against the wall
Up against the wall motherfucker
Tear down the walls
Tear down the walls.

Am 19. August 1969, nach ihrem Auftritt beim Woodstock Festival am Tag zuvor, eilten die Jefferson Airplane nach New York City, um den Song, mit motherfucker und allem anderen, in ABCs *The Dick Cavett Show* zu spielen – in der Hauptsendezeit zumindest für die östliche Hälfte der Zuschauer, bevor die Zensoren für die Westküstenausstrahlung den Song mit Pieptönen verstümmeln konnten. So wurde das Wort zum erstenmal in den amerikanischen Äther geschickt.

Das wiederum inspirierte Ray Wylie Hubbards Hillbilly-Hymne aus den frühen siebziger Jahren, »Up Against the Wall, Redneck Mother«, über die ich bereits in Kapitel 4 gesprochen habe.

Das Wort *motherfucker* wurde für größere Label kein Problem bis 1969, als Elektra eine hochenergetische Detroiter Rockgruppe, die sich MC5 (kurz für Motor City 5) nannte, unter Vertrag nahm. Mehrere Jahre zuvor als eine High School Band mit den Dave Clark Five als Vorbild gegründet, hatte MC5 seit kurzem eine Antikriegs- und Anti-Establishment-Haltung entwickelt, nicht zuletzt durch den Einfluß ihres Managers, eines Politaktivisten, Waffenfreunds und Dichters namens John Sinclair. Er verschaffte ihnen einen Auftritt bei einem Festival, das mit den Anti-Regierungsprotesten auf dem Nominierungsparteitag der Demokraten in Chicago 1968 verbunden war.

Als Elektra die MC5 verpflichtete, hatten Firmenpräsident Jac Holzman und der Produzent und Toningenieur Bruce Botnick die Idee, sie mit einem Live-Album einzuführen, weil sie eine so aufregende Road Band waren. MC5-Gitarrist Wayne Kramer erzählte später Richard Clark von *mixonline.com*: »Wir waren diese Band ohne einen Hit, die an einem Abend 3000 Leute aus der Detroiter Region anziehen konnte. Und genauso war es in Chicago oder Cleveland. Wir spielten jahrelang überall in diesem Teil des Landes und bauten eine Fangemeinde auf, die sich nicht ignorieren ließ.«

Mit einem achtspurigen Bandgerät nahm Botnick im Oktober 1968 in Detroits Grande Ballroom zwei Abendkonzerte auf und am Nachmittag noch einen Soundcheck ohne Publikum. Die besten Nummern stellte er zu einem Album mit dem Titel *Kick out the Jams* zusammen. Der gleichnamige Eröffnungssong begann mit einem Aufruf des Sängers Rob Tyner zum Handeln: »Right now, right now, right now, it's time to [Pause] kick out the jams [die Sau rauslassen], motherfuckers!« John Sinclair bezog sich sogar auf das Wort – »mother fucker« geschrieben – in seinem Covertext auf der Innenseite der aufklappbaren Plattenhülle. Als Elektra Anfang 1969 *Kick Out the Jams* herausbrachte, weigerten sich viele Läden, das Album zu führen, und natürlich war für MF auf FM kein Platz.

Doch es gab eine alternative Aufführung, um die obszöne zu ersetzen. Bassist Michael Davis erzählte Clark: »Kurz vor der ersten Show, als wir den Tonpegel und alles andere eingestellt hatten, wurden wir gefragt: ›Könnt ihr einmal den Song ohne motherfucker singen? Einen, wo ihr so etwas wie brothers and sisters sagt?‹ Wir wußten, daß ›Kick Out the Jams, Motherfuckers‹ niemals ein Hit werden würde, wir waren ja nicht blöd. Deshalb hatten wir überhaupt kein Problem damit, eine andere Version des Intros mit ›Kick Out the Jams, Brothers and Sisters‹ aufzunehmen. Wir mußten uns jedesmal anpassen, weil die Polizei bei den Gigs auf uns wartete und sagte, sie werde uns verhaften, falls wir den Song singen würden. Oder der Veranstalter sagte: ›Wenn ihr den Song bringt, gibt's kein Geld.‹ Also benutzten wir verschiedene Versionen: Wir hatten ›Kick Out the Jams, Mother Superior‹, ›Kick Out the Jams, Mammy Jammy‹, ›Kick Out the Jams, Mustard and Ketchup‹ oder ›Kick Out the Jams, Sap Suckers‹. Tyner dachte sie sich spontan aus, und wir hatten kein Problem damit, und das ist auch der Grund, warum wir an jenem Nachmittag beim Soundcheck die alternative ›brothers and sisters‹-Version aufnahmen.«

Botkin fügte diese gesäuberte Version in das Tonband ein, so daß eine neue Matrize für spätere Pressungen geprägt werden konnte. Der anstößige Covertext war ebenfalls gestrichen. Diese neue *Kick Out the Jams*-LP kam im Mai 1969 für drei Wochen in die Charts von *Billboard*, aber aufgrund des verlorenen Schwungs erreiche sie nur Platz Dreißig. Eine Single-Version von »Kick Out the Jams« mit der »Brüder und Schwestern«-Variante schaffte es kaum in die Charts.

Aber Tyner schrie in Konzerten weiterhin »motherfukkers«. Die Band attackierte auch in der lokalen Underground-Presse Hudson's, Detroits große Einzelhandelskette, nachdem sie ihr Album mit Bann belegt hatte, und beklebten eines der Schaufenster mit »Fuck Hudson's!«, auf Briefpapier von Elektra. Als das Unternehmen mit einem Boykott aller Elektra-Künstler zurückschlug, einschließlich der damals angesagten Doors, ließ Jac Holzman MC5 fallen wie eine heiße Kartoffel. Die Gruppe nahm noch zwei Alben für Atlantic Records auf, aber das Rampenlicht war schon woanders. Zu der Zeit, da ihre produktive Bedeutung für Punk Rock und Heavy Metal erkannt wurde, war MC5 längst aufgelöst. Aber »Kick Out the Jams« – mit »motherfuckers« intakt – wurde ein wichtiges Material für viele andere Künstler; Jeff Buckley sang den Song bei fast all seinen Live-Konzerten, und Rage Against the Machine hat ihn auf ihrem Album *Renegades* von 2000.

Apropos Doors: Elektra-Boss Holzman hatte bereits mit dem Problem des Mutter-Sohn-Geschmuses zwei Jahre zuvor zu tun, als die Gruppe ihr erstes Album *The Doors* veröffentlichte. Einer der Songs auf der LP war eine düstere Klage Jim Morrisons mit dem Titel »The End«, die große Abschlußnummer der Band bei ihren Shows. Morrison, der eher ein dekadenter, Absinth schlürfender Dichter wie Arthur Rimbaud als ein zügelloser, Hotelzimmer demolierender Rocksänger sein wollte, verfiel in einen Monolog, der von *Oedipus Rex* inspiriert war:

Der Killer erwachte vor dem Morgengrauen, er zog seine Stiefel an
Er nahm ein Gesicht von der antiken Galerie [eine Anspielung auf die griechische Tragödie]

Und er lief weiter den Flur entlang
Er ging in das Zimmer, wo seine Schwester wohnte,
und ... dann
Stattete er seinem Bruder einen Besuch ab, und dann
Ging er weiter durch den Flur, und
Und er kam zu einer Tür ... und er schaute hinein
»Vater?« »Ja Sohn.« »Ich will dich töten.
Mutter? Ich will ... dich ficken!«

Robby Krieger, der Gitarrist der Doors, erzählte später
dem Schriftsteller Gavan Daws: »Jim war auf diesem
Ödipuskomplex-Trip, und er sagte: ›Fick die Mutter und
tötet den Vater! Verdammt noch mal!‹, und so konnte das
über Stunden gehen. Schließlich schafften wir es, ihn ins
Studio zu bringen und den Song aufzunehmen, und er
machte es großartig.«
Morrison verzerrte die letzten zwei Worte in einem
Schrei, was die Veröffentlichung des Albums zuließ, aber
die starke Andeutung von Inzest in »The End« erregte
trotzdem mehr Aufmerksamkeit, als der Gruppe lieb war.
Morrison versuchte, die öffentliche Empörung zu besänf-
tigen, indem er andeutete, daß die obszönen Worte die
Zerstörung der männlichen Hierarchie meinten und dazu
aufforderten, sich selbst und andere zu lieben.
Es gab noch mehr verstreute Hinweise auf Mutterliebe
in der Rockmusik. In Arlo Guthries »Alice's Restaurant«,
eine achtzehnminütige Rezitation von seinem 1968 erschienenen, erfolgreichen Album gleichen Namens,
spielte er mit dem mentalen Echo auf *motherfucker*, indem er davon sprach, er sei mit »mother stabbers« und
»father rapers« ins Gefängnis geworfen worden.
Drei Jahre später, 1971, brachte ein populärer Blaxploi-
tation-Film mit dem Titel *Shaft* über einen toughen Privatdetektiv aus Harlem namens John Shaft ein soulig
verführerisches Soundtrack-Album und eine Single *The-
me from Shaft* auf den Markt, die es jeweils an die Spitze
der *Billboard*-Charts schafften. Jedesmal, wenn das The-

ma im Radio gespielt wurde, hörte man R&B-Sänger Isaac Hayes sich auf John Shaft als »a *baad* moth-« beziehen, bevor sein weiblicher Backgroundchor ihn mit »Shut your mouth!« unterbrach.

Zwei besondere Euphemismen für *motherfucker*, die den Anforderungen in der lilienweißen Welt der Popmusik genügten, waren »motor scooter« und »motorcycle«. Auf dem Nummer Eins Novelty Hit von 1960 »Alley-Oop« von den Hollywood Argyles beschrieb Leadsänger Gary Paxton den auf einem Dinosaurier reitenden Höhlenmann als »a bad motor scooter and a mean go-getter [ein fieser Ellbogentyp].« Ein paar Jahre zuvor hatten die Schwestern Ann und Lillian Storey, die als die Twinkles bei einem kleinen Label in Philadelphia aufnahmen, über einen Freund gesungen, den sie einen »Bad Motorcycle« nannten: »I knew by the way he spoke, he was a bad motorcycle, *voon voon voon*!« Cameo Records übernahm die Single, gab den beiden den Namen The Storey Sisters und verkaufte genug Platten, um der jungen britischen Comedienne Tracy Ullman aufzufallen, die den Song zu einem kleinen Hit der achtziger Jahre machte. 1964 feilte die Band The Crestones an dem Thema mit einem Song, den sie »She's a Bad Motorcycle« betitelten und der bei dem kleinen Label Markie erschien. Als wäre die Bedeutung des Wortes noch nicht klar genug, nahm eine andere Band, The Lost, 1966 für Capitol Records »Mean Motorcycle« auf. Noch 1983 erzielte die Gesangsgruppe Chi-Lites einen kleinen R&B-Hit mit dem Titel »Bad Motor Scooter«.

Zu einem der merkwürdigeren Beispiele hier zählt ein cleverer Witz über Sex und die typisch amerikanische Mutterschaft, der einer zehnköpfigen Funk-Rock-Band viel Schmach einbrachte, obwohl die Musiker gar nichts damit zu tun hatten. Im Jahr 1972 traf Plattenproduzent, Promoter und Großmaul Terry Knight – bestens bekannt für die Herstellung der frühen Hits von Grand Funk Railroad und seine Beteiligung an dem berüchtigten »Paul

[McCartney] ist tot«-Scherz von 1969 – zufällig eine Gruppe von musizierenden Teenagern aus Warren (Ohio), die sich Mom's Apple Pie nannten. Knight nahm sie für sein neues Label Brown Bag unter Vertrag und dachte sich dann eine abgefeimte Werbekampagne aus. In Zusammenarbeit mit dem Künstler Craig Braun (der im Jahr zuvor die Reißverschluß-LP *Sticky Fingers* der Rolling Stones entworfen hatte) stellte Knight die nach seiner Meinung perfekte Cover-Parodie für ein Debütalbum mit dem gleichnamigen Titel *Mom's Apple Pie* her.

Auf den ersten Blick sah die Illustration ganz unschuldig aus. Sie zeigte in einem ovalen Spiegel ein Bild von Norman Rockwell mit einer attraktiven viktorianischen Hausfrau, die dem Betrachter eine frisch gebackene Pastete mit einem herausgeschnittenen Stück und über den Rand der Form tropfendem, heißen Saft entgegenhielt. Aber schaute man genauer hin, dann sah man, daß die freie Stelle nicht leckere gebackene Äpfel enthüllte, sondern eine rosa Vagina mit einer erkennbaren Klitoris. Die gute Mutter bot eine heiße Möse an. Plötzlich war der Ausdruck auf ihrem Gesicht mit der über die Lippen leckenden Zunge (»Mmh, gut!«) nicht mehr so harmlos.

United Artists, *Mom's Apple Pie*s Vertrieb, rief das Album zurück, so wie es Knight erwartete – daher hatte er bereits ein verändertes Cover vorbereitet: Craig Braun hatte die Vagina mit Backsteinen zugemauert, mit Stacheldraht umgeben und eine amerikanische Flagge gehißt. Und nun rollte eine Träne von Mamas Wange. Im Hintergrund spähten zwei Polizisten durch das Fenster. Die sexuelle Heiligkeit der Mutter war wiederhergestellt, und die Welt war wieder in Ordnung.

Knight erzählte später Autor Barry Stoller: »Tja, das war ein Stück Pastete, nicht wahr? ... Wir schickten allen DJs in ganz New York heiße Apfelpastete in braunen Papiertüten, um für die Platte zu werben. Das war wirklich eine gute Kampagne.« Aber nicht gut genug: Die öffentliche Empörung über die Zensur, die Knight sich vorgestellt hatte, blieb aus, das Album verkaufte sich nicht, und die Band schlich zurück nach Ohio. Knight zog sich im folgenden Jahr aus dem Musikgeschäft zurück; drei Jahrzehnte später wurde er in Texas von einem Drogensüchtigen erstochen.

Roger Force, der Saxophonist der Mom's Apple Pie, erzählte Stoller in einem Interview:

Ich erinnere mich, wie Knight uns in einer unserer Aufnahmesessions das Plattencover zeigte. Er sagte, es sei einer seiner Werbegags, so wie die Plakatwand für Grand Funk am Times Square. Er habe alles geplant, die Platte werde zurückgerufen, und es werde ein großes Ding. Tatsächlich wurden 30000 Covers wieder eingezogen ... Ja, und ich erinnere mich an *Saturday Night Live*, der Moderator war Geraldo Rivera, und er hält das Album in die Kamera, live. Ich weiß noch, daß Knight sagte: ›Ich kann Scheiße in Gold verwandeln.‹ Inzwischen bin ich berühmt – wegen einer Plattenhülle.

1989, achtzehn Jahre nachdem Janis Joplin an einer Überdosis Heroin gestorben war, veröffentlichte ihre Plattenfirma Columbia das Album *Joplin in Concert*, die ihre Anfang 1970 aufgenommene Liveaufnahme eines Blues mit dem Titel »Ego Rock« enthielt. Es geht darin um Joplins Geschichte ihrer Haßliebe zu Port Arthur, ihrer Heimatstadt in Texas, die sie stets verächtlich behandelt hatte. Nach mehreren gesungenen Strophen unterbrach sich Joplin mit einem gesprochenen Intermezzo:

Mercy! Mercy!
    I hear you talking about my sorrow, you don't know my pain.
    You know there's an inside kind of sorrow, Lord, the women are always singin' the blues.
    All right, all right, motherfuckers, *you* sing!

Zu der Zeit jedoch war es so normal, von dem Wort *motherfucker* auf einer Scheibe Vinyl bombardiert zu werden, wie man es Leute auf der Straße sagen hörte. Seit den späten siebziger Jahren hatten sich Rap und Hip Hop vom Ghetto, mit schwarzem männlichen Stolz und dem ganzen Getue, in den Mainstream gekämpft und versucht, auch in den Radiosendern gespielt zu werden. Und plötzlich, im Jahr 1988, war da ein großspuriges Quintett aus Los Angeles' Ghetto-Vorort Compton, das sich einen Dreck ums Radio scherte. Sie nannten sich »Niggaz With Attitude« (kurz N.W.A.) und lieferten eine harte, gewalttätige Straßenversion von Rap, *gangsta* genannt, die es schaffte, ohne Unterstützung der Sender oder Mainstream-Werbung in die Charts zu kommen und Millionen Platten zu verkaufen. Ihr Album *Straight Outta Compton* feierte überschwänglich die schwarze Stimme von South Central Los Angeles. Frontman O'Shea Jackson, der sich Ice Cube nannte, erzählte später Geoff Boucher von der *Los Angeles Times*: »Wir dachten, unsere Musik würde zusammen mit den schmutzigen Comedy-Alben in den Regalen landen. Die pornographische Ecke. Wir dachten nie, daß unsere Musik aus dem Underground herauskommen würde.« Ein Track mit dem Titel »Fuck tha Police« inszenierte eine Gerichtsszene, beschrieben als »N.W.A. versus das Polizeidepartment«, wobei Ice Cube und die Bandmitglieder MC Ren und Eazy-E die Ankläger spielten und Dr. Dre als Richter vorsaß. Am Ende des Songs verkündet Richter Dre dem angeklagten L.A. Polizisten das Urteil: »Die Geschworenen haben Sie für schuldig befunden, ein Redneck, ein Spießer und ein feiges Arschloch [muthafucker] zu sein!« Der Polizist schreit: »Moment mal, das ist eine Lüge! Das ist eine gottverdammte Lüge! Ich will Gerechtigkeit! Ich will Gerechtigkeit! Fickt euch, ihr schwarzen Dreckskerle [motherfucker]!«, während er aus dem Gerichtssaal geschleppt wird. Die wirkliche Polizeiabteilung von Los Angeles und auch das FBI verurteilten den Song als aufrührerisch und gefährlich. Das Magazin *Rolling Stone* setzte »Fuck tha Police« auf Platz 417 seiner Liste der 500 besten Songs aller Zeiten.

Ice Cubes Titeltrack für *Straight Outta Compton* war sogar noch härter und obszöner.

> The police are gonna hafta come and get me
> Off yo ass, that's how I'm goin out
> For the punk motherfuckers that's showin' out
> Niggaz start to mumble, they wanna rumble
> Mix em and cook em in a pot like gumbo
> Goin' off on a motherfucker like that
> With a gat that's pointed at yo ass ...
> AK-47 is the tool
> Don't make me act the motherfuckin fool
> Me you can go toe to toe, no maybe
> I'm knockin niggaz out tha box, daily
> Yo, weekly, monthly and yearly
> Until them dumb motherfuckers see clearly
> That I'm down with the capital C-P-T
> Boy, you can't fuck with me

Doch mittlerweile nahm jeder Rapper den Mund voll mit *motherfucks*, und den Gebrauch des Wortes im Hip Hop während der neunziger Jahre und darüber hinaus zu dokumentieren, würde ein eigenes Buch erfordern. Erwähnen wollen wir nur, daß N.W.A., nachdem Ice Cube die Band 1989 wegen eines Tantiemenstreits verlassen hatte, ihn mit dem Track »A Message to B.A.« (gemeint ist der zu den Briten übergelaufene Rebell Benedict Arnold) dissten, der mit der höhnische Aufforderung endete: »Think about it, punk [mieser] motherfucker!« Und als N.W.A. in den neunziger Jahren wieder zusammenkamen, schrieben Eazy-E und MC Ren einen Song mit dem Titel »The Muthaphuckin Real«. Ice Cube antwortete auf die blutigen Rassenunruhen in Los Angeles 1992 mit »We Had to Tear This Motherfucker Down«.

Die Schleusen waren geöffnet, und die Allgegenwart von Wörtern wie *motherfucker* brachte das »Parents' Music Resource Center«, geleitet von der Frau des damaligen US-Senators Al Gore, dazu, Aufkleber mit Warnhinweisen zu entwickeln, mit denen die Schallplattenindustrie anstößige Singles oder Alben versehen mußte, bevor Einzelhandelsketten sie verkauften.

Heutzutage ist das Wort so geläufig geworden, daß es in Songtiteln von wohlbekannten Rockkünstlern auftaucht wie Julian Copes »Like a Motherfucker«, Eels »It's a Motherfucker«, Becks »Mutherfuker« (mit seinem Refrain: »Everybody's out to get you, motherfucker!«), Superchunks »Slack Motherfucker«, Twisted Sisters »S.M.F.« (d.h. Sick Mother Fucker – die Inspiration für den Fanclub der Band, der sich »Sick Mother Fucking Friends of Twisted Sister« nennt), Kid Rocks »You Never Met a Motherfucker Quite Like Me«, Princes »Sexy MF« (manchmal in Konzerten und sonstwo als »Sexy Motherfucker« angekündigt), den Violent Femmes' »Dance, M.F., Dance«, Six Feet Unders »Die Motherfukker«, Dopes »Die Motherfucker Die«, U2s »Mofo«, Nashville Pussys »Go, Motherfucker, Go«, White Zombies »Welcome to Planet Motherfucker« und Sublimes »Don't Wanna Be No MTV Motherfucker«. Die Sängerin Martha Wainwright nannte eine ihrer EPs *Bloody Mother Fucking Asshole*. Die Punk-Rocker Black Flag aus Los Angeles gaben einer ihrer CDs den Titel *Bad Motherfucker*, und das einzige Studioalbum der New Yorker Punklegenden Johnny Thunders & The Heartbreakers heißt *L.A.M.F.* (Like a Mother Fucker). Dann gibt es Bands, die es wagen, für sich selbst unter Namen wie Lazy Mutha Fucka, Jackie-O Motherfucker, die Texas Motherfuckers (aus Schweden, wohlgemerkt) und die Reverb Motherfuckers zu werben.

Die Geschichte kehrte gewissermaßen zu ihrem Ausgangspunkt zurück, als 1996 Nick Cave und die Bad Seeds auf ihrem Album *Murder Ballads* eine Version des

Proto-Bluessongs »Stagger Lee« aufnahmen. Obwohl der Song seit 1924 mehr als zweihundertmal auf Platten festgehalten worden war, wagte keine der Aufnahmen, Stagger Lees Ruf als »a bad mother fucker« zu erwähnen, was noch typisch für die informellen Straßenversionen war, und Cave beschloß, diese historische Lücke zu schließen. »Es ist die Art von Song, wo man versucht, alle vorherigen Versionen zu übertreffen«, erzählte er *Rolling Stone*. »Ich las gerade dieses Buch, das der Dichter W.H. Auden herausgeben hatte, eine Lyriksammlung. Und er hatte darin eine großartige Fassung von Stagger Lee; ich war überrascht, daß Auden sich darauf eingelassen hatte. Er ließ Stagger Lee zur Hölle gehen und mit dem Teufel kämpfen und gewinnen, was zeigt, daß Stagger Lee wirklich ein irrer Typ [a bad motherfucker] ist.«

Just then in cam a broad called Nellie Brown,
Was known to make more money that any bitch in town.
She struts across the bar, hitching up her skirt,
Over to Stagger Lee, she starts to flirt with Stagger Lee,
She saw the barkeep, said, »Oh God, he can't be dead!«
Stag said, »Well just count the holes in the motherfukker's head!«
She said, »You ain't look like you scored in quite a time,
Why not come to my pad, it won't cost you a dime,
Mr. Stager Lee.
But there's something I have to say before you begin,
You'll have to be gone before my man Billy Dilly comes in Mr. Stager Lee.«
»I'll stay here till Billy comes in, till time comes to pass,
And furthermore I'll fuck Billy Dilly in his motherfukking ass«,
Said Stagger Lee.
»I'm a bad motherfucker, don't you know?«

Das geschriebene Wort

»Yeah, I shot the motherfucker!«
Die Mordangeklagte Dessie Woods
in Kalamu ya Salaams »Hiway Blues« (1975)

Tabu, ein Wort, das Captain Cook im späten achtzehnten Jahrhundert von der pazifischen Insel Tonga mitbrachte, bezieht sich unter anderem auf Wörter oder Redewendungen, denen so gefährliche übernatürliche Kräfte zugesprochen werden, daß sie selbst flüsternd gesprochen den Zorn der Götter hervorrufen können. *Motherfucker* ist gewiß ein solches Tabu, und man muß es noch nicht einmal laut sagen. Selbst ausbuchstabiert auf einer glatten Oberfläche, sei es mit Bleistift, Tinte oder Sprühfarbe, hat es die Macht eines bösen Zaubers.

Das Schimpf- und Fluchwort *Motherfucker* gibt es natürlich in der einen oder anderen Form schon seit Jahrhunderten, aber seine literarische Verwendung – wenn man mal des griechischen Dichters Hipponax' *metrokoites* fünfundzwanzig Jahrhunderte zuvor außer Acht läßt – ist ziemlich neu. Ach, Sie haben noch nie von Hipponax gehört? Er lebte in einer Stadt am Ägäischen Meer, bis ihn seine Verleumdungen von Lokalmatadoren zwang, sich aus dem Staub zu machen. Das war um 540 v. Chr. Bucklig und auffallend häßlich, war Hipponax einer der ersten Dichter, der gründlich über die Widerwärtigkeit des Menschen sinnierte, etwa den Gestank seiner Scheiße und sonstige Formen körperlicher Ausscheidungen. (Mit anderen Worten, Hipponax war ein Mann nach meinem Geschmack.) Dem römischen Schriftsteller Plinius dem Älteren zufolge beleidigte Hipponax einen berühmten Bildhauer namens Bupalos, indem er ihn um die Hand seiner schönen Tochter bat. Bupalos machte sich nicht einfach nur lustig über diese unglaubliche Frechheit des Kobolds, sondern hielt für jedermann sichtbar Hipponax' Häßlichkeit in Stein fest, wahrscheinlich mit einigen unnötigen Übertreibungen, um das kleine Arschloch noch ein wenig wütender zu machen. Hipponax schlug zurück, indem er ein Gedicht schrieb, das Bupalos beschuldigte, Sex mit seiner Mutter, die vermutlich Arete hieß, zu haben. Der britische Übersetzer Michael Schmidt schrieb in einem Kommentar: »In einem Fragment ist Bupalos ganz einfach ein ›mother-fucker‹ (metrokoites), und wir werden Zeugen, wie er ›seine gottverdammte Vorhaut‹ zurückzieht. In einem anderen, ebenso beleidigenden Fragment ist es der Dichter selbst, der bei Bupalos' Mutter oder seiner Geliebten (je nachdem, für wen wir Arete halten) liegt, und sie zeigt sich fraglos willig.«

Das nächste berüchtigte Beispiel kommt zweiundzwanzig Jahrhunderte später, und es gibt kaum eine reichhaltigere Quelle als den französischen Adligen Donatien Alphonse François Comte de Sade, besser bekannt als Marquise de Sade. Erzogen von Jesuiten, die leidenschaftlich daran glaubten, daß Prügel ein wesentlicher Bestandteil des katholischen Lehrplans zu sein hatten, lernte der junge Sade so gut, daß es seine größte Freude war, das Leben eines Wüstlings zu führen und darüber zu schreiben. In Büchern wie *Die 120 Tage von Sodom* beschrieb er die zahllosen »Leidenschaften« – bis hinauf zum Mord –, die sich jeder, der reich und mächtig genug war, nach Lust und Laune erlauben konnte – ohne jedes Risiko. Sade selbst war nicht reich oder mächtig genug, um der Verhaftung wegen Mißhandlung von Prostituierten zu entgehen. Am 18. Oktober 1765 bezahlte er der einundzwanzigjährigen Jeanne Testard zwei Goldlouisdor für ihre Gesellschaft, verriegelt die Tür zu seinem Schlafzimmer und wollte von ihr wissen, ob sie an Gott, Jesus Christus und die Jungfrau Maria glaubte. Als die verängstigte Hure bejahte, onanierte Sade in einen Abendmahlkelch und schrie, daß Jesus Christus ein Mutterficker sei. Dann, zweihundert Jahre vor William Peter Blatty, dem Verfasser von *Der Exorzist*, zwang er sie, mit einem Elfenbeinkruzifix zu masturbieren, wobei er die ganze Zeit schrie: »Wenn du Gott bist, dann räch dich!« Offensichtlich war Gott anderweitig beschäftigt, so daß es den Gendarmen oblag, Mademoiselle Testards Anzeige entgegenzunehmen und den Marquis in die Klapsmühle zu werfen.

In *Maledicta*, einem 1977 herausgegebenen Kompendium der Flüche und Schimpfwörter, schreibt Reinhold Aman, daß in den Vereinigten Staaten »mother-fucker« in schriftlicher Form seit den späten zwanziger Jahren nachweisbar und »motherfucking« erstmals um 1933 gebraucht worden sei. Doch wir wissen heute, daß Aman fast vierzig Jahre daneben lag. Fred R. Shapiro, Rechtsforscher aus Connecticut, fand das Wort in zwei texanischen Gerichtsprozessen aus dem ausgehenden 19. Jahrhundert. *The Texas Court of Appeals Reports* von 1890 protokollierten einen Verleumdungsprozeß gegen einen gewissen Marshall Levy (*Levy v. State*), nach dem ein Mann namens McKinney ihn »that God damned mother-f---king, bastardly son-of-a-bitch!« genannt hatte. Das Wort als ganzes erblickte das Licht der Öffentlichkeit im Jahr 1897 in dem Prozeß *Fitzpatrick v. State*, als das Oberste Berufungsgericht von Texas den Antrag des Angeklagten hörte, einen Mordvorwurf gegen ihn auf Totschlag zu reduzieren, weil »der Verstorbene den Angeklagten einen ›mother-fucking son-of-a-bitch‹ nannte und der Angeklagte aufgrund besagter Sprache und unter dem unmittelbaren Einfluß dadurch ausgelöster jäher Erregung auf den Verstorbenen schoß und ihn tötete.« Das Gericht wies den Antrag ab.

Jedoch war es zu der Zeit so gut wie unmöglich, *motherfucker* auf gedruckten Seiten zu finden; selbst die Deutlichkeit des *Fitzpatrick v. State*-Protokolls überlebte nicht einen späteren Nachdruck; der ursprüngliche Wortlaut wurde zu dem »Vorwurf, daß der Angeklagte ›a mother and sister riding son of a bitch‹ war«, abgeändert. Es war nicht so, daß die Autoren vor dem Gebrauch von *motherfucker* zurückschreckten, vielmehr befürchteten die Verleger Strafen von zahlreichen Behörden – staatlichen, bundesstaatlichen und lokalen. Die Gründungsväter der USA waren offensichtlich eine freidenkende, aufgeklärte Gruppe, die es liebten, sich schlüpfrige Witze und derbe Geschichten zu erzählen; also kann man ihnen nicht die Schuld geben. Als sie 1791 den Ersten Zusatzartikel der Verfassung ausarbeiteten, schlossen sie mehrere Grundfreiheiten ein, darunter das Recht, zu sagen und zu veröffentlichen, was auch immer einem in den Sinn kam. Was die Obszönitäten betraf, so kamen alle Beschränkungen vom britischen Gewohnheitsrecht. Die Bundesregierung betrachtete irgendwelche Eingriffe nicht als eine ihrer Aufgaben – bis 1873, als ein Yankee aus Connecticut namens Anthony Comstock, der während des Bürgerkriegs von den Soldaten zu viele vulgäre Kraftausdrücke gehört hatte, die New Yorker Gesellschaft zur Unterdrückung des Lasters gründete. Vielleicht bestärkt von einem englischen Prozeß fünf Jahre zuvor, *Regina v. Hicklin*, in dem obszönes Material als etwas definiert wurde, was dazu tendierte, »diejenigen zu verderben, deren Gedanken für solch amoralischen Einflüsse offen sind«, brachte Comstock den Kongress dazu, den Comstock Act zu verabschieden. Danach war es der US-Post untersagt, irgendetwas sexueller Art, einschließlich Informationen über Geburtenkontrolle, zu verschicken. Viele Bundesstaaten folgten mit eigenen »Comstock Gesetzen« und verboten vor allem die Weitergabe von

Materialien, die die Gemüter von Jugendlichen korrum-
pierten, indem sie »sexuell unreine« Gedanken hervorrie-
fen. 1933 erhöhte das Berufungsgericht für den Zweiten
Gerichtsbezirk in New York die Meßlatte auf »normale
Erwachsene«, als es entschied, daß der US-Zoll kein
Recht hatte, importierte Exemplare von James Joyces
Roman *Ulysses* zu beschlagnahmen. Das Oberste Bundesgericht befaßte sich erst 1957 mit dem Geschäft
schmutziger Wörter und Ideen, und zwar in dem Prozeß
gegen einen Versandhändler von Pornobüchern namens
Sam Roth (*Roth v. US*). In dem Mehrheitsurteil definierte
Richter William Brennan Obszönität als Material »ohne
jeden positiven Wert ..., das sich mit Sex in einer auf
lüsternes Interesse zielenden Weise befaßt und wollüstige
Gedanken hervorrufen kann.« Obszönität, schrieb er,
»fällt nicht in den Bereich konstitutionell geschützter
Rede oder Presse.«

Ein Jahr nach dem *Ulysses*-Urteil erschien *motherfukker*, wenn auch nicht ganz ausbuchstabiert, in einem
echten amerikanischen Klassiker: John O'Haras *Begeg-
nung in Samarra*, ein großartiger, von dem bekannten
Verlag Harcourt Brace & Company veröffentlichter Roman über den moralischen Zerfall eines Geschäftsmanns
in einem Bergbauort in Pennsylvania im Jahr 1930.
Nachdem Al Grecco, ein italienisches Faktotum des lokalen irischen Gangsters Ed Charney die Geliebte seines
Bosses mit dem Protagonisten entwischen ließ, gerät
Charney in Rage und beleidigt Greccos Mutter: »Sie war
eine wunderbare Frau, und sie war seine Mutter, und
wenn Ed Charney ihn einen Hurensohn nannte – okay;
wenn er ihn einen Dreckskerl nannte – okay; das waren ja
nur so Namen, mit denen man jemand reizen wollte oder
die man benutzte, wenn man wütend auf jemand war.
Diese Namen bedeuteten sowieso nichts, weil, dachte
sich Al, es sich gar nicht zu streiten lohnte, wenn deine
Mutter ein Miststück oder wenn du ein Dreckskerl warst
... Aber was Ed Charney zu ihm gesagt hatte, war doch

etwas anderes: ›Hör zu, du mieser beschissener Dreckskerl. Du dreckiger mother-------Bastard.‹« Die Beleidigung war so extrem, daß sie Grecco an eine Ziegelwand
denken ließ wie jene in der Chicagoer Garage, wo am
Valentinstag des Vorjahrs eine Gang sieben Männer mas-
sakriert hatte. Die angesehene Zeitschrift *Saturday Review* kritisierte die Deutlichkeit des Romans (»nichts als
Infantilismus«), aber wegen des so stark implizierten
motherfucker gab es kein gerichtliches Nachspiel. Die
Tatsache, daß das Wort auf ethnische und kriminelle
Elemente einer amerikanischen Stadt beschränkt war,
milderte seine Wirkung.

Aber noch gingen die Verleger vorsichtig vor. Als Chester Himes' erster bitterböser Roman *If He Hollers Let
Him Go* 1945 veröffentlicht wurde, drückte sein schwarzer Protagonist, ein Munitionsarbeiter im Los Angeles
der Kriegszeit namens Bob Jones, offen seine Verachtung
für Weiße aus und benutzte »nigger« reichlich in fast
jedem Zusammenhang, aber das Wort *motherfucker* kam
immer als *bastard* oder *sonuvabitch* heraus.

Erst nach dem Zweiten Weltkrieg, als über eine Million
Amerikaner mit ihrem obszönen Armeevokabular heim-
kehrten, waren Verleger gewillt, zumindest Verfassern
von Kriegsmemoiren die Grenzen des Anstands überschreiten zu lassen. Norman Mailers Kriegsroman *Die
Nackten und die Toten* war der erste, der 1948 eine Sensation hervorrief, weil er das unverhüllte »fug« als
stumpfen Ersatz für »fuck« anbot. (*Fug* war bereits drei
Jahre zuvor in *Cannery Row* erschienen, aber John Steinbeck benutzte es sparsam, während Mailer es nur so über
die Seiten verstreute, zusammen mit dem schockierende-
ren »mother-fuggin«.) Angeblich begrüßte kurze Zeit
nach dem Erscheinen des Romans Dorothy Parker auf
einer Party Mailer mit den Worten: »Sie sind also der
Mann, der fuck nicht buchstabieren kann.« Aber erst als
James Jones zwei Jahre später in einem weiteren
Schlachtendrama *Verdammt in alle Ewigkeit* fünfzig

fucks (im Originalmanuskript waren es fünfmal so viel) einfügte, ging das unverfälschte Wort in den literarischen Diskurs ein.

Zusammen mit Kriegserinnerungen schienen Jazzmemoiren von weißen und schwarzen Künstlern ein Gebiet zu sein, wo ein Autor sich ein gelegentliches motherfukker erlauben konnte, solange das Wort in einer weniger auffälligen Form als mother-fugger erschien. Der jüdische Klarinettist Milton »Mezz« Mezzrow schrieb in *Really the Blues* (1946): »Und in Pontiac [eine Besserungsanstalt] lernte ich auch Jim Crow persönlich kennen, einen Dreckskerl [motherferyer], der einem nur für einen Blick ratzfatz die Kehle durchschnitt«; an einer anderen Stelle sagt ein Schwarzer: »Mann, dort, wo diese motherfreyers herkommen, schneiden sie dir schon für einen falschen Blick die Eier ab.« In einem Anhang erklärte Mezzrow den Lesern: »Motherfreyer ist eine inzestuöse Obszönität, die ihre Entsprechung in jeder Sprache auf der Welt hat.« Joe »Wingy« Manone, ein einarmiger Trompetenspieler aus New Orleans, erzählte in *Trumpet on the Wing* (1948): »Als wir wieder herauskamen, entdeckte ich, daß irgendein verdammter [motherrobbin] Bastard ein Fenster meines Autos eingeschlagen und mein Horn mitgenommen hatte.« Billie Holliday sagte in ihrer von einem Ghostwriter geschriebenen Autobiographie *Lady Sings the Blues* (1956): »Es spielte keine Rolle, wie ungleich das [gemischtrassige] Paar war, diese schleimscheißenden [motherhugging] Spießer dachten immer nur an das eine: vielleicht machen sie's, vielleicht nicht.«

Die Welt städtischen Verbrechens und jugendlicher Delinquenz war ebenfalls reif für das Wort, aber wiederum nur, solange die Autoren seinen Stachel entfernten. Motherjumper (und motherjumping) schien das beliebteste zu sein. Schriftsteller wie Hal Ellson in seinem Bestseller *Duke* von 1949 und ein unter dem Namen Thurston Scott schreibendes Autorenduo in ihrem Thriller *Cure It with Honey* benutzten die unzweideutige Anspielung zahlreich. Noch in den späten sechziger Jahren tauchte diese Wendung in Richard Farinas Roman *Been Down So Long It Looks Like Up to Me* auf (»›David, baby‹, he yelled happily, throwing out his arms, ›you old benevolent motherjumper, I love you.‹«) und auch in Piri Thomas', ein Schriftsteller aus Spanisch Harlem, *Down These Mean Streets* (»I wanna tell ya I'm here – you bunch of motherjumpers«). Auch in einem anderen verrufenen Bezirk der Halbwelt fand es sich: Boxweltmeister Rocky Graziano würzte seine 1955 erschienene Autobiographie *Somebody Up There Likes Me* mit Sätzen wie »Stand straight, you little mother-lover.« Bahnbrechende junge schwarze Schriftsteller wie Langston Hughes und Ralph Ellison entschieden sich für *motherfouler*. »Give it to him, Maceo, coolcrack [bewußtlos schlagen] the moutherfouler« oder »Put up a sign, motherfouler« waren zwei von vielen Beispielen in Ellisons Klassiker von 1952 *Invisible Man*, während sechs Jahre später in seinem Musical Play *Tambourines to Glory* eine von Hughes' Figuren sagt: »Schwester Laura ist völlig verrückt nach Buddy Lomax – und jeder weiß doch, er ist ein Arschloch [mother-fouler].« Für Robert Gover war es in *One Hundred Dollar Misunderstanding*, seiner Rassensatire von 1961, der Ausdruck *motherlumping*. Als Chester Himes eine Reihe erfolgreicher Harlemer Detektivromane begann, legte er seinen Hauptfiguren freigebig *mother-raping* in den Mund, und noch 1969, als nichts ihn mehr daran hinderte, jede denkbare Obszönität zu benutzen, hielt er an dem eigensinnigen Ausdruck fest. In *Blind Man with a Pistol* flucht ein Schwarzer: »Motherraping cocksucking turdeating [scheißefressender] bastard, are you blind?« Eine schwarze Schriftstellein aus jener Zeit, Alice Childress, verwendete in ihrem Stück *Wine in the Wilderness* das harmlosere *mother-grabbin'*. Und John Oliver Killens ließ 1971 in *The Cotillion*, seinem Roman über die Sitten der schwarzen Bourgeoisie, seine Figuren »mammy-lover« und »mammy-hunching« sagen.

Diese Ausdrücke wurden toleriert, weil die fiktiven Figuren Schwarze und Puertoricaner waren, unter denen gelegentlich ein jüdischer Junge von der Lower East Side oder ein sizilianischer Gangster auftrat. Der damals einflußreiche Psychologe Fredric Wertham pries Hal Ellsons *Duke* in dem *American Journal of Psychotherapy* für seine Wahrheiten: »die authentische Wahrheit realistischer Bedingungen, die psychologische Wahrheit individueller Reaktionen, die artistische Wahrheit der Darstellung und die moralische Wahrheit, dem Bösen, das direkt vor unseren Augen existiert, entgegenzutreten.« Aber Wertham war nicht mehr so großzügig, als die Kriminalität der Jugendlichen und ihre freche Sprache begannen, die weißen Stadtviertel zu infizieren. Seine Tirade gegen die Nachkriegskultur der Teenager von 1954, veröffentlicht unter dem Titel *Seduction of the Innocent*, führte dazu, daß ein Unterausschuß des Kongresses »unmoralische« Comics verbot und »Dschungelmusik«, d.h. frühe Rock'n'Roll-Aufnahmen heftig kritisierte.

Erst als 1956 dem Genre straffälliger Jugendlicher noch ein homosexuelles Element hinzugefügt wurde, konnte »motherfucker« seine ganze, grenzüberschreitende Pracht entfalten. Seine Taufe in der amerikanischen Literatur erhielt das Wort in dem Debütroman – *63: Dream Palace: A Novella and Nine Stories* – von James Otis Purdy, ein damals dreiunddreißigjähriger schwuler Romanautor und Kurzgeschichtenschreiber aus Fremont (Ohio). In der Novelle *63: Dream Palace* verlassen zwei junge Brüder namens Fenton und Claire Riddleway nach dem Tod ihrer Mutter den Ort Ronceverte (Virginia) und landen schließlich in einer Großstadt, vermutlich Chicago. Dort wird Fenton das Objekt der Begierde von mehreren alternden Tunten und homosexuellen Päderasten. Als er sich der Illusion hingibt, eine liebeshungrige reiche Witwe werde ihn bei sich aufnehmen, bringt er seinen Bruder, der kränkelt und lästig geworden ist, um. »Du bist also tot, du kleiner Scheißkerl [motherfucker]«, murmelt Fenton, als ihm klar wird, welch schreckliche Tat er begangen hat. »Tot wie Dreck, und ich brauche hier nicht länger zu sitzen und dich anzustarren.« Er muß den Toten nur noch auf den Dachboden des baufälligen Hauses tragen und in eine alte Truhe stopfen. »Nach ein paar Stunden wurde er schließlich gewahr, daß er über Claires Leichnam geschlafen hatte, und ganz zuletzt, ehe er ihn hinauftrug und dort niederlegte, zwang er sich, die blutigen, toten Lippen zu küssen. Dann sagte er laut: ›Also los, ab nach oben, Mistkerl [motherfucker]‹« – und das waren auch die letzten Worte des Romans. Was für ein Abschied! Purdy schrieb bis zu seinem Tod im Jahre 2009 noch viele Bücher und erhielt internationales Lob unter anderem von Dame Sitwell (die dafür sorgte, daß *63: Dream Palace* in Großbritannien veröffentlicht wurde), Dorothy Parker und Edward Albee, aber in seinem Heimatland ist er nach wie vor wenig bekannt.

Purdy war Teil der neuen coolen Schule von Schriftstellern und Künstlern, Beats genannt, die nach den Zweiten Weltkrieg zu wirken begannen. Sie hatten die abgeklärte »coole Pose« schwarzer Kultur, besonders die Ästhetik des Bebop, angenommen, eine Zurückweisung der aufgeheizten amerikanischen Nachkriegsgesellschaft. In einem Essay von 1957 mit dem Titel »The White Negro«, der in der Zeitschrift *Dissent* erschien, definierte Norman Mailer diese weißen Hipster als die wahren amerikanischen Existentialisten, die auf die allgegenwärtige Drohung der Auslöschung im Nuklearzeitalter reagierten, indem sie die Vorstellung vom »Tod als unmittelbarer Gefahr« annahmen und versuchten, »ohne Wurzeln zu existieren, sich auf die unbekannte Reise zu dem rebellischen Selbst und seinen Imperativen zu machen.«

Beatautor und Junkie William S. Burroughs rückte in seinen unzusammenhängenden Fieberträumen *The Naked Lunch* das Wort weiter ins Rampenlicht. Das Buch erschien 1959 bei der berüchtigten Olympic Press in Paris (auf Englisch). Als Grove Press den Roman in wesentlich geänderter Form drei Jahre später in den USA als *Naked Lunch* herausbrachte, wurde er in Massachusetts sofort als obszön verboten, und mehrere Bundesstaaten zogen nach. Am anstößigsten war, daß Burroughs das Tabu Pädophilie anrührte, aber auch das gefürchtete M-Wort gebrauchte. Olympia Verleger Maurice Girodias hatte schon Streichungen vorgenommen, die erst vier Jahrzehnte bei einer Neuausgabe wieder eingefügt wurden, aber er ließ ein kürzeres Kapitel intakt, in dem zwei »Negerträger« »den Weißen« in eine Konferenz für »technologische Psychiatrie« tragen, wo ein großer schwarzer Tausendfüßler auf einem Tisch herumrennt. Einer der Träger schaut nach unten und schreit: »Mann, dieses Mistviech [motherfucker] ist hungrig.« (In der 2002 herausgegebenen, »restaurierten Textedition« von *Naked Lunch* wurde eine weitere Stelle – »ein junger Hooligan« droht: »Ich schneide dir die Gurgel durch, you white mother fucker!« –, die in der Olympia Fassung, aber nicht in der Grove Ausgabe stand, ebenfalls wieder eingefügt.) Da Literaturkritiker damals Burroughs nur für einen von Drogen umnebelten, kaputten Typen hielten, der für eine Gruppe von Herumtreibern und auf Künstler machenden Pennern schrieb, schien niemand außer den einschlägigen Behörden Anstoß zu nehmen. Als der Oberste Gerichtshof von Massachusetts schließlich 1966 die Obszönitätsentscheidung aufhob, markierte dieses Urteil das Ende der großen Zensurprozesse in Amerika.

Die allgemeine Einführung des Wortes in die amerikanische Literatur kam 1964 in *Blues For Mister Charlie*, ein Theaterstück von einem jungen Harlemer Schriftsteller namens James Baldwin. (Baldwin hatte bereits 1960 einen Streit mit der linken Vierteljahresschrift *Partisan Review*, nachdem der Herausgeber aus Furcht, das Blatt könne die Postvergünstigungen verlieren, mehrere Wörter in Baldwins Roman »Any Day Now« mit Sternchen entstellt hatte, etwa den Satz: »You've got to fight with the elevator boy because the motherf*****'s white!«) Da er sich der Beschwörungsmacht von *motherfucker* voll bewußt war, hielt Baldwin an der Kurzform *mother* fest, und sparte die Kraft des ganzen Wortes für eine Schlüsselszene auf. *Blues For Mister Charlie* war eine bittere Geschichte, die auf der Ermordung eines vierzehnjährigen Jungen namens Emmett Till im Jahr 1955 beruhte. Er kam aus Chicago und besuchte Verwandte in Money (Mississippi), ohne in die rigiden Anstandsregeln in den Staaten der Rassentrennung eingeweiht zu sein. Drei Tage, nachdem der Junge angeblich einer weißen Frau hinterhergepfiffen hatte, wurde sein aufgedunsener, mit Steinen beschwerter und in Stacheldraht gewickelter Leichnam aus dem Tallahatchie River gefischt. Seine Mutter brachte den Toten nach Chicago zurück und hielt eine Beerdigungsfeier am offenen Sarg, wodurch die Brutalität des rassistischen Terrors in den Südstaaten ins nationale Rampenlicht gerückt wurde – und schuf so, was David Halberstam, Reporter der *New York Times*, »das erste große Medienereignis der Bürgerrechtsbewegung« nannte. Tills Mörder kamen vor Gericht und wurden freigesprochen; ein Jahr später prahlten sie mit ihrer Tat in einem überregionalen Magazin.

In Baldwins Stück kehrt ein junger Mann namens Richard Henry in seine Heimatstadt in den Südstaaten zurück, nachdem er acht Jahre in New York gelebt hat. Sein Vater, ein Prediger, hatte ihn nach dem mysteriösen Tod der Mutter im Haus eines Weißen dorthin geschickt. Wie Emmett Till scheint Richard sich nicht bewußt zu sein, »wie wir hier im Süden Dinge tun« (nach den Worten einer weißen Figur), aber tatsächlich kennt er die unausgesprochenen Riten der Segregation nur allzu gut, denn er ist dort aufgewachsen. Er ist einfach zu zornig, um sich darum zu scheren. Offen zeigt er seine Verachtung für Weiße und ihren fehlenden Respekt für den Wert der Schwarzen. »Dreckskerle [Jive mothers]«, sagt er zu einem Freund. »Sie dürfen unsere Frauen vergewaltigen und umbringen, und wir können nichts tun.«

Baldwin verwendet *mother* das ganze Stück hindurch freigebig, vor allem um die Wut auszudrücken, die Schwarze Weißen gegenüber und angesichts ihrer Machtlosigkeit und Anpassung empfinden. Gleich zu Beginn, als ein gespielter Streit plötzlich ernst wird, attackiert ein Student seinen Freund mit »you mother-«, bevor Richard Henrys Vater ihn mitten im Wort unterbricht. Kurz danach sagt ein anderer junger Mann: »Man kommt sich wie'n Idiot vor, wenn man da rumsteht und sich von diesen weißen Scheißkerlen [white mothers] verprügeln läßt.«

In einem Monolog erzählt Richards Freundin Juanita einem symbolischen Gerichtssaal von Weißen: »Ich hoffe, daß ich schwanger bin. Ich *hoffe* es. Noch ein illegitimes schwarzes Baby mehr – ganz recht, ihr verfluchten Dummköpfe [you jive mothers]!« Richards Freund Lorenzo erscheint vor demselben Gericht: »Und wenn ich etwas *weiß*, dann ist es dies: In dieser Stadt gibt es nicht ein Gramm Heroin, weil keiner von euch trüben Tassen [you mothers] es braucht. Ihr wurdet schon gefroren *geboren*.« Richard sagt, als er sich einem Ladeninhaber gegenübersieht, der bereit ist, ihn zu erschießen: »Du perverser Mistkerl [You sick mother]! Warum kannst du mich nicht in Frieden lassen? Weißer! Ich will nichts von dir!«

Mehrere schwarze Bürger, die als griechischer Chor fungieren, rufen dem schwarzen Prediger, den sie verdächtigen, zu enge Beziehungen zu Mr. Charlie (d.h. dem weißen Mann) zu haben, zu: »Sag die Wahrheit, du krummer Hund [mother], sag die Wahrheit!« Später fragen sie sich laut: »Warum sollen denn immer wir *euch* lieben? Wieso schiebt ihr *uns* immer das Lieben zu? Weil ihr *schwarz* seid, Dummköpfe [mothers].«

Nur einmal gibt Baldwin jede Zurückhaltung auf und entläßt die volle Wucht des Wortes, als Richard bewußt

eine Konfrontation mit dem Ladeninhaber Lyle herbei-
führt, der ihn später töten wird: »Diese Stadt gehört dir
nicht, du weißer Scheißkerl [you white mother-fucker]!
Dir gehören ja nicht mal zwanzig Dollar. *Lyle hebt den
Hammer.* Laß das mit dem Hammer. Sonst nehm ich ihn
dir weg und schlag deinen Schädel zu Brei.« Mit diesem
Ausbruch besiegelt der unverschämte junge Mann sein
Schicksal, indem er die Autorität eines Weißen heraus-
fordert, seine ökonomische Lage verspottet und ihn einen
»mother-fucker« nennt – wahrscheinlich die schlimmste
Anschuldigung, die ein Schwarzer gegenüber einem weißen Südstaatler erheben konnte. Schließlich war das Fundament der Segregation Mr. Charlies Bedürfnis, die Ehren seiner Frauen: Ehefrau, Töchter und Mutter zu be-
schützen.

Tatsächlich rührte Baldwin an der Heiligkeit der weißen Mutter. Parnell James, von seiner Ehe gelangweilt
und »diesen gymnastischen Übungen, die man Liebe
nennt«, erzählt von seiner Frau, die ihm vorwirft, im
Schlaf von einer anderen Frau gesprochen zu haben.
»Welchen Namen könnte ich denn bloß genannt haben?
Ich hoffe, es war wenigstens der Name eines *weißen*
Mädchens! Haha! Wie still sie wurde! ... Und sie sieht
mich bloß an. Jesus! Wenn einen jemand bloß ansieht –
bloß ansieht – auf diese Weise – in einem solchen Moment! Man hat das Gefühl, man würde aufwachen und im
Bett neben der eigenen Mutter liegen.« Das ist ein merk-
würdiger Vergleich. Seine Frau hat die Rolle der mißbil-
ligenden, verurteilenden Mutter übernommen, aber die
Phrase »found yourself in bed with your mother« hat
auch tiefere Implikationen.

Die Actor's Studio-Produktion von *Blues For Mister
Charlie* hatte ihre Premiere am 23. April 1964 (wenige
Wochen, nachdem Lenny Bruce in Greenwich Village
dafür verhaftet worden war, daß er auf der Bühne »motherfucker« gesagt hatte) im ANTA Theatre am Broadway, und der Text kam sechs Monate später als Taschen-

buch im Dell Verlag heraus. Im Gegensatz zu James Purdy war James Baldwin bereits als Autor des Romans *Go
Tell It on the Mountain* (1953) und der Essaysammlung
The Fire Next Time (1963) bekannt, aber *Blues For Mister Charlie* katapultierte ihn an das Firmament großer
amerikanischer Autoren. Zur selben Zeit explodierten die
schwarzen Stadtviertel der Nation. Im September des
Vorjahres waren vier kleine Mädchen in einer Kirche in
Birmingham (Alabama) durch eine Bombe getötet worden. Drei Monate davor war Medgar Evers, Kopf der
Mississippi NAACP [National Association for the Ad-
vancement of Colored People] ermordet worden, nachdem er die Erschießung eines Schwarzen durch einen
weißen Ladenbesitzer untersucht hatte, der seiner jungen
hellhäutigen Frau nachstellte. In dem Jahr nach dem De-
büt von *Blues For Mister Charlie* verübten mehrere Bewaffnete ein Attentat auf Malcolm X, die Staatspolizei
von Alabama erschoß den Bürgerrechtsaktivisten Jimmy
Lee Jackson, und ein weißer Verkehrspolizist von Los
Angeles löste einen verheerenden Aufstand im Ghetto
von Watts aus. Die *New York Times* nannte *Blues For
Mister Charlie* »ein Stück mit Wut im Bauch, Tränen in
den Augen und einem Protestschrei in der Kehle ... Es ist
wie ein Aufruf zum Kampf.« Unter diesen Umständen
wäre jeder kritische Einwand oder Eingriff der Zensur
grob und kleinkariert erschienen und hätte höchstwahrscheinlich heftige Reaktionen von Amerikas schwarzen
Intellektuellen hervorgerufen, was damals wohl niemand
riskieren wollte.

Im folgenden Jahr wurde Claude Browns *Manchild in
the Promised Land*, die düstere und profane Geschichte
eines jungen Kriminellen aus Harlem, eine literarische
Sensation, aber der Autor verwendete *mother-fucker* (mit
Bindestrich) in nur wenigen Szenen, vor allem um die
Wut des Erzählers einzufangen: »Ich fand diesen Nigger
und schlug ihn und schlug ihn, bis er aufhörte zu atmen.
Ich schlug diesen Dreckskerl [mother-fucker], bis ihm

klar wurde, was er tat ... Ich sagte ihm nicht mal warum. Ich sagte diesem Dreckskerl [mother-fucker] nur, er sollte aufgeben.«

Aber der Schriftsteller, der *motherfucker* in einem wirklich aufrührerischen Kontext unter die Leute brachte, war ein früherer Beatdichter und Stückeschreiber namens LeRoi Jones. Nein, ich spreche nicht über sein Buch *Tales* von 1967, in dem der Verleger das verbotene Wort zu »motherfouler« abmilderte. Ich beziehe mich vielmehr auf sein Gedicht aus demselben Jahr mit dem Titel »Black People«, das den amerikanischen Schwarzen dazu aufrief, sich zurückzuholen, was ihm über die letzten drei Jahrhunderte geraubt worden war:

> You cant steal nothin from a white
> man, he's already stole it he owes you
> anything you want, even his life. All
> the stores will open if you say the magic
> words. The magic words are: Up against
> the wall mother fucker this is a stick
> up! ... Let's get together and kill him my man.

»Black People« suchte Jones ein Jahr später wieder heim, als er in seine Heimatstadt Newark (New Jersey) zurückkehrte und während einer Feuersbrunst im Ghetto verhaftet wurde. Jones wurde wegen Waffenbesitzes vor Gericht gezerrt, und dort »überraschte mich Richter Leon W. Knapp, indem er als Vorrede zu meiner Verurteilung ein Gedicht von mir, ›Black People‹, rezitierte, das die bekannte Zeile enthält: ›Up against the wall, motherfukker, this is a stickup!‹ Er las es vor, um zu zeigen, daß ich schuldig war«, schrieb Jones in seiner Autobiographie. »Als er das Gedicht vorlas, ließ er die Obszönität aus, und ich fügte sie während der Lesung hinzu.« Die nur mit Weißen besetzte Jury kehrte mit einem Schuldspruch zurück, und Kapp verurteilte Jones zu einer Gefängnisstrafe von zweieinhalb Jahren – allerdings wurde er bald wieder freigelassen. Jones hatte 1967 noch ein weiteres radikales Gedicht mit dem Titel »Black Dada Nihilismus« geschrieben, das bei vielen Weißen nicht gut ankam:

A cult of death,
need of the simple striking arm under
the street lamp. The cutters, from under
their rented earth. Come up, black dada
nihilismus. Rape the white girls. Rape
their fathers. Cut the mothers' throats.

Zwischen der Veröffentlichung von »Black People« und Jones' Verurteilung hatten protestierende Studenten der Columbia University jene Zeile in einen revolutionären Slogan verwandelt und schrien ihn mit Megaphonen über die Barrikaden der Bereitschaftspolizei zu. LeRoi Jones selbst nahm wie so viele verurteilte Schwarze in ganz Amerika einen neuen afrikanischen Namen an (Amiri Baraka), konvertierte zum Islam und verkündete seine Ablehnung der westlichen Gesellschaft.

Nun da *motherfucker* endgültig aus der Schmuddelecke herausgekommen war, mußten Jazzmusiker nicht länger ihre Memoiren mit gekünstelten Wortschöpfungen wie motherfreyer oder ähnlichem anreichern. Der Bassist und Komponist Charles Mingus benutzt *motherfucker* in seiner 1971 erschienenen Über-Lebensgeschichte *Beneath the Underdog* in verschiedenen Zusammenhängen. Bereits auf der ersten Seite, während einer Auseinandersetzung mit seinem Psychologen, beschreibt Mingus den durchschnittlichen ausgenutzten, schikanierten Neger als »irgendeinen schwarzen Scheißer [motherfucker] auf der Straße.« Aber meist nimmt er das Wort als Waffe oder Talisman, um Drohungen abzuwehren. An einem Punkt seiner Geschichte stellt er sich einem Schulhofschläger und »brüllt vor Wut ... ›Komm schon, versuch's noch mal, du Hurensohn! Schlag mich doch, du Hund! Arschloch [motherfucker]!'«« Auf der High School wird Mingus von einem Rowdy tyrannisiert, der seinen Kumpeln zuruft: »Schnappt dieses Arschloch [motherfucker] mit dem Cello!« Jahre später, als ihn ein ehemaliger Peiniger anranzt, »Hau ab und verkriech dich hinter deinem Cello, wie sonst auch, du verdammter [motherfucking] Feigling«, fällt Mingus über ihn her und traktiert ihn mit Fußtritten, und als die anderen Jungen versuchen, ihn wegzuziehen, schreit er: »Stirb, Drecksau [motherfukker]! Hör auf zu atmen!« Damit verkündet er der Welt, daß er sich von nun an von niemandem mehr herumstoßen lassen wird. In einem lauten Wortgefecht mit seiner Mutter schreit er sie an: »Du hast deine eigene Mutter umgebracht, du überheilige, bibelzitierende Hexe! Und jetzt gehe ich auf den Spielplatz und denk an dich und schlage jedes Arschloch [motherfucker] auf der Welt!«

Er legt das Wort auch Frauen in den Mund, die sich zu der exotischen Welt der Jazzmusiker hingezogen fühlten. Als er ein schönes schwarzes Mädchen namens Rita am Strand scharf macht, beklagt sie sich sanft: »Oh Mingus, komm zurück, du verdammter Mistkerl [you dirty motherfucker], komm wieder rein – was machst du mit mir?« Sogar die reichen weißen Frauen, die in den Clubs an der Central Avenue herumhängen und Geschenke für schwarze Musiker kaufen, haben ein schmutziges Mundwerk. Als Mingus von der Bühne runterkommt, nähert sich ihm eine Lady namens Cindy mit den Worten: »Wo willst du hin, du schöner, unabhängiger Scheißkerl [you beautiful, independent motherfucker]?« Als er ihr sagt, daß sie ihm eigentlich einen Rolls Royce kaufen sollte, antwortet sie spielerisch: »Wow, du bist ein verrückter Hund [motherfucker].« Aber später, draußen in seinem Wagen, als er ihre Geldbörse nimmt und nach Geld durchsucht, wird sie ein wenig böse. »Na gut, nimm es, Mistkerl [motherfucker]. Ihr Schweine seid alle gleich.« Aber dann, als er sie berührt, stöhnt sie: »Ach du ...! Oh! Du toller Hurensooo ... [You fine motherfuuuu ...]! Küß mich noch einmal so!« Auf der Bühne schafft das Wort zwischen den Musikern eine besondere Brüderlichkeit. Im Club Billy Berg's in Hollywood mit Miles Davis, Lucky Thompson, und Charlie Parker auftretend, gibt Mingus die Wechselrede wieder, während sie zusammen ihre Riffs spielen:

»Blas, Miles.«
»Ich hab schon genug geblasen, Arschloch [mother-fucker] ...«
»Wann hört ihr zwei Arschlöcher [motherfuckers] mal auf zu quatschen und fangt an zu spielen?«
»Meine Damen und Herren, würden Sie bitte die Klappe halten und einfach diesem Miststück [mother-fucker] zuhören?«
»Miles! Vorsicht, Mann, so was kannst du nicht sagen.«
»Ach, Scheiße, Mann, ich hab die Hand bei ›mother-fucker‹ übers Mikro gelegt. Kannst du dich noch erinnern, wie Monk zu dem Barbesitzer in Detroit siebenmal ›motherfucker‹ übers Mikro gesagt hat, weil er kein gutes Klavier hatte?«

Mingus erzählt von einem Tag im Jahr 1947, als er und andere Mitglieder von Lionel Hamptons Band ihren neuen Trompeter, Fats Navarro, auf New Yorks geschäftiger Grand Central Station begrüßten. »Ich genierte mich, als die Band rausging. Überall waren Fremde, Frauen und Kinder, und die Jungs lachten zu laut und witzelten, und Wörter wie ›motherfucker‹ und ›cocksucker‹ gellten durch die Halle.« (Manchmal meinten *cocksucker* und *motherfucker* dasselbe: eine verachtete, verächtliche Person oder Situation. Aber anders als *motherfucker* hat sich *cocksucker* nie viel verändert. Besonders in der schwarzen Kultur der Nordstaaten war die orale Kopulation mit einem anderen Mann weitaus schlimmer, als die eigene Mutter zu ficken. So sagt etwa Fats Navarro während einer bitteren Suada gegen die weiße Ausbeutung schwarzer Musiker zu Charles Mingus: »Zeig mir, wo dieser Knopf für die Atombombe ist, und ich werde diesen Schwanzlutschern [cocksuckers] ihre Freiheit schon besorgen.« *Motherfuckers* war in diesem Zusammenhang ein zu sanftes Wort.)

Mingus zeigt auch, wie die Intensität des Wortes von Zuneigung bis zu Haß reichen kann. Als er sich bei einem schwarzen Clubbesitzer beschwert, droht ihm der Mann: »Komm mir nicht blöd, Arschloch [motherfucker]. Du kannst ganz schnell ersetzt werden.« Mingus ist so wütend, daß er nach der Waffe des Mannes greift und ihn auf der Stelle erschießen will, bis sich der Besitzer entschuldigt. Später wird der Mann etwas freundlicher und sagt zu Mingus und den anderen Musikern: »Wann macht ihr Scheißtypen [you motherfuckers] endlich mal Musik und hört auf, mir meine Zeit mit euren Weibergeschichten zu stehlen?«

(Jedoch nicht alle Jazzer oder ihre Verleger schätzten die Derbheit von *motherfucker*. Obwohl Bandleader Preston Love 1997, also fünfundzwanzig Jahre später schrieb, benutzte er nur »mother-ker« und das auch nur einige Male, vor allem als Bezeichnung für die alten Busse, auf die seine Band angewiesen war, um durch den Mittleren Westen von einem Gig zum anderen zu kommen. In Loves Fall hatte die Streichung der anstößigsten Silben des Wortes mit seiner persönlichen Zurückhaltung und der Weslyan University Press, einem methodistischen Verlag, zu tun. Andere Jazzmusiker verzichteten völlig auf das Wort, als sie ihre Erinnerungen schrieben, aus dem Gefühl heraus, daß der Halbweltruf des Jazz keine weitere Bestätigung brauchte.)

1969 schrieb Leonard Gardner in seinem Roman *Fat City* über das Profiboxgeschäft und legte einem schwarzen Boxer namens Buford Wills das unverstümmelte Wort in den Mund: »Es spielt keine Rolle, ob du sturzbesoffen bist, du hast zwei Hände, du kannst den Mistkerl [motherfucker] schlagen. Ist mir doch egal, wer er ist. Es ist alles in deinem Kopf ... Ich werde ihn so verprügeln, daß er bei jedem Bissen, den er morgen nimmt, an mich denken wird. Er wird *wissen*, daß er in einem Kampf war. Ich krieg ihn, bevor er mich kriegt. Ich schlag ihn mit allem, was ich habe. Ich werde diesen Mistkerl [motherfucker] nicht bloß *schlagen*, ich werde ihn *töten*.«

In *Nigger*, seiner Autobiographie von 1969, verwendete Comedian und Politaktivist Dick Gregory das Wort nur sparsam, wobei das Buch auch eine bedrückende Studie darüber war, wie der alltägliche Rassismus im Amerika der zweiten Hälfte des 20. Jahrhunderts die Schwarzen zermürbt. Erst später entdeckte Gregory zu seiner Verärgerung, daß sein jüdischer Mitarbeiter, Robert Lipsyte, das Wort jedesmal mit Bindestrich geschrieben hatte.

In demselben Jahr schleuste Cecil Brown *motherfucker* in seinen Bewußtseinsstromroman *The Life and Loves of Mr. Jiveass Nigger* ein. »In dem Moment schaute George aus dem Fenster, hinweg über das Eisenbahngleis, und sah seine Mutter und seinen Vater und die Tagelöhner auf dem Feld mit ihren Hacken. Er konnte bei der Farbe der Kleidung sagen, welcher Fleck seine Mutter, welcher sein Vater war. Dumpfbacken [dumb motherfuckers], die immer im Dreck wühlen.«

Ein weiterer erfolgreicher Roman war 1969 *Yellow Back Radio Broke-Down* von Ishmael Reed, eine Parodie auf den Wilden Westen. Sein schwarzer Anti-Held, ein gesellschaftlicher Außenseiter namens Loop Garoo Kid, versehrte die Körper weißer Autoritäten wie Sheriffs und Prediger mit seiner Peitsche. In einer Szene, nachdem der gute Reverend Boyd ihn beleidigt hat, schlägt Kid ihn nieder und läßt ihn unter Peitschehieben über den Boden kriechen. »(ZACK!) Jedesmal wenn du so was sagst. (ZACK! ZACK!) In Zukunft. Erkundige dich bei anderen. (ZACK! ZACK!) Dreckskerl [Motherfucker]! Frag deine Mama! (ZACK!)«

Ebenfalls 1969 (ein prima Jahr für »motherfuckery« in

der Literatur) erschienen die sich gut verkaufenden Erinnerungen des früheren Kriminellen Robert Beck, der als Autor seinen Straßennamen Iceberg Slim benutzte, unter dem Titel *Pimp: The Story of* My *Life*. Der Verlag war eine Taschenbuchmühle namens Holloway House in Los Angeles, der sich auf schlecht edierte schwarze Fiktion spezialisiert hatte. Obwohl seine Prosa drastisch war, beschränkte Beck im allgemeinen »mother-fucker« (mit Bindestrich), um den Ausdruck der Wut zu verstärken oder die kalkulierte Coolness einer Situation zu modulieren. So versucht etwa der Liebhaber seiner Mutter, den dreizehnjährigen Jungen mit Drohungen dazu zu bringen, von zu Hause wegzulaufen: »Mama arbeitete bis in die Nacht als Köchin, und ich war ziemlich oft mit Steve allein. Und dann sagte er: Du kleiner Mistkerl [motherfucker], du. Dir versohl ich deinen verschissenen [mother-fucking] Arsch. Ich sag dir's, wenn du nicht abhaust, bring ich dich um.« Nicht lang danach tötet Steve das Kätzchen des Jungen. »Wo steckt das kleine Mistvieh [mother-fucker]?« flucht er, bevor er das Tier unter dem Sofa hervorzerrt und mit dem Kopf gegen eine Wand schmettert. In vieler Hinsicht echote Becks Geschichte seines Lebens als Lude, der Prostituierte auf den Straßen von Chicago laufen ließ, die Zuhälterjahre, die Malcolm X mit Hilfe von Alex Haley so lebhaft vier Jahre früher in *The Autobiography of Malcom X* beschrieben hatte. Grove Press, ein Verlag, der dafür bekannt war, die Grenzen bourgeoisen Anstands mit Büchern wie *Ulysses* und *Naked Lunch* zu sprengen, brachte das Buch nicht lange nach dem Attentat auf Malcolm X 1965 heraus. Doch Malcolm X, ein frommer Moslem, hielt seine ansonsten ungeschminkten Erinnerungen von Obszönitäten frei, auch wenn er zugab, daß das Nachtleben von Harlem ihn früh schon zu einem »rüden, wilden junger Neger gemacht hatte. Obszönität war meine Sprache geworden.« In der Hinsicht folgte er dem Beispiel von Ethel Waters, schwarzer Plattenstar der zwanziger Jahre und spätere Schauspielerin. Sie war praktizierende Christin, als sie *His Eye Is on the Sparrow* einem Ghostwriter diktierte, und gleich auf der ersten Seite weihte sie den Leser ein: »Schon mit sieben wußte ich alles über Sex und das Leben, ungeschönt. Ich konnte mehr fluchen als jeder Hafenarbeiter, und es bereitete mir ein sadistisches Vergnügen, Leute zu schockieren.« Und nach dieser Feststellung vermied sie auch nur die leiseste Anspielung auf eine Obszönität. Iceberg Slim dagegen spürte in der liberaleren Atmosphäre von 1969 nicht solche Skrupel. Er versuchte, möglichst genau die gepfefferte Sprache der armen, verzweifelten Menschen, mit denen er es täglich zu tun hatte, einzufangen. Zum Beispiel versucht eine seiner ersten Huren, als sie sich kennenlernen, ihn schnell loszuwerden: »Ich bin keine Schnalle. Ich bin verdammt noch mal [mother-fucking] eine Dame. Den Kerl, der mir in den Arsch treten will, müssen sie erst noch seiner Mami aus dem Bauch ziehen.« Aber etwas später, nachdem er mit ihr ein paar Psychospielchen getrieben hat, flüstert sie nur noch: »Du eiskalter süßer Mistkerl [cold-blooded sweet motherfucker], du machst mich total an.«

In seinem Essay *No Name in the Street* (1972), der Nachfolgeband von *The Fire Next Time*, erzählt James Baldwin vom Besuch eines alten Freundes aus der Junior High School, der sich ganz anders als er entwickelt hat. Als ihr Gespräch sich dem Krieg in Vietnam zuwendet, sagt Baldwin, Amerikaner, und besonders Schwarze, »hätten in Vietnam nichts zu suchen, und fügte hinzu, sie würden dem Sklavenhalter nur helfen, wieder Millionen dunkelhäutiger Menschen zu unterjochen, und sich auch noch mit den Verbrechen der weißen Amerikaner identifizieren.« Da springt sein Freund auf und ruft: »Moment mal, laß mich dir erklären, was wir meiner Meinung nach da drüben tun.« Baldwin wird wütend. »›Wir?‹ schrie ich ihn an. ›Von was für einem verdammten [motherfucking] Wir redest du? Erklär mir das mal, du Schwachkopf [motherfucker], und ich trete dir in den Arsch!«

Da das Wort ganz von schwarzen Künstlern oder schwarzen Figuren in Beschlag genommen war, bemerkte kaum jemand, daß der jüdische Schriftsteller Bernard Malamud es in seinem Roman *The Fixer* (1966) pointiert benutzte. Die Handlung basiert auf dem historischen Bericht eines Juden im zaristischen Rußland, der der Ermordung eines christlichen Jungen beschuldigt wird. Obwohl *The Fixer* einen Pulitzer-Preis und den National Book Award gewann, nahm eine lokale Schulbehörde in Long Island (New York) es aus den Regalen, weil ihr zwei Sätze nicht gefielen: »Was glaubst du denn, was da nachts in dem Waggon vor sich geht: Sind die Kutscher auf den Knien und ficken ihre Mütter?« und »Wer sonst würde so etwas tun außer einem verdammten [mother-fucking] Jud'?« Neun Jahre später benutzte ein anderer jüdischer Schriftsteller, Saul Bellow, den Ausdruck – in zwei Wörtern, was Mitte der siebziger Jahre rückwärts-gewandt erschien – in seinem ebenfalls mit dem Pulitzer-Preis gewürdigten Roman *Humboldt's Gift*. In einer Sze-ne beschreibt er einen verzogenen Jüngling namens Louie Lutz auf einer Safari durch Kenia: »Der Höhepunkt kam, als er von [den Reiseführer] Theo verlangte, ihm Suaheli-Wörter beizubringen, und natürlich als erstes fragte er, was das Wort für ›mother fucker‹ war. Charlie, so etwas gibt es in Suaheli überhaupt nicht.«

Die sogenannte sexuelle Revolution der Swinging Six-ties hatte Amerika verändert und polarisiert. Seitdem der U.S. Supreme Court zum letzten Mal 1957 die Definition von Obszönität in dem Verfahren *Roth v. U.S.* festgelegt hatte, waren Männermagazine an den Kiosken, Bücher, Schallplatten und Filme drastischer und expliziter denn je zuvor. Und nun erhob sich als Reaktion im ganzen Land ein konservativer Proteststurm; offizielle Stellen beklag-ten nicht nur die Ausbreitung von Pornographie, sondern auch die negativen Auswirkungen der Entscheidung des Obersten Gerichtshofs im Fall *Jacobellis v. Ohio*, nach der bundesstaatliche Richtlinien maßgebend waren, wenn es um die Beurteilung dessen ging, was als obszön galt. (*Jacobellis* war der Prozeß, in dem Richter Potter Stewart die oft zitierten Worte schrieb: »Ich werde heute nicht weiter versuchen, die Art von Material zu beschreiben, das mit dieser Kurzbeschreibung [Hardcore Pornographie] erfaßt wird; und vielleicht könnte ich das ohnehin nicht mit der nötigen Klarheit tun. Aber ich weiß es, wenn ich es sehe.«) 1973 versuchte ein neuer Obszönitätsprozeß am Supreme Court, *Miller v. California*, diese Probleme zu lösen – mit gemischtem Ergebnis. Nun sollte der hypothetische Beurteiler dessen, was obszön war und auf lüsternes Interesse zielt, »eine durchschnittliche Person sein, die zeitgenössische Maßstäbe der Gemeinschaft anwendet«. Geltendes Staatsrecht regelte »offenkundig anstößiges« sexuelles Verhalten. So weit so gut, insofern es das einfache Wort *motherfucker* betraf, außer wenn ein Autor es in einer anschaulichen Mutter-Sohn-Sexszene benutzte. Aber was wirklich die Tür für das Wort und ähnlich andere öffnete, das war der dritte Punkt in dem Miller-Urteil: »Das Werk, als ganzes genommen, ist obszön, wenn es keinen ernsten literarischen, künstlerischen, politischen oder wissenschaftlichen Wert hat.« Mit anderen Worten, wenn der Verfasser auch nur die geringste literarische oder künstlerische Absicht behauptete, war er frei, nach Herzenslust schmutzige Wörter zu gebrauchen, ohne daß sie obszön oder gerichtlich verfolgbar waren.

Deshalb schenkt inzwischen niemand mehr einem Autor viel Aufmerksamkeit, der seine Prosa mit *motherfukker* würzt. Wie es gewöhnlich mit Schockwörtern geschieht, verlieren sie irgendwann ihre Schockwirkung. Kein Preis ist mehr zu zahlen, keine Empörung von aufrechten Bürgern mehr zu erwarten, auf die zu hören sich lohnte. Es ist einfach ein Wort unter vielen geworden, sein Gebrauch beliebig. Nur dann und wann ist seine Präsenz stark genug, um sie ausdrücklich zu erwähnen: zum Beispiel in einem meiner Lieblingsgedichte von

Charles Bukowski. »The History of One Tough Mother-fucker« ist eine Ode auf einen unverwüstlichen Kater – sein Schwanz fehlt, seine Hinterbeine sind verletzt, sein Fell ist löchrig von Schrotkugeln –, der sich weiter mit einem seiner neun Leben abquält. Irgendwie hält diese zähe Entschlossenheit Bukowskis Lebensgeister davon ab, zu tief zu sinken.

and now sometimes I'm interviewed, they want to hear about
life and literature and I get drunk and hold up my cross-eyed,
shot, runover, de-tailed cat and I say, »look, look
at this!«
but they don't understand, they say something like, »you
say you've been influenced by Celine?«
»no«, I hold the cat up, »by what happens, by
things like this, by this, by this!«
I shake the cat, hold him up in
the smoky and drunken light, he's relaxed he knows …
it's then that the interviews end
although I am proud sometimes when I see the pictures
later and there I am and there is the cat and we are
photographed together.
he knows it's bullshit but that somehow it all helps.

[und nun werde ich manchmal interviewt, sie wollen etwas / über Leben und Literatur hören, und ich werde betrunken und halte meinen / schielenden, angeschossenen, angefahrenen, entschwanzten Kater hoch und sage: »Seht nur,/ schaut euch das an!« aber sie verstehen nicht, sie sagen so was wie »Sie / sagen, Sie sind von Celine beeinflußt?« / »Nein«, ich halte den Kater hoch, »von dem, was geschieht, von / Dingen wie diesem, von ihm, von ihm hier!« / Ich schüttle den Kater, halte ihn hoch in/ das rauchige und trunkene Licht, er ist entspannt er weiß

... / und dann sind die Interviews auch schon zu Ende / obwohl ich manchmal stolz bin, wenn ich später die Bilder / sehe und da bin ich und da ist der Kater und wir sind / zusammen fotografiert. / Auch er weiß, es ist Schwachsinn, aber irgendwie hilft das alles.]

Und dann ist da noch Dessie Woods, die durch den Dichter Kalamu ya Salaam spricht. Am 12. Februar 1975 wurde sie zu zweiundzwanzig Jahren in einem Gefängnis von Georgia verurteilt, weil sie einen Weißen mit seinem eigenen Gewehr in den Kopf geschossen hatte, nachdem er angeblich versucht hatte, sie, die als Anhalterin mit ihm fuhr, zu vergewaltigen. Sie zeigte vor Gericht keine Reue und sagte dem Richter und den Geschworenen: »Ja, ich habe den Motherfucker erschossen.« Ihre Einkerkerung führte zu einer »Free Dessie Woods«-Kampagne, die landesweit auf die Not von Frauen, besonders schwarzer Frauen, aufmerksam machte, die eingesperrt waren, bloß weil sie sich gegen Männer gewehrt hatten, die sie tätlich angriffen oder vergewaltigten. 1981 wurde Dessie Woods schließlich freigelassen. Ihre Aussage vor Gericht inspirierte Salaam, sein Gedicht »Hiway Blues« (1975) in ihrer weiblichen Stimme zu schreiben.

ain't it enough
he think he own
these hot blacktop hiways
them east eight acres,
that red Chevy pick up
with the dumb bumper stickers
and big wide heavy rubber tires,
two sho nuff ugly brown bloodhounds
and a big tan&white german shepherd
who evil and got yellow teeth?
Ain't it enough
he got a couple of kids to beat on,
a wife who was a high school cheerleader,

a brother who is a doctor,
a cousin with a hardware store,
a divorced sister with dyed hair,
a collection of Hustler magazines
dating back to the beginning,
partial sight in his left eye,
grey hairs growing out his ear,
a sun scorched leathery neck that's cracking,
a rolling limp in his bow legged walk,
and a couple of cases of beer in the closet?
Ain't it enough
he got all that
without having to mess
with me?
Yeah, I shot the
motherfucker!

[»Ist es nicht genug / daß er glaubt, ihm gehörten / diese heißen asphaltierten Highways, / die acht Morgen Land da im Osten, / der rote Chevy Pick-up / mit den bescheuerten Autoaufklebern / und großen breiten schweren Gummireifen, / zwei ganz sicher häßliche braune Bluthunde / und ein braunweißer Schäferhund / der bösartig ist und gelbe Zähne hat?/ Ist es nicht genug / daß er 'n paar Kids hat, die er schlagen kann / eine Frau, die in der High School Cheerleader war / einen Bruder, der Arzt ist, / einen Cousin mit einem Haushaltswarengeschäft, / eine geschiedene Schwester mit gefärbtem Haar, / eine Sammlung von Hustler Magazinen, / die bis auf den Anfang zurückgeht, / halbblind auf seinem linken Auge, / graue Haare, die aus seinem Ohr wachsen, / einen sonnenverbrannten ledernen Nacken, der knackt, / ein schlingerndes Hinken in seinem o-beinigen Gang / und ein paar Kästen Bier im Vorratsraum? / Ist es nicht genug, / daß er all das hat, / muß er sich auch noch an mich ranmachen? / Ja, ich hab / den Drecksack erschossen!«

Übergeben wir zum Ende dieses Kapitels Ishmael Reed das Wort. Folgendes hatte er in einer 2000 erschienenen Rezension des Romans *Tuff* von Paul Beatty zu sagen:

Als Claude Brown 1965 seinen brillanten Roman *Manchild in the Promised Land* schrieb, war das Gangster-Material frisch. Aber jetzt, da man in diesem Buch die immer gleiche Parade solcher aus dem Fernsehen bekannten Figuren findet – ihr holpriges schwarzes Englisch, ihr Leben am »existentiellen« Rand (man stelle sich vor, ununterbrochen Folgen von *Cops* sehen zu müssen und den Brüdern und Schwestern ausgesetzt zu sein, die bei *Jerry Springer* auftreten) – und mit der Kommerzialisierung von Rap, die zu einer Übersättigung geführt hat, sollte ein Romanautor, der sich auf dieses Territorium wagt, wirklich originell sein ... Aber größtenteils gehören viele Situationen und Bilder [in *Tuff*] in die Ruhmeshalle der Klischees: »Ratten kletterten auf Berge aus Müllbeuteln.« Das Buch sollte einen Eintrag in das *Guiness Book of Records* für die Häufigkeit bekommen, mit der die Wörter nigger und motherfucker benutzt werden. Nachdem eine weiße Psychologin die Ausdrücke in Woody Allens *Deconstructing Harry* verwendet hat, sollten die beiden Wörter endlich in den Ruhestand treten.

Brenn, Motherfucker, brenn!

»Sie reden über Nuklearkrieg, das ist echt
ein Motherfucker, verstehst du; falls sie
den Knopf drücken, ist dein Arsch weg!«
Jazz-Legende Sun Ra in seinem
Song »Nuclear War« (1984)

Im Jahr 1969, auf dem Höhepunkt seiner Popularität,
löste der Schriftsteller Kurt Vonnegut Jr. mit seiner bit-
terbösen Antikriegssatire *Schlachthof Fünf* eine heftige
Kontroverse aus. Nicht seine Darstellung des von Bom-
bern der Alliierten ausgelösten Feuersturms, der viele
Tausende unschuldiger deutscher Zivilisten, meist Frauen
und Kinder, verbrannte, regte die Kritiker auf, sondern
vielmehr eine Szene zu Beginn des Romans. Die Hauptfigur Billy Pilgrim schafft es nicht rechtzeitig, sich vor
den deutschen Scharfschützen, die seine Einheit unter
Beschuß nehmen, in Sicherheit zu bringen, worauf ein
Mitsoldat ihm zuruft: »Get out of the road, you dumb
motherfucker!« Wie Vonnegut später erklärte, benutzte er
das Wort, um das Extreme der Situation zu zeigen, denn
»1944 war motherfucker im Sprachgebrauch der Weißen

eine Neuheit. Es war frisch und frappierte Billy, da er noch nie jemanden gefickt hatte.«

In seinem Buch *Palm Sunday: An Autobiographical Collage* von 1999 dokumentierte Vonnegut die Reaktion einer amerikanischen Kleinstadt auf diese Stelle – und seine Antwort:

Mein Roman *Schlachthof Fünf* wurde tatsächlich von einem Schulhausmeister in Drake (North Dakota) in einem Heizkessel verbrannt – auf Weisung des dortigen Schulausschusses, und die Schulbehörde gab öffentliche Statements über die Anstößigkeit des Buches ab. Selbst nach den moralischen Maßstäben der Königin Victoria ist die einzig anstößige Zeile in dem ganzen Buch diese: »Verschwinde von der Straße, du bescheuerter Mammificker.« Das ruft, im Dezember 1944 während der Ardennenschlacht (der größten Niederlage, die Amerika, abgesehen vom Bürgerkrieg gegen den Süden, je im Felde erlitten hat), ein amerikanischer Panzerabwehrschütze dem unbewaffneten Burschen des Militärkaplans zu, der feindliches Feuer auf sich gelenkt hatte.

Am 16. November 1973 schrieb Vonnegut einen Brief an Charles McCarthy, den Vorsitzenden der Schulbehörde von Drake: »Die Nachrichten aus Drake lassen mich erkennen, daß für Sie und Ihre Leute Bücher und Schriftsteller sehr unwirklich sind. Ich schreibe diesen Brief, um Ihnen mitzuteilen, wie real ich bin.«

Er wies darauf hin, daß weder er noch sein Verleger die Bücherverbrennung in Drake als Anlaß benutzt hätten, um die Verkaufszahlen seines Romans zu steigern. Es habe keine Radio- oder Fernsehinterviews gegeben, keine Tiraden auf den Leserbriefseiten. Auch dieser Brief, den er schreibe, sei persönlich. »Sie halten nun die einzige Kopie in den Händen. Es ist ein strikt privater Brief von mir an die Menschen von Drake, die so viel getan haben, um meinen Ruf in den Augen ihrer Kinder und in den Augen der Welt zu schädigen.« Es stehe dem Vorsitzenden frei, auch diesen Brief in den Heizkessel zu der Asche von *Schlachthof Fünf* zu werfen.

Vonnegut stellte sich als einundfünfzigjährigen Kriegsveteranen vor; er habe ein Verwundetenabzeichen, sechs Kinder und einen guten Ruf bei seinen Studenten. Er spreche oft auf High School- und College-Abschlußfeiern. Er habe in Harvard, an der Universität von Iowa und dem City College of New York gelehrt.

Wenn Sie sich die Mühe machten, meine Bücher zu lesen, sich zu verhalten, wie es ein gebildeter Mensch täte, würden Sie erfahren, daß sie weder aufreizend sind noch irgendwelchen Zügellosigkeiten das Wort reden. Sie plädieren dafür, daß die Leute freundlicher und verantwortungsvoller sein sollen, als sie es gemeinhin sind. Es stimmt zwar, einige Figuren drücken sich recht drastisch aus. Aber nur, weil Menschen im wirklichen Leben das auch tun. Besonders Soldaten und hart arbeitende Menschen sprechen derb, und selbst unsere behütetsten Kinder wissen das. Und wir alle wissen auch, daß diese Wörter Kindern nicht viel Schaden zufügen. Sie haben uns nicht geschadet, als wir jung waren. Verletzt haben uns nur böse Taten und Lügen.

Vonnegut gestand zu, daß die Bürger von Drake das Recht hätten zu entscheiden, welche Bücher sie für den Unterricht ihrer Kinder zulassen wollten. »Aber ebenso unstrittig ist auch, daß andere Menschen, wenn Sie dieses Recht und diese Pflicht so ignorant, brutal und unamerikanisch ausüben, dann auch berechtigt sind, Sie schlechte Staatsbürger und Dummköpfe zu nennen. Selbst Ihre eigenen Kinder dürfen das.«

Er schrieb weiter, daß die meisten Amerikaner ihr Verhalten unzivilisiert fänden, weil »für freie Menschen Bücher aus gutem Grund heilig sind, ja daß Kriege gegen

Nationen geführt wurden, die Bücher hassen und verbrennen. Wenn Sie Amerikaner sein wollen, dann müssen Sie zulassen, daß alle Ideen, nicht nur Ihre eigenen, in Ihrer Gemeinschaft frei zirkulieren.« Kinder das Verbrennen von Büchern zu lehren, sei »in einer freien Gesellschaft ... eine üble Lektion«.

In einer Essaysammlung mit dem Titel *Fates Worse than Death* aus dem Jahr 1991 faßte Vonnegut den Drake-Wirbel spöttelnd zusammen: »Da gibt es einmal in meinem *Schlachthof Fünf* das Wort ›motherfucker‹ in dem Satz: ›Get out of the road, you dumb motherfucker.‹ Seitdem das Wort veröffentlicht wurde, damals im Jahr 1969, haben Kinder immer wieder versucht, Geschlechtsverkehr mit ihren Müttern zu haben. Wann das aufhören wird, niemand weiß es.«

Glücklicherweise hielt dieser einmalige Gebrauch des Wortes die *Modern Library* nicht davon ab, *Schlachthof Fünf* auf die Liste der 100 besten Romane des zwanzigsten Jahrhunderts zu setzen.

Kurt Vonnegut hatte einen weiteren Versuch mit »motherfucker« in seinem 1997 erschienenen Science-Fiction-Roman *Zeitbeben*, in dem der Schriftsteller selbst in einem Erholungsheim mit seinem Alter Ego, dem fiktiven Science-Fiction-Autor Kilgore Trout, zusammentrifft. Mr. Trout, erfahren wir, hat eine Kurzgeschichte mit dem Titel »Nichts zu lachen« über ein alternatives Universum geschrieben, in dem der Pilot, der 1945 die Atombomben auf Hiroshima und Nagaski abgeworfen hatte, »den Befehl bekam, eine weitere auf Yokohama abzuwerfen, auf zwei Millionen ›kleine gelbe Bastarde‹«. Der *motherfucker* in diesem Beispiel war die Atombombe selbst. »Dort oben allein am Himmel«, schrieb Vonnegut/Trout, »mit dem lila motherfucker, festgezurrt unter ihrem Flugzeug, fühlten sie sich wie Boss Gott persönlich, der eine Option hatte, wie nie zuvor, nämlich gnädig zu sein«. Gnädiger jedenfalls als die Autoritäten der Kleinstadt Drake in North Dakota.

Zu der Zeit jedoch hatte der Oberste Gerichtshof in dem Verfahren von 1982 *Board of Education, Island Trees Union Free School District No. 26 v. Pico* übereifrigen Bürokraten, denen *Slaughterhouse Five* nicht gefiel, bereits auf die Finger geklopft. Der Roman war eines von neun Büchern, die eine Schulbehörde in Nassau County, etwa 25 Kilometer östlich von New York, aus den Regalen der lokalen High School-Bücherei entfernt hatte, zusammen mit Eldridge Cleavers *Soul on Ice* (weil er über weiße Männer sprach, die ihre Frauen von schwarzen Männern ficken ließen), Alice Childress' *A Hero Ain't Nothin' But a Sandwich* (wegen der Wörter *fuck* und *fuckin'*), Bernard Malamuds mit dem Pulitzer-Preis ausgezeichneten Roman *The Fixer* (der die Stellen enthielt: »Was glauben Sie denn, was vorgeht? Liegen die Fuhrleute vielleicht auf den Knien und ficken ihre Mütter?« und »Wer sonst tut so etwas außer einem mutterschänderischen Jud'?«), das Buch des Anthropologen Desmond Morris' *The Naked Ape* (wegen seiner klinischen Beschreibung von Sex) und Romane der schwarzen Autoren Langston Hughes und Richard Wright (wegen ihrer sexuellen Darstellungen und rassistischen Beschimpfungen).

Das Gericht entschied, daß Schulbehörden nicht einfach Bücher aus den Schulbibliotheken entfernen durften, mit der Begründung, daß sie »unständig sind, Gewalt, Intoleranz und Rassismus preisen oder die Würde des Individuums herabsetzen«, denn Schüler haben ein konstitutionelles Recht, in einer Schulbibliothek »auch kontroverse Ideen kennenzulernen«. Ein solcher Ort sollte ihnen die uneingeschränkte Wahlmöglichkeit geben, und »die Entscheidungen einer Schulbehörde dürfen nicht voreingenommen oder nach politischen Vorgaben gefällt werden«.

Das Gericht bezog sich auf einen früheren Prozeß, *Keefe v. Geanakos*, zu dem es gekommen war, als in Massachusetts ein High School-Lehrer namens Robert

Keefe den Schülern einer Oberstufe einen Artikel zur Diskussion gab, den der Psychiater Robert Lifton 1969 in der September-Ausgabe des *Atlantic Monthly* geschrieben hatte und der mehrere Beispiele eines »vulgären Ausdrucks für einen inzestuösen Sohn« (d.h. motherfukker) enthielt. Als Mitglieder der Schulbehörde Keefe fragten, ob er zusichere, das Wort zukünftig nicht mehr im Klassenzimmer zu benutzen, antwortete er mit Nein. Daraufhin suspendierte ihn die Behörde und beabsichtigte, seinen Arbeitsvertrag zu beenden. Keefe versuchte, dagegen beim Bundesbezirksgericht eine Verfügung zu erwirken, und rief nach der Ablehnung das US-Appellationsgericht für den ersten Gerichtsbezirk an. Aufgrund der Relevanz des Wortes in dem Artikel, der Relevanz des Artikels für die Schulklasse und des Alters und der Reife der Schüler erließ das Gericht die Verfügung und verhinderte die Kündigung des Lehrers.

Aber nach wie vor gibt es dort draußen immer noch alle möglichen vermeintlichen Wohltäter der Menschheit, die entschlossen sind, in Schulen und Bibliotheken zu marschieren und anstößige Bücher aus den Regalen zu holen. Abgesehen von den Gerichten hat sich zur Verteidigung des Wortes eine wachsame und unerschrockene Gruppe von Freidenkern mit dem Namen *The Society for Librarians Who Say »Motherfucker«* (http://community.live journal.com/library_mofo) gegründet. Seit 2005 ist sie eine Verteidigerin all derjenigen, die sich als »die Torwächter des Weltwissens in ihrer professionellen Funktion gezwungen sehen, das Wort motherfucker zu verwenden. Oder zumindest ernsthaft erwägen, es zu tun.«

Vielleicht formulierte es William J. Brennan, Richter am Supreme Court, am besten, als er 1978 in seiner abweichenden Meinung zum Urteil in dem *FCC v. Pacifica Foundation*-Prozeß (wo die Entscheidung zu den »Sieben Wörtern, die nicht im Fernsehen gesagt werden dürfen« fiel) schrieb: »Ein Wort ist kein Kristall, transparent und unverändert, es ist die Haut eines lebendigen Gedankens und kann in Färbung und Inhalt stark variieren, je nach den Umständen und Zeiten, in denen es benutzt wird ... Die Wörter, die das Gericht und die Kommission so widerwärtig finden, sind der Stoff alltäglicher Gespräche in einigen, wenn nicht vielen, der zahllosen Subkulturen, die diese Nation bilden.«

Also haltet die Klappe, motherfuckers – und schluckt *das*!

Hollywood
Motherfuckers

>»Du bist ein Schauspieler, motherfucker,
>also *spiele*!«
>Det. Cody Nicholson (Tom Sizemore)
>in dem Film *True Romance* (1993)

Wie ich bereits im 4. Kapitel erwähnte, hat wohl Barbara
Stanwyck in dem, was Pauline Kael, die Filmkritikerin
der *New York Times*, Jahrzehnte später jenen »denkwür-
digen Moment« nannte, zumindest implizit Hollywoods
»motherfucker«-Barriere durchbrochen, als sie in dem
Film *Night Nurse* von 1931 die Worte »You *mother*!«
fauchte. Aber das war in der sogenannten »Pre-Code-
Ära«, als noch die Studioaufpasser in der *Production
Code Administration* (PCA) – besser bekannt als das
Hays Office – mit ihren Füßen auf dem Schreibtisch ein
Nickerchen machten.
1934 jedoch leitete ein neuer Tugendwächter namens
Joseph Breen die PCA, und er nahm deren Katalog der
»Ge- und Verbote« ziemlich ernst. Tatsächlich war Breen
katholisch, kein Puritaner. In den frühen dreißiger Jahren
war die moralische Autorität des Protestantismus ruiniert
infolge der durch einen Verfassungszusatz verfügten
Beendigung von 15 Jahren repressiver Prohibition und
mehrere prominenter Skandale, die die protestantische

Evangelisation als reine Profitmacherei entlarvten. Breen war der Frontmann der »Legion of Decency«, die Zensurstelle der Katholischen Kirche. Sie kontrollierte die städtischen Lizenzbehörden, die die Theaterunterhaltung in mehreren Großstädten bewilligten, darunter Boston, Chicago und New York mit ihren großen irischen, polnischen und italienischen Bevölkerungsanteilen. Als sich die Studiomogule – fast alles jüdische Immigranten, die eine riesige Angst davor hatten, die christliche Majorität zu beleidigen – erst einmal dem neuen »Catholic Breen Office« gebeugt hatten, sah man auf den Leinwänden nur noch kindliche Ergebenheit und Madonnenanbetung, bis Breen endlich im Grab lag und Hollywood den verhaßten Code abschaffte. Das war 1968.

Während dieser Jahre mußten Autoren Anspielungen auf schmutzige Wörter an den Türwächtern der Moral vorbeischmuggeln. W.C. Field, dessen eigenwillige Behandlung der englischen Sprache ein bedeutender Teil seiner Show war, streute in seine Nummern Ausrufe wie »Godfrey Daniel!« [God damn them] oder »Mother o'Pearl!« ein. Häufiger war es so, daß eine Figur etwa vor einem Vorgesetzten leise fluchte und bei Nachfrage das Gesagte in einer harmloseren Form wiederholte, aber so, daß das Publikum seine ursprüngliche Absicht noch verstand. So zeigt beispielsweise in Robert Riskins Klassiker *Mr. Deeds Goes to Town* (1936) ein verärgerter Reporter, als ein Zeitungsredakteur ihn anschnauzt: »Was haben Sie gerade gesagt?«, mit unschuldigem Blick nach oben und sagt: »Ich sagte: Sie haben dort an der Decke etwas schmutzigen Gips.«

Selbst die Drehbuchautoren von Low-Budget-, nur mit Schwarzen besetzten Filmen, die außerhalb des Machtbereichs von Hollywood gedreht wurden, mußten mit gewagten Inserts vorsichtig sein.

Selten genug, und auch nur in einem überzeugenden Kontext, konnte ein »mother« in dem Skript untergebracht werden, so wie in dem RKO-Film *The Narrow*

Margin von 1950. Noir-Vamp Marie Windsor zischelt »So long, mother!« einem Chicagoer Bodyguard zu, der sie eine Zeitlang in einem beengenden Apartment bewacht hat. Selbst die viel stärker kontrollierte Welt des Fernsehens war nicht immun, dank einiger populärer Comedians (wie W.C. Fields vor ihnen), denen etwas Spielraum in Fragen des Geschmacks zugestanden wurde. Jackie Gleason, dessen Varietéshow ununterbrochen von 1952 bis 1970 bei CBS lief, war berüchtigt für seine schrägen Figuren, die sich stets am Rande der Zensur bewegten. Eine von ihnen war ein öliger TV-Werbefritze namens Stanley R. Sogg, der unermüdlich Ramsch von einer dubiosen Versandfirma mit dem Namen Mother Fletcher verhökerte.

Aus einem Programmheft einer Jackie-Gleason-Ausstellung im Radio & TV-Museum in Beverly Hills erfährt man, daß er einen seiner Mother-Fletcher-Sketche schon im Mai 1958 aufführte. Anfang der sechziger Jahre, als das halbstündige Programm auf eine Stunde gestreckt wurde, trat Sogg noch häufiger auf, um für Mother Fletchers zweifelhafte Waren zu werben, darunter »ein drei Pfund schweres Stück Mother Fletchers Fotchamarra Motzaroni-Käse« – was für Jahre Gleasons Erkennungswitz wurde, der stets ein sicherer Lacherfolg war. Sogg inspirierte später Johnny Carsons schäbigen »Tea-Time Movie« Hypester Art Fern, der auch immer wieder anstößige Wortspiele machte. Zu der Zeit waren leicht schlüpfrige Slogans und Redewendungen im Fernsehen bereits eine Selbstverständlichkeit.

Ein weiterer, für seine abgedrehten Figuren bekannter TV-Comedian und Schauspieler war Jonathan Winters, dessen fünfzehnminütige Varieté-Show während der Saison 1956–57 auf NBC lief und zehn Jahre später in einem einstündigen Format bei CBS gesendet wurde. Seine wahrscheinlich dauerhafteste Schöpfung war eine skurrile alte Frau mit einer Flasche Gin in der Schürze, einem Schal um die Schultern und einer Haarnadel in ihrem viktorianischen Dutt – Winters urkomisch in voller Frauenkleidung. Als Vorbild nahm er sich seine Tante Lu Perks, aber er nannte seine Figur Maude Frickert, und die Zensoren scheinen nie bemerkt zu haben, wie stark der Name »ma frigger« [to frig: vögeln] ähnelte. Zu Beginn der siebziger Jahre machte die Figur der Maude Frickert Werbung für die Einzelhandelskette Target.

Zu der Zeit hatten die sozialen Unruhen und kulturellen Aufstände der Sixties, nicht zuletzt die »sexuelle Revolution«, das Verhältnis zwischen der jüngeren Hälfte der amerikanischen Öffentlichkeit und der älteren stark verändert. Die Anstandsregeln des alten Systems erschienen nun als Masken, die größeres Übel verdeckten. Die jungen Leute erkannten oder spürten doch zumindest, daß Lyndon Johnsons Vietnamabenteuer eine Lüge von Anfang an war, daß Richard Nixons Präsidentschaft im Kern verrottet und daß der amerikanische Traum der Nachkriegszeit tatsächlich nur ein dumpfer Schlaf war. Hollywoods traditionelle Produktion von Wohlgefühl für die Massen erschien nun als bloße Heuchelei. Auch nur »Fuck!« in einem vollbesetzten Kinosaal zu schreien, klang in dieser Zeit wie ein leidenschaftliches politisches Statement. Mittlerweile war das alte Hollywoodsystem in sich zusammengefallen. Die Studiomogule fanden ihre letzte Ruhestätte in ausgefallenen Mausoleen, und eine gerichtlich verfügte Auflösung ihrer Kinoketten brach ihr Monopol über das, was die Leute sehen durften. Jack Valenti, der Präsident der neuen *Motion Picture Association of America* (MPAA) drückte es so aus: »Das Schwinden der Verfügungsgewalt der Hollywoodstudios über den Inhalt von Filmen traf mit der rasanten Revision amerikanischer Sitten und Bräuche zusammen ... Es wäre töricht gewesen zu glauben, daß der Film, die kreativste der Kunstformen, von den Veränderungen und Leiden in unserer Gesellschaft hätte unberührt bleiben können. Das Ergebnis all dessen war das Auftauchen einer ›neuen Art‹ von amerikanischem Film – sie sind offen und aufrichtig und von Regisseuren gemacht, die sich nur wenigen selbstauferlegten Einschränkungen unterwerfen.«

Valenti hatte den Untergang des Alten Hollywood schon wenige Wochen nach Antritt des Vorsitzes der *Production Code Administration* 1966 kommen sehen, während zäher Sitzungen mit Studiobossen von Warner Bros. und MGM, wo man sich über die Wörter »screw« (bumsen) und »hump the hostess« (die Gastgeberin bumsen) in *Wer hat Angst vor Virginia Woolf?* und die Nacktszenen in *Blow-Up* stritt. »Es hatte etwas Lächerliches, daß erwachsene Männer ihre Zeit damit verbrachten, solche Sachen zu diskutieren«, bemerkte Valenti. Schlimmer noch, er sah »eine beunruhigende neue Ära des Films, in der wir von Krise zu Krise taumeln, ohne daß zeitgemäße Lösungen in Sicht wären«.

Produzenten begannen, Valenti und seine Kontrolle zu umgehen, indem sie kleinere Filmgesellschaften und unabhängige Vertreiber benutzten. Als die Zensurbehörden in Chicago und einigen anderen Städten versuchten, lokale »Arthouse«-Kinos davon abzuhalten, diese unbewerteten Filme zu zeigen, schritt der Oberste Gerichtshof ein und versetzte ihnen 1968 den Gnadenstoß mit der Entscheidung in dem Verfahren *Teitel Film Corp. v. Cusack*. Danach war es nun jeder Stadtverwaltung aus Verfassungsgründen untersagt, sich in das Programm privater Kinos einzumischen, es sei denn, es gab einen richterlichen Beschluß. Mit einem Schlag durchbohrte ein Pfahl das Herz der MPAA. Aber wie Dracula fand Jack Valenti rasch ins Leben zurück, und im November 1968 formte er die alte Organisation in eine neue Bewertungsbehörde um. Von da an warnte die MPAA Eltern vor jedem bedenklichen Inhalt, indem sie Filmen einen Buchstaben zuschrieb – von G (ohne Altersbeschränkung) bis zu X (nicht jugendfrei), entsprechend der Anteile an Sex, Gewalt, Drogenkonsum oder wirklich schlechtem Geschmack. Als die entstehende Pornoindustrie X als Ehrenauszeichnung verwendete, besonders bei prominenten

Produkten des Schmuddelkinos wie *Deep Throat* von 1972, ersetzte MPAA den Buchstaben durch NC-17 (keine Zulassung für Zuschauer unter 17).

Aber während der Jahre, da das X der MPAA in Kraft war, machte Hollywood tatsächlich eine Handvoll viel beachteter, nicht jugendfreier Filme, darunter *A Clockwork Orange*, *Fritz the Cat*, *Midnight Cowboy* und die Camp-Comedy *Myra Breckinridge*. Was diesen Filmen ihre X-Beurteilung eintrug, war jedoch nicht so sehr schlimme Sprache, sondern vielmehr nackte Leiber, anormalen Sex und drastische Gewalt. *A Clockwork Orange* enthielt kaum irgendeine eindeutige verbale Obszönität, es sei denn, man betrachtet »das alte Rein-Raus-Spiel« als eine Beleidigung fürs Ohr. Nicht einmal *Myra Breckinridge*, der wahrscheinlich das erste »motherfukker« in einem amerikanischen Mainstream-Studiofilm beisteuerte, erhielt das »Brandzeichen« wegen seiner Sprache. Die Richtlinien der MPAA bestimmten: »Die einzelne Verwendung eines der derberen, sexuell abgeleiteten Wörter in einem Kinofilm, wenn auch nur als Schimpfwort, erfordert zumindest eine PG-13-Beurteilung. Mehr als ein solcher Kraftausdruck erfordert eine R-Beurteilung, und auch dann, wenn auch nur eines dieser Wörter in einem sexuellen Kontext verwendet wird.« Aber nicht einmal das, was sie »ordinäre Sprache« nannten, verlangte ein X. Was den Zorn der MPAA erregt hatte, war Raquel Welch, die einen kräftigen Cowboy mit einem Umschnalldildo anal vergewaltigte – auch wenn die Szene nicht wirklich drastisch war. (Ebenso brachte die Analvergewaltigung eines Cowboys, mit den besten Empfehlungen einiger guter alter Texasboys, auch *Midnight Cowboy* das X ein.) Aber das Wort *motherfucker* warnte sicherlich das *Myra Breckinridge*-Publikum von 1970, daß es sich auf eine ungemütliche Reise gefaßt machen konnte. Leider wurde es eine wirre, das Sitzfleisch strapazierende Tour durch Gore Vidals Alptraum von der Traumfabrik Hollywood. Welch und Red Reed stellten die weibliche und die männliche Seite der Titelfigur dar. Schon wenige Minuten nach Beginn des Films spricht Welch in die Kamera: »Wer ist Myra Breckinridge? Was ist sie? [*Schnitt zu einer Nahaufnahme ihres Gesichts*] Myra Breckinridge ist eine klasse Frau, und vergeßt das nicht, ihr motherfuckers – wie die Kinder heutzutage sagen.« Das Wort wird in der Mitte mit einem Piepton übertönt, aber seine Aussprache ist trotzdem klar. (Drei Jahrzehnte später in der DVD-Version ist es ganz zu hören.) Der Dialog in *Midnight Cowboy*, 1969 adaptiert von James Leo Herlihys Roman, war im Vergleich dazu relativ zahm. Jon Voights Figur Joe Buck brachte kaum etwas Vulgäreres heraus, als einem Busfahrer bewundernd zu sagen, daß sein Greyhound »schon ein starker mother ist«.

Auch *Fritz the Cat*, Ralph Bakshis animierter Gruß an Robert Crumbs Comicfigur, bekam das X für seine phallische Deutlichkeit, nicht für Sätze wie »You're a motherfucking bitch!« (von Fritz) oder »You think being a crow is a big motherfucking ball!« (von Fritz' Freund Duke). Es ist schwer zu sagen, ob das Wort allein schon ein R verdient hätte, weil es stets die schonungslos realistischen Storys und vulgären antiheroischen Figuren begleitete, die zu Beginn der zynischen siebziger Jahre plötzlich populär geworden waren. Man nehme etwa den Robert Mitchum-Film *The Friends of Eddie Coyle* nach George V. Higgins Roman über irisch-amerikanische Gangster in Boston, die kaum einen Satz sagen können ohne ein verstärkendes *fuckin'* oder den Ausruf *shit*. *Motherfucker* taucht nur einmal auf, als ein verdeckter Ermittler (Richard Jordan) eine Gang von Bankräubern mit »April, April, motherfuckers!« überrascht.

(Der vermutlich früheste Gebrauch des Wortes in einem Film, der tatsächlich öffentlich vorgeführt und von Fans und Kritikern als kinowürdig angesehen wurde, war Andy Warhols *Chelsea Girls*, ein 16 mm, dreieinhalbstündiger Experimentalfilm, der größtenteils in Manhattans berühmtem Chelsea-Hotel gedreht worden war. In einem muffigen kleinen Kellerkino an der W. 41st Street gezeigt, bestand *Chelsea Girls* vorwiegend aus Split-screen-Nahaufnahmen und improvisierten Dialogen; ein neunundzwanzigjähriger homosexueller Speedfreak namens Robert Olivio spielte »Pope Ondine«. Sobald Warhol oder sein Co-Regisseur Paul Morrissey eine junge Schauspielerin namens Ronna Page ins Bild schoben, löste sie bei dem launenhaften Ondine ein hysterisches Geschimpfe aus: »Du blödes Miststück! Du dreckige Hure! Was fällt dir ein? Wie kannst du es wagen? You motherfucker!« Es ist kaum bahnbrechendes Material, andererseits war das erste cineastische »motherfucker« aus dem Mund von Jimmy Stewart oder Gary Cooper kaum zu erwarten.)

Amerikaner wollten im Film den gleichen Realismus, wie sie ihn in der Literatur des Jahrzehnts davor kennengelernt hatten, was erklären mag, warum diese Filme der frühen siebziger Jahre Romane adaptierten. Da ist beispielsweise *The Last Detail*, ein als nicht jugendfrei bewerteter Film von 1973 nach einem Roman von Darryl Ponicsan. Zwei Fähnriche der Küstenwache begleiten einen jungen Matrosen von Norfolk (Virginia) zu einer Brigg im Hafen von Portsmouth (New Hampshire). In den alten Zeiten der vom Pentagon genehmigten Hollywood-Kost hatten die Seeleute zwar ihre idiomatischen Besonderheiten, waren aber in Rede und Verhalten relativ züchtig. Doch jeder, der bei der Marine gewesen ist, weiß, daß Matrosen und Marinesoldaten »gesalzene Sprache« (eine Anspielung auf »old salts«, Veteranen der See) so selbstverständlich benutzen, wie sie atmen; nicht grundlos ist »Fluchen wie ein Seemann« eine alte Redewendung. Kein Wunder also, daß Jack Nicholson in dieser neuen Filmwelt seinen ersten Oscar einheimste für Sätze wie: »I *am* the motherfuckin' shore patrol, motherfucker! I am the motherfuckin' shore patrol! Give this man a beer!« und »Aw, motherfucking Jesus H. Christ.«

Sein schwarzer Co-Star, Otis Young, hatte nicht soviel Glück, nicht einmal mit zeitlosem Material wie »I'm taking you to jail, motherfucker«, »You're a motherfucking menace!« und »I hate this motherfucking chickenshit detail!« – man kann nicht sagen, daß er sich nicht bemüht hätte. Was die Altersbeschränkung für *The Last Detail* angeht, nun, bestimmt spielte der wiederholte Gebrauch von *motherfucker* dabei eine Rolle, aber Carol Kanes nackte Brüste mögen auch etwas damit zutun gehabt haben.

Wenn es einen Film gab, der das breite Publikum mit Hollywoods neuer Vorliebe für Obszönitäten vertraut machte, dann war das *The Exorcist* des Regisseurs William Friedkin, die brutale Geschichte einer dämonischen Besessenheit, die William Peter Blatty von seinem eigenen Bestseller-Roman adaptierte. Der Film war sofort ein Kassenschlager, schon bei der Premiere am ersten Weihnachtstag 1973 standen die Leute stundenlang Schlange. Zeitungen berichteten von Vorfällen religiöser Hysterie, Ohnmachtsanfällen, Schreien und bleichen Männer und Frauen, die aus den Kinos flohen. *The Exorcist* war der ideale Test dafür, wie tolerant Kinogänger inzwischen dem gegenüber waren, was als unflätige Sprache galt, denn der Film war in der Tat ein christliches Drama, verbrämt als Horrorfilm. Zu einer Zeit, da viele Menschen organisierte Religionen und die Mysterien des Glaubens in Frage stellten, übernahm *The Exorcist* eindeutig das antirationalistische Weltbild der katholischen Kirche und stellte die Medizinwissenschaft als einfältig und machtlos im Angesicht des Bösen dar. Ja mehr noch, wie die Vampirfilme unterstellte er die Wahrhaftigkeit der Kirche, indem die Macht ihrer Symbole (das Kruzifix, heiliges Wasser, liturgische Beschwörungen aus dem *Rituale Romanum*, die Heiligkeit der Jungfrau Maria) als selbstverständlich hingenommen wurde. Und wie in Dantes *Inferno* und *Purgatorium* führte der Film einen Mann, der seinen Glauben verloren hatte (der Priester Damian Karras, gespielt von Jason Miller) unter Qualen in das Innerste des Christentums, bevor er schließlich seiner Erlösung teilhaftig werden durfte. Die Lästerungen, Obszönitäten und Überschreitungen des Films, wie etwa die Szene, da Satan das Gesicht einer Mutter in die blutige Vagina ihrer dreizehnjährigen Tochter stieß, waren am Ende verzeihlich, weil vom Teufel zu erwarten war, daß er alles sagen und tun wird, um seine schändlichen Absichten zu verwirklichen. Und da die Macht und Reinheit der Kirche nur im Vergleich mit dem reinen Bösen seines Erzfeindes beurteilt werden kann, gab es kaum mehr als einen Anflug öffentlicher Empörung, selbst vom Klerus, als Satan (mit der Stimme der älteren Schauspielerin Mercedes McCambridge) zu Pater Karras sagte: »Deine Mutter lutscht Schwänze in der Hölle« und den Exorzisten selbst, Pater Merrin (Max von Sydow), anschrie »Steck deinen Schwanz in ihren Arsch, du nichtsnutziger motherfucking Schwanzlutscher!« Von da an gab es kein Halten mehr: Die »motherfuckers« waren auf das Land losgelassen wie die Hunde und Heuschrecken der Hölle. Eine Pest für alle unsere Kinos!

Ein Genre, das sicher von dieser Lockerung profitierte, war Blaxploitation, eine Serie gewalttätiger, schwarzer Low-Budget-Filme mit superbösen, übercoolen Typen in den Hauptrollen; es handelte sich im Wesentlichen um aktualisierte »Toasts«. Der Vorläufer war Melvin Van Peebles unverständlicher *Sweet Sweetback's Baadasssss Song* von 1971, angepriesen als »Der Film, den das weiße Establishment Sie nicht sehen lassen will«. Bewertet mit X (und später mit R) wegen Nacktszenen, Sex und Gewalt, aber nicht wegen der Sprache (die ziemlich brav war), überzeugte der Erfolg des Films in B-Movie-Kinos Ramschproduzenten davon, daß es im und am Ghetto Geld zu verdienen gab. Einer, der die Herausforderung annahm, war der Comedian Rudy Ray Moore, der 1975 mit den Honoraren aus seinen Plattenaufnahmen und Bühnenauftritten seine Dolemite-Figur für die Leinwand umarbeitete. Obwohl der Film in jeder Hinsicht dilettantisch war, hatte *Dolemite* doch seinen eigenen unverwechselbaren Charme, nicht zuletzt dank solcher Kommentare wie »You no-business, insecure, rat-soup eatin', junkyard motherfucker!« und »Man, move over and let me pass, or you'll have to be pullin' these Hush Puppies out yo' muthafuckin' ass!«

(Viele Jahre später, 1993, berichtete Moore auf der Website shockingimages.com von seinem Umgang mit der MPAA: »Rattensuppe löffelnd, nutzlos, Abschaum, klapprig, unsicher, Schrottplatz, keines dieser Wörter ist schlimm. Das sind keine Vierbuchstaben-Wörter. Als wir also den Film der MPAA zur Beurteilung der Sprache gaben, wußten sie nicht, was das Ganze bedeutete. Sie kamen zu unserer Filmgesellschaft Dimension Pictures und sagten: Wir verstehen nicht, worüber Mr. Moore redet. Wir wissen, was motherfucker bedeutet, aber nicht, was er mit rat-soup-eatin', insecure, peppergut, junkyard sagen will. Deshalb haben wir entschieden, daß wir diesem Film ein R wegen der Sprache geben.«)

Autoren und Produzenten wurde bald klar, daß das Wort *motherfucker* nicht nur den Hipness-Faktor eines Films verbesserte, sondern auch harten Jungs mehr Härte und witzigen Typen mehr Witz verlieh, und sogar taffe Männer komisch aussehen ließ wie etwa in dem Film *Predator* von 1987, in dem der humorlose Anführer einer Söldnertruppe, »Dutch« Schaefer (gespielt von Arnold Schwarzenegger), zu einem scheußlich aussehenden außerirdischen Wesen sagt: »You're one ugly motherfucker!« Das Publikum fand das lustig.

Ein Schauspieler, der eine besondere Art hat, dem Wort einen bedrohlichen Ton zu geben, ist Joe Pesci, der sich auf die Rolle des schlagfertigen italienischen Gangsters spezialisiert hat. In Martin Scorceses *Casino* (1995) betont er die Fiesheit seiner Figur Nick Santoro mit Sätzen wie »Krieg das in deinen Kopf, du jüdischer motherfucker! Du existierst hier draußen nur, weil ich es will!«

oder »Du bist verdammt noch mal gewarnt. Wag es nicht noch einmal, mich zu übergehen, du motherfucker!« oder »Du weißt, daß du lügst, mieses motherfucking degeneriertes Arschloch!«

Das Wort konnte auch als visueller Gag dienen, wie in *Foul Play* (1978), eine Comedy mit Goldie Hawn und Chevy Chase, in der zwei alte Damen Scrabble spielen. Eine von ihnen legt ihre Steinchen hintereinander zu der Reihe M-U-T-H-E-R-F-U-C-, aber das Wort wird nicht vervollständigt oder ausgesprochen.

Es ist auch brauchbar für eine Redewendung. Der Sträfling Virgil Cane (gespielt von F. Murray Abraham) in dem Film *An Innocent Man* (1989) faßt mehr als einmal die mißliche Lage hinter Gefängnismauern mit den denkwürdigen Worten zusammen: »Ain't life a motherfucker.« Und Geena Davis als Charlene in *The Long Kiss Goodnight* (1996) schreit im Kugelhagel: »Die screaming, motherfucker!«, oder ist das »Die, screaming motherfucker!«?

In der Comedy *Trading Places* (1983) hält sich Eddie Murphys Figur einen kräftigen Zellengenossen (Ron Taylor) vom Leib, indem er damit prahlt, daß er verhaftet wurde, weil er einen Mann verprügelt hat. Gefragt, warum man keine Spuren an ihm sieht, sagt Murphy: »Weil ich ein Karatemann bin. Und ein Karatemann hat nur Narben im Inneren. Er zeigt nicht seine Schwäche. Aber das verstehst du nicht, weil du ein großer, wie Barry White aussehender motherfucker bist!« Am nächsten Tag treffen sich beide nach ihrer Entlassung zufällig wieder in einer Bar, und der andere sagt zu Murphy: »Hey, du bist doch dieser ›jive-ass turkey motherfucker‹, den ich gestern im Knast tranchieren wollte.« Murphy, der keinen Zwang mehr sieht, den gefährlichen Typ zu mimen, reagiert beleidigt: »Motherfucker? Moi?« Regisseur John Landis diskutierte anschließend mit den Schauspielern diese Szene im Skript, besonders den Ausdruck »jive-ass turkey« (eine bescheuerte Person), den er für lächerlich hielt – »keiner würde so was sagen; das war die Vorstellung eines weißen Autors davon, wie ein Schwarzer in einer solchen Situation reagieren würde«. Er wandte sich also an die zahlreichen schwarzen Statisten am Set und fragte sie, was die Figur ihrer Meinung nach sagen würde. Sie alle stimmten überein, daß er Murphy einfach einen » motherfucker« nennen würde, und so wurde diese Szene dann auch gedreht.

Eine weitere Variante bestand darin, das Wort jemandem zu entlocken, von dem man es am wenigsten erwartete. In der unter Schwarzen spielenden Comedy *Friday* (1995) erscheinen zwei Zeugen Jehovas vor Ice Cubes Haustür und fragen: »Sind Sie vorbereitet auf die Rückkehr Jehovas? Weil, wenn nicht, wir haben hier eine Brosch...« Als Ice Cube ihnen genervt die Tür ins Gesicht schlägt, ruft einer von ihnen: »Well fuck you, half-dead motherfucker!«

In der Wayne Brothers-Parodie *Don't Be a Menace to South Central While Drinking Your Juice in the Hood* (1996) empfängt die Großmutter (Helen Martin) ihren Enkel, den jungen Shawn Wayan, mit Bemerkungen wie »Du großmäuliger kleiner motherfucker, komm her und umarm deine Oma!« Als Wayne sie schlägt, flucht sie: »Du schlägst immer noch höllisch hart, motherfucker.« In einer späteren Szene, als er einen ehrwürdigen Pastor (Chris Spencer) mit »Hey, Preach, what up, nigga?« begrüßt, rügt ihn der ältere Herr dafür, daß er ein Wort in den Mund nimmt, »das die Weißen benutzen, um einer anderen Rasse die Selbstachtung zu nehmen«. Dann fügt der Prediger hinzu: »Ach ja, erinnere mich daran, meine Wäsche von dem schlitzäugigen motherfucker oben an der Straße abzuholen.« Das klingt fast, als hätte es Noël Coward geschrieben.

Unser Wort kann auch den Realitätsgehalt einer Situation erhöhen. Als Spike Lee 1992 seine Filmbiographie *Malcolm X* drehte, nahm er als Vorlage den Bestseller *The Autobiography of Malcolm X*. Aber das Buch war trotz seiner ungeschönten Schilderung von Malcolms frühen Jahren als Dieb und Zuhälter frei von Obszönitäten, die Malcolm zu der Zeit, da er zusammen mit dem Schriftsteller Alex Haley seine Geschichte aufschrieb, als unanständig und unwürdig ablehnte. Da ist zum Beispiel eine Szene, wo ein Freund die Kräuselhaare des jungen Malcolm zum erstenmal zu glätten versucht, indem er ein hausgemachtes Mittel mit dem Namen Congolene anwendet – eine Mixtur aus Kartoffelbrei, Eiern und einer mörderischen Lauge, die einem den Kopf verätzen konnte, wenn man nicht aufpaßte. »Meine Augen tränten, meine Nase lief. Ich konnte es nicht länger aushalten«, schrieb Malcolm. »Ich stürzte zum Waschbecken. Ich verwünschte Shorty mit jedem Namen, der mir einfiel, als er das Spray benutzte und meinen Kopf einzuseifen begann.« In Spike Lees Dramatisierung dieser Szene springt Denzel Washington vom Stuhl auf und ruft: »You motherfucker! Du bringst mich ja um! Ich verbrenne! Verdammt, mein Kopf steht in Flammen!« Diesen Moment zu spielen, ohne das Wort zu benutzen, hätte für ein schwarzes Publikum 1992 falsch geklungen.

Nur selten wurde in all den Jahren das Wort einmal zurückgehalten und für eine wichtige Szene aufgespart, um den maximalen dramatischen Effekt zu erreichen. Ein Beispiel ist der oscarnominierte Film *Pan's Labyrinth* von 2006, die grausame, aber magische Erzählung des mexikanischen Regisseurs und Drehbuchschreibers Guillermo del Toro über ein Mädchen, das sich während des Spanischen Bürgerkriegs in seine Phantasiewelt flüchtet. Als del Toro durch eine seiner Figuren seine schärfste Bemerkung – »You motherfucker!« – gegen einen faschistischen Offizier abfeuert, der das Leben des Kindes bedroht hatte, schien das Wort so schroff und unerwartet, daß es tatsächlich die Abscheulichkeit des Mannes zu vermitteln vermochte.

Aber nicht jeder in der Filmindustrie fühlte sich so wohl mit dem Wort, um es als ultimative Pointe zu gebrauchen. Zum Beispiel im Jahr 1983, als *motherfuckers* in Actionfilmen aus Hollywood nur so wie Kugeln herumflogen, hielten die Produzenten von *Sudden Impact*, Clint Eastwoods viertem *Dirty Harry*-Film, nach einem neuen Slogan Ausschau, der Klassiker des Produkts aus den Vorgängern wie »Make my day« noch übertreffen sollte, aber gleichzeitig mußte er relativ sauber sein, um Eastwoods ältere, Recht und Ordnung liebende Fans nicht zu beleidigen.

Dirty Harry: Ich sollte wirklich aufhören. Dann könnte ich das Recht auf meine Weise handhaben.
   Polizist: Ja, aber dann wirst du ein JAMF sein.
   Harry: Oh ho. Und was ist ein JAMF?
   Polizist: Jive ass mother-
   Harry [unterbricht ihn gerade noch rechtzeitig]: Vergiß, daß ich gefragt habe.

Als Gastgeber James Lipton in einem Gespräch der TV-Serie *Inside the Actors Studio* von Eastwood wissen wollte, was sein liebstes Schimpfwort sei, antwortete er: »JAMF – jive ass mother fucker.« Aber in Filmen wurde der Ausdruck nie populär.
   Wenn sich jemand auf *motherfucker* als Stoff für Dialoge verließ, dann war es der Drehbuchautor und Regisseur Quentin Tarantino. So wie Al Pacinos Version von *Scarface* (1983) den Rekord hielt für die Anzahl von »fuck«, das er ins Publikum warf, ist Tarantinos *Pulp Fiction* von 1994 ein Schrein für *motherfucker*; der Film lancierte sogar ein Nebenprodukt, die Brieftasche mit dem Aufdruck *Bad Mother Fucker*, die noch heute auf Dutzenden von Websites gekauft werden kann. Daß er auch den Durchbruch für den Schauspieler Samuel J. Jackson brachte, ist allgemein bekannt. Nicht zufällig erreichte das Wort seine Apotheose in Jacksons Blutorgie *Snakes on the Plane*, nachdem von *Pulp Fiction* begeisterte Internetblogger die Produzenten dazu gebracht

hatten, Extraszenen in Nachproduktion zu drehen, damit Jackson noch einen Schlußkommentar ausspucken konnte: »I have had it with these motherfucking snakes on this motherfucking plane.«

Aber heute, nach vierzig Jahren »motherfucker-at-the-movies«, scheint es beim Publikum doch einen Überdruß zu geben. Man weiß, daß das Ende des einst so umstrittenen Wortes nahe ist, wenn immer mehr Produzenten es als Titel für ihre Low-Budget-Filme benutzen. Nun gut, eine Dokumentation über New Yorks Motherfucker-Partyszene (dazu später mehr) aus dem Jahr 2008 *Motherfucker: A Movie* zu nennen, ist vielleicht gerechtfertigt, aber wie ist es mit *Merry Christmas, Motherfucker!* für den italienischen Horrorkurzfilm von 2004, in dem der Weihnachtsmann eine gruselige Rolle spielt? Oder mit der TV-Dokumentation *Richard Pryor: I Ain't Dead Yet, Motherfucker!*? Oder dem ultralausigen Film *Colonel Kill Motherfuckers* (2008) über eine Clique von Nerds in Alton (Illinois), die unbeabsichtigt einen Armeeveteranen töten und dann mit seinem halbverrotteten Leichnam fertigwerden müssen, den seine Mutter, eine Zauberin, wiederbelebt hat? Der Untertitel sagt alles: »Rache ist ein motherfucker!«

Und doch, trotz der Freiheit, so ziemlich alles sagen zu können, haben Hollywood-Produzenten sich nie an *Oedipus Rex* oder irgendeine andere Geschichte mit dem Thema sexueller Liebe zwischen Mutter und Sohn herangewagt. Für eine uneingeschränkte Darstellung des griechischen Mutterfickers und seiner Mama muß man sich Pier Paolo Pasolinis Film *Edipo Re* von 1967 anschauen.

Louis Malle, der französische Nouvelle Vague-Regisseur, erzählt in *Le Souffle au Cœur* (1971) die Geschichte eines verwirrten Teenagers (Benoît Ferreux), der ein zweiminütiges Liebeserlebnis (die Kamera hält sich dezent zurück) mit seiner temperamentvollen, liebeskranken Mutter (Lea Massari) hat. In einem Gespräch mit Roger Ebert, dem Kritiker der *Chicago Sun-Times*, Anfang 1972 sagte Malle: »Wenn wir jung sind, ist der Ödipuskomplex wie ein Witz. Man braucht Jahre, um herauszufinden, daß er real ist, daß da ein Traumideal, eine initiierende Mutter, in unserem Unterbewußtsein ist. Der Film handelt von dieser Art Kindheitstraum.«

Als Ebert darauf hinwies, daß »der Moment des Inzests ... so unsensationell, so ruhig ist, daß er fast wie ein Moment der Zärtlichkeit beschrieben werden kann«, bemerkte Malle: »Ich wollte in dieser Szene mit dem Jungen nicht mehr machen. Er war kein professioneller Schauspieler, seine Reaktionen waren manchmal unvorhersehbar, und außerdem, wenn ich die Szene weitergetrieben hätte, hätte das den Film zerstört ... Das Problem war, irgendwie das hochaufgeladene emotionale Material, an dem wir arbeiteten, zu entdramatisieren. Es war so aufgeladen, daß es die Balance, die ganze Struktur des Films hätte zerstören können.«

Wir Amerikaner fühlen uns bei dem Gegenstand viel unwohler. Mel Brooks tut ihn in seiner *History of the World, Part 1* als einen Witz ab, indem er in einer kurzen Straßenszene eine Figur Ödipus fragen läßt: »Was geht ab, motherfucker?« Unsere Vorstellung eines akzeptablen Mutterficker-Films ist immer noch *The Graduate* (1967), in dem ein junger Mann (Dustin Hoffman) mit der Mutter (Anne Bancroft, Mel Brooks Frau) seiner Freundin ein Verhältnis beginnt. In *The Grifters*, Steven Frears Adaption des Romans von Jim Thompson, endet die starke Anziehung zwischen der betrügerischen Mutter (Anjelica Huston) und ihrem nicht weniger gaunerhaften Sohn (John Cusack) mit Mord. In David O. Russels schrulligem kleinen Comedy-Drama *Spanking the Monkey* (1994) fesselt ein komplizierter Beinbruch eine attraktive, aber unglückliche Frau (Alberta Watson) ans Bett, und ihr Sohn (Jeremy Davies), ein sexuell gehemmter Medizinstudent, kümmert sich um sie. Es kommt zu einer inzestuösen Beziehung.

Der einzige Versuch, sich explizit mit dem Mutter-

Sohn-Tabu zu beschäftigen, kam 1980 aus der Underground-Pornoindustrie. In dem Film *Taboo* fühlt sich ein junger Mann, gespielt von Mike Ranger, von seiner verführerischen Mutter (Kay Parker) angezogen, die noch an den Folgen einer unerfreulichen Scheidung und der Verwirrung einer Nacht in einem Swingerclub leidet. Man muß den Film in seinem historischen Kontext sehen: Regisseur Kirdy Stevens drehte ihn zu einer Zeit, die heute als das Goldene Zeitalter des Pornos angesehen wird, als die Zunahme nicht jugendfreier Kinos, einschließlich der »Pussycat Theaters«, eine Nachfrage nach anspruchsvolleren Pornofilmen mit »Produktionswerten« – Drehbüchern, halbprofessioneller Schauspielerei und kompetenter Kameraführung – schuf. Lange nachdem Heimvideos den ambitiösen, mit X bewerteten Kinofilmen ein Ende bereitet haben, verkauft sich *Taboo* weiterhin gut und ist inzwischen auf DVD verfügbar.

Letztlich beruht die Wirkung der Mutter aller schmutzigen Wörter auf den großen oder kleinen Bildschirmen (einschließlich der Videospiele, die alle Qualitäten der nicht jugendfreien Filme adaptiert haben, natürlich auch den reichlichen Gebrauch von »motherfucker«) auf dem Witz und feinen Gespür der Autoren. Man weiß, daß etwas schief läuft, wenn *Othello* unter dem Titel *O* (2001) zu einem Basketballfilm umgearbeitet und das Drehbuch »William Shakespeare & Brad Kaaya« zugeschrieben wird. Dem Filmkritiker Peter Ritter gefiel es, daß *O*s Filmemacher »sich eng an die machiavellistische Verschwörung des Stücks hielten«, aber hatte ein Problem damit, daß Kaaya etwa Shakespeares »Die blanken Schwerter fort / sie rosten sonst im Tau« in »Ich werde dir den Arsch aufreißen, motherfucker« transformierte. Ritter hielt das für »eine fragwürdige Verbesserung«. Andererseits kann in dem Englisch, wie es heutzutage in Amerika gesprochen wird, ein *motherfucker* mehr Dinge zwischen Himmel und Erde ausdrücken, als sich eure Schulweisheit träumen läßt.

Komm zu mir, mein Melonen- farmerbaby!

»Yippie-ki-yay, Kimosabe!«
John Mc Clane (Bruce Willis) in der
TV-Version von *Die Hard* (1989)

In den frühen sechziger Jahren, als das kommerzielle Fernsehen begann, neuere Hollywood-Filme als »movie specials des Jahres« zu zeigen, war obszöne Sprache kein Problem, weil das *Will-Hays-Office,* die langjährige Kulturpolizei der Filmstudios, alle unzüchtigen Stellen aus den Skripts entfernt hatte, bevor sie vor die Kameras kamen. Aber dann beendeten 1968 mehrere Staatsgerichte aus verfassungsrechtlichen Gründen den Zensurcode dieser Behörde. Nun waren die »Standards & Practices Boards« der Fernsehgesellschaften gezwungen, die Lücke auszufüllen – und seitdem haben sie die Studios angewiesen, Schimpfwörter herauszuschneiden oder zu übertönen. Es gab mehrere Wege, wie ein Produzent sich fügen konnte. Wenn die anstößige Sprache für die Geschichte nicht wesentlich war, eliminierte man die Szene, die Einstellung oder den Text vollständig. Man konnte die Wörter auch durch Pieptöne unhörbar machen oder einen Aussetzer auf der Tonspur kreieren. Falls ein Produzent auch an den für die Zweitverwertung bedeutsamen TV-Markt dachte, hatte er bereits alternative Takes mit jugendfreien Dialogen anfertigen lassen. Aber meistens engagierte er einfach den ursprünglichen Schauspieler oder einen Voiceover-Spezialisten, um einen neuen Text einzuspielen, der im Idealfall den Lippenbewegungen der Schauspieler entsprach und Sinn ergab ... Das Problem war, daß die Overdubs oft lächerlich oder unbeholfen waren. Mancher lacht noch heute darüber, was ein hohlköpfiger Fernsehzensor Linda Blairs – oder sollte ich sagen: Mercedes McCambridges – berühmtem Satz im *The Exorcist* (1973) antat: Aus »Your mother sucks cocks in Hell!« (Satans Version des »Dutzends«) wurde das dämliche »Your mother sews socks that smell!« (die Version eines Viertkläßlers).

Das Wort »fuck« läßt sich leicht ersetzen. »Fuck you« verwandelt sich mühelos in »forget you«, und »freaking« oder »frigging« ersetzen »fucking«, ohne allzu lächerlich zu klingen. Aber *motherfucker* ist schwieriger zu überdecken. Da die meisten Leute instinktiv lesen, wie die Lippen Ms und Fs formen, braucht man ein zweisilbiges M-Wort, gefolgt von einem zweisilbigen F-Wort. Also begannen die Leute, die für die Verschleierung der Sprache zuständig waren, sich Ersatzwörter auszudenken wie »mickyficky« (für Spike Lees Großstadt-Comedy *Do the Right Thing*, 1989), »maggot farmer« (*Platoon*, 1986), »Yippie-ki-yay‹, Kimosabe!« (*Die Hard*, 1988), »Yippie-ki-yay, Mr. Falcon« (*Die Hard 2*, 1990), »mother-loving« (*Full Metal Jacket*, 1987) und »one bad mother-crusher« (*Robocop*, 1987). Aber der Ausdruck, der der »Rhabarberhabarber«-Standard (traditionell das Gemurmel der Filmstatisten, um ein aufgeregtes Hintergrundgeräusch zu erzeugen) geworden zu sein scheint, ist »melon farmer«.

Als erster kam Alex Cox auf die Idee, ein eigenwilliger britischer Regisseur und Drehbuchautor, der 1984 den apokalyptischen Kultfilm *Repo Man* kreierte. Auf seiner Website (alexcox.com) erzählt Cox, daß Universal, das Studio, dem *Repo Man* gehörte, eine so stümperhafte Neufassung des Films für das Fernsehen produzierte, daß ein beschämter Studiochef ihn um Hilfe bat. Cox fügte ein paar nicht verwendete Filmsequenzen hinzu, schnitt mehrere Szenen neu und interessierte sich besonders für die Beseitigung der Obszönitäten des Films. So transformierte er »Fuck you, motherfucker« in »Flip you, melon farmer« – als einen ironischen Seitenhieb gegen die ganze Idee hinter dieser Art von Säuberung. Cox erinnert sich: »Zu der Zeit machte ich *Sid & Nancy*, und ich war der Schimpfwörter ziemlich überdrüssig«, aber er wußte, daß das Ersetzen eines harmlosen Fluchs oder eines Unsinnswortes eine Figur oder den Ton eines Films zerstören konnte – man kann nicht einen eiskalten Killer »Verflixt noch mal« sagen lassen und erwarten, daß die Zuschauer ihn danach noch ernst nehmen. »Wenn man einen Film fürs Fernsehen bearbeiten muß, warum dann nicht einen Piepton benutzen oder einfach ein unaufdringliches Schweigen?« fragt Cox. »Ich finde das viel weniger störend, als wenn sich angeblich taffe Erwachsene gegenseitig melon farmers nennen. Wir wissen ja sowieso, was sie sagen, daher macht es keinen Sinn, so zu tun, als ob sie irgendetwas anderes sagen würden. Streichen Sie die Schimpfwörter, wenn Sie es denn für nötig halten, aber ersetzen Sie sie nicht durch gekünstelten Spielplatzmumpitz.«

Cox mag durch den Ausdruck »Maryland farmer« inspiriert worden sein, der in den sechziger Jahren in dem Wettbewerb um den besten MF-Ersatz aufgetaucht war, neben Mary Francis, Mr. Franklin und einigen anderen. Vielleicht erinnerte sich ein Geschichtsstudent an jenen Plantagenbesitzer, der 1788 mehrere Anti-Federalist-Artikel mit der Unterschrift »A Farmer«, später sprach man von »A Maryland Farmer«, an den Continental Congress schrieb, und brachte den Namen ins Spiel. Wer weiß? Es kursiert auch die unbewiesene Geschichte, daß ein beleidigter (und ahnungsloser) Verband von Maryland-Farmern einen Protestbrief an einen prominenten schwarzen Aktivisten schrieb, der einen Kongreßabgeordneten einen »jive [bescheuerten] Maryland farmer« genannt hatte.

Cox' sanfte Version von *Repo Man* hat einen eigenen Kultstatus erreicht, besonders in Großbritannien, wo der exzentrische Film von der BBC gezeigt wurde. Seine Fans glaubten tatsächlich, daß die Verwendung von »melon farmer« ein Weg war, um dem Zensor den Stinkefinger zu zeigen. Es dauerte nicht lange, und man hörte in den britischen Fernsehfassungen von *Die Hard 2* (1990) und *Die Hard with a Vengeance*, d.h. *Die Hard 3* (1995) Bruce Willis »Yippie-ki-yay, melon farmer« sagen an Stelle des »Yippie-ki-yay Kimosabe« aus der gesäuberten ersten TV-Version von *Die Hard*.

Zwei britische Blogger, die sich über diese Albernheit aufregen, haben eine »anti-censorship campaigning website« unter dem Namen Melon Farmers eingerichtet (melonfarmers.co.uk). »Es ist keine der üblichen Kampagnen, wir sind auch keine politische Organisation«, erklären sie auf ihrer Startseite. »Es gibt keine Mitglieder, keine Subskriptionen und keine Satzungen.« Melon-Farmer Dave (sein Partner ist Melon-Farmer Phil) teilte mir in einer E-Mail mit, daß sie ihre Website 2001 gründeten, um die Öffentlichkeit über Zensur in Film und Fernsehen zu informieren, aber seitdem haben sie ihre Aktivitäten erweitert und berichten über Einmischungen der Politik und Wirtschaft in die Künste überall auf der Welt. Die Ironie ihres Namens, behauptet Dave, besteht darin, daß *motherfucker* in dem Vereinigten Königreich kein gängiger Ausdruck ist. »Ich denke, motherfucker in Großbritannien spielt immer auf seine Verwendung in Amerika an. Ich würde es nur in Zusammenhang mit etwas benutzen, was ein Amerikaner sagen könnte. Ich glaube nicht, daß Briten das Wort überhaupt benutzten, wenn sie es nicht in Hollywood-Filmen gehört hätten.« Die britischen Comedians Harry Enfield und Paul Whitehouse bestätigten diese Ansicht in der *Saturday Live*-Show auf Channel 4, als sie Martin Scorseses *Goodfellas* unter dem Titel *Badfellas* parodierten und Sätze zum Besten gaben wie »Küß mir die Knie, muddy funster«.

Inzwischen gibt es auch eine Vier-Mann-»hardcore indie rock« Band aus Bristol (England), die sich die Melon-Farmers nennen. Und die nordirische Alternative-Rock-Gruppe *Ash* nahm 2002 einen Song mit dem Titel »Melon Farmer« auf, in dem beide Wörter nicht auftauchen; tatsächlich lautet die Eröffnungszeile: »Motherfucker! What's going on in my head?« Aber wer weiß? Vielleicht haben sie noch eine alternative »melon farmer«-Version gebunkert, nur für den Fall, daß sie irgendwann einmal amerikanische Sendezeit beanspruchen.

Hollywoods schlimmster Motherfucker!

> »Willkommen in New York – und nun
> verpiß dich, motherfucker!«
>> *Slogan auf einem Big Apple T-Shirt*
>> *unter dem Foto eines Revolverlaufs,*
>> *der auf den Betrachter gerichtet ist.*

Wenn es einen Hollywood-Actionstar gibt, der eine Lizenz für das Wort *motherfucker* haben sollte, dann ist es Bruce Willis, dessen Lieblingsspruch in dem nicht als jugendfrei bewerteten Welterfolg *Die Hard* (1988) und seinen Fortsetzungen »Yippie-ki-yay, motherfucker« war. Zum erstenmal zu hören ist er, als Willis' Figur, der New Yorker Polizist John McClare, am Walkie-Talkie mit dem überkriminellen Jack Gruber (Alan Rickman) spricht, nachdem Gruber und sein Kader internationaler Terroristen ein Bürohochhaus besetzt haben.

Gruber: Du kennst meinen Namen, aber wer bist du? Noch so ein Amerikaner, der als Kind zu viele Filme gesehen hat? Ein Waisenkind einer bankrotten Kultur, das glaubt, John Wayne zu sein? Rambo? Matt Dillon?

McClane: Nun ja, ich hatte immer eine Schwäche für Roy Rogers. Ich mag nun mal diese Glitzerhemden.

Gruber: Denkst du wirklich, du hast eine Chance gegen uns, Mister Cowboy?

McClane: Yippie-ki-yay, motherfucker.[*]

Der Satz war inspiriert von dem Song »I'm an Old Cowhand (From the Rio Grande)«, den Roy Rogers in einem populären Western von 1943 mit dem Titel *King of the Cowboys* schnulzte. Jeder Vers endete mit »yippie-i-o-ki-yay«, aber da die Produzenten von *Die Hard* vermutlich Copyrightprobleme vermeiden wollten – der Komponist Johnny Mercer war schon tot, aber sein Musikverleger war immer noch mächtig präsent –, kürzten sie den Satz auf »yippie-ki-yay«. Oder vielleicht klang in ihren Ohren »yippie-ki-yay« fetziger, besonders als Willis *motherfucker* hinzufügte.

In einer späteren Szene sagt McClane: »Du wärst doch 'n guter Cowboy geworden, Jack.«

Bei Grubers Antwort konnte der Drehbuchautor offensichtlich der Versuchung nicht widerstehen: »Was war es, was du vorhin zu mir gesagt hast? Yippie-ki-yay, motherfucker?«

Willis ließ den ganzen Film hindurch MF-Bomben fallen, darunter »Geronimo, motherfucker!« [ein Kampfschrei], aber nichts davon blieb so haften wie »yippie-ki-yay, motherfucker«. Und doch wurde der arme Bruce nicht Hollywoods schlimmster Motherfucker. Diese Ehre ging zu Recht an einen schlaksigen schwarzen Schauspieler namens Samuel J. Jackson, der zufällig Willis' Co-Star in *Die Hard With a Vengeance* (1995) war, der dritte Film in der *Die Hard*-Serie. Nein, Jacksons Figur, ein Harlemer Ladenbesitzer namens Zeus Carver, äußerte keinen knackigen Aphorismus über Mutterliebe, noch sagte er zu John McClare etwas Denkwürdigeres als

* In der deutschen Fassung sagt er tatsächlich »Schweinebacke«.

»Leg dich nicht mit mir an, oder ich schieb dir einen Blitz in den Arsch!« Das mußte er auch nicht, weil er bereits Hollywoods Haupt-Mofo war, dank des Films, den er mit Willis im Jahr zuvor gemacht hatte: *Pulp Fiction*.

Samuel Leroy Jackson wurde am 21. Dezember 1948 in Washington D.C. geboren und wuchs in Chattanooga (Tennessee) auf. In seiner Jugend engagierte er sich in der Bürgerrechts- und Studentenbewegung. Zu der Zeit, als ihn das Theaterfieber packte und er der *Negro Ensemble Company* beitrat, war Jackson bereits in seinen späten Zwanzigern. Nachdem er mehrere Jahre auf der Bühne Süchtige und Schurken gespielt hatte, bekam seine Karriere einen Schub mit mehreren bemerkenswerten Rollen in Spike Lees *Do the Right Thing* (1989), *Mo' Better Blues* (1990) und *Jungle Fever* (1991). Dann kam im Jahr 1994 sein Durchbruch, als Quentin Tarantino den damals 46-jährigen in *Pulp Fiction* in der Rolle eines brutalen, aber stets gelassenen Kriminellen namens Jules Winnfield besetzte. Der Film selbst verdient wahrscheinlich eine Art Auszeichnung für die Unmenge der in ihm gemurmelten, ausgestoßenen, hingespuckten und gestammelten *motherfuckers*. Winnfield ist nicht zufrieden damit, nur ein »bad motherfucker« zu *sein*; er verkündet es seiner Umgebung jedesmal, wenn er sein Lederportemonnaie mit dem BMF-Aufdruck zückt. In der Schlußszene des Films fordert er den Restauranträuber Pumpkin (Tim Roth) auf: »Ich will, daß du in den Beutel greifst und meine Geldbörse suchst ... Es ist die, auf der Bad Motherfucker steht.« Und nachdem er Hesekiel aus dem alten Testament zitiert hat, läßt er Pumpkin wissen: »Ich sag diesen Scheiß nun schon seit Jahren, und wer immer ihn gehört hat, wußte, es geht um seinen Arsch. Ich hab nie viel darüber nachgedacht, was er bedeutet, ich dachte nur, das ist ein kaltblütiges Ding, so was einem Motherfucker zu sagen, bevor ich ihn umlegte.«

Hier ist noch eine berühmte Szene:

Jules: Aus welchem Land kommst du?

Brett: Was?

Jules: Ich kenne kein Land, das *Was* heißt. Man spricht Englisch in Was?

Brett: Was?

Jules: Englisch, motherfucker, sprichst du das?

Brett: Ja.

Jules: Dann verstehst du, was ich sage.

Brett: Ja.

Jules: Beschreibe, wie Marsellus Wallace aussieht.

Brett: Was, ich – ?

Jules [richtet seine Waffe auf ihn]: Sag noch einmal was. Sag noch einmal Was. Ich warne dich. Ich warne dich zweimal. Wag es noch einmal, Was zu sagen.

Oder:

Jules: Ich will nichts über motherfuckin' Wenns hören. Von dir will ich nur eins hören. Du hast kein Problem, Jules. Ich kümmere mich um den motherfucker. Geh wieder rein, beruhige den Nigger und warte auf die Kavallerie, die jeden Augenblick kommen wird.

Marsellus: Du hast kein Problem, Jules. Ich kümmere mich um den motherfucker. Geh wieder rein, beruhige den Nigger und warte auf den Wolf, der jeden Augenblick kommen wird.

Jules: Du schickst den Wolf?

Marsellus: Fühlst du dich jetzt besser, motherfucker?

Jules: Scheiße, ja, Neger, das ist alles, was ich hören wollte!

Zugegeben, *Pulp Fiction*s Quantum an *motherfuckers* reichte bei weitem nicht an die 226 »fucks« in Brian de Palmas *Scarface* von 1983 heran, aber seien wir ehrlich, was die Wirkung angeht, gleicht ein *motherfucker* mindestens einem Dutzend fucks, selbst wenn der Meistermime, dessen Mund von »fucks« übersprudelt, Al Pacino mit einer verkoksten Stimme und einem noch schlimmeren Toupet ist.

Nun, da Sam Jackson »Bad Negro Number One« war, angelte er sich im Jahr 2000 die Hauptrolle in *Shaft*, das Remake des Blaxploitation-Klassikers von 1971. Er spielt den Privatdetektiv John Shaft, der nach Isaac Hayes' Titelsong aus der Originalfassung »a bad mother –« (»Halt den Mund!« unterbrach ihn ein weiblicher Chor, bevor er das ganze Wort herausbringen konnte) war.

Hier sind ein paar denkwürdige Zitate von *Shaft*:

Zu einem Gangster: »April, April, motherfucker!«
»Kapiert, motherfucker!«
»Du trägst doch nur billige Imitate, motherfucker!«
Zu einem korrupten Bullen: »Wie kann sich ein drittklassiger, sesselfurzender Schwachkopf wie du ein Kolonialhaus mit vier Schlafzimmern in Nassau motherfucking County leisten?«
»Ich schnapp mir diesen stinkreichen motherfucker, und zwar auf meine Weise!«

Als Jackson begann, ab 1999 in George Lucas' *Star Wars*-Vorläufern Jedi-Meister Mace Windu zu spielen, war sein MF-Ruf so solide, daß Blogger und Internetwitzbolde Sätze aus seinen anderen Filmen vorschlugen, die sie ihn unbedingt sagen hören wollten, darunter:

»Ich bin ein tougher lichtschwertschwingender motherfucker, motherfucker!«
»Womp-Ratten mögen wie Kürbiskuchen schmecken, aber ich werd's nie wissen, denn selbst wenn es so wäre, ich würde den dreckigen motherfucker nie essen.«
»Dies ist das Lichtschwert deines Vaters. Wenn du unbedingt jeden motherfuckin' Sturmtruppler im Raum töten mußt, dann akzeptiere keinen Ersatz.«
(Das war inspiriert von Jacksons Text in Tarantinos Blaxploitation-Werk *Jackie Brown* von 1997: »AK-47,

das Beste, was es gibt. Wenn du unbedingt jeden motherfucker im Raum töten mußt. Akzeptiere nichts anderes.«

»Spür die Macht, motherfucker.«

»Reich mir das Lichtschwert. Ich meine das, auf dem
›Bad Motherfucker‹ steht.«

Wie sich herausstellte, gelang es Internetbloggern, Jackson mit dem Slogan für den Thriller *Snakes on a Plane* zu
versorgen, und sie erzeugten mehr Wirbel als die Werbe-
abteilung von New Lines. Der Film kam Mitte August
während der Sommerblockbuster-Zeit heraus, bevor die
Kids wieder in die Schule gingen. Sein Einzeiler war
»Enough is enough! I have had it with these motherfucking snakes on this motherfucking plane!« Seine
Stimme wiederholte ihn während des Abspanns, nur war
nun »Genug ist genug!« durch »Das war's!« ersetzt.

Wir folgen dem *Hollywood Reporter*, der diese ver-
schlungene Geschichte entwirrte. Im März 2006, sechs
Monate nachdem die Dreharbeiten für *Snakes on the
plane* in British Columbia weitgehend beendet waren,
holte Regisseur David R. Ellis seine Schauspieler und
Crew für fünf Tage in ein Studio in Los Angeles, um
zusätzliche Szenen zu filmen – nicht um irgendwelche
Probleme mit dem Plot zu lösen (nun, vielleicht das
auch), sondern um dem intensiven Interesse der Fans an
dem Projekt entgegenzukommen.

In dem Film bringt FBI-Agent Neville Flynn (Jackson)
auf einem Nachtflug einen Zeugen von Honolulu nach
Los Angeles, der vor einem Bundesgericht gegen einen
Gangster aussagen soll. (So weit ist es im wesentlichen
eine Luft-Version des Films *The Narrow Margin* von
1951, in dem Marie Windsor sich von ihrem Bewacher
mit »So long, *mother*« verabschiedete – aber warten Sie!)
Der böse Typ will nicht, daß das Flugzeug pünktlich, ja
überhaupt ankommt, deshalb schmuggelt er mehrere Ki-
sten mit Giftschlangen an Bord, in denen Druckluftgeräte

dafür sorgen, daß die Schlangen in einer Höhe von zehntausend Metern freigelassen werden.

Drei Jahre zuvor, als die Filmgesellschaft *New Line* das Skript *Paramount Pictures* abgekauft hatte, hatte es niemand für mehr als eine bescheuerte B-Movie-Idee mit einem noch bescheuerteren Titel gehalten. Obwohl bereits vier professionelle Drehbuchautoren an dem Originalentwurf herumgedoktert hatten, brauchte *Snakes on a Plane* noch etwas, um den Dreharbeiten grünes Licht zu geben. Dieses Extra war Samuel L. Jackson. Kaum hatte er den Vertrag unterschrieben, änderte *New Line* den Titel in das weniger grelle *Pacific Air Flight 121*. »Wer will schon in einem Film mit dem Titel *Schlangen in einem Flugzeug* sein?«, fragte damals ein Talentagent.

Aber sobald die Produktion begann, erfuhren Filmfans von der Website des Filmkritikers Harry Knowles (*aintitcool.com*) den ursprünglichen Titel und kreierten *Snakes on a Plane*-Blogs, -Songs, -Gedichte, sogar -T-Shirts. »Der Titel ist so klar und direkt«, sagte Brian Finkelstein, Gründer der Website snakesonablog.com, dem *Hollywood Reporter*. »Man weiß genau, was man zu sehen bekommt.« Die Bosse von New Line dachten, daß all diese verrückten jungen Fans – ihre Hauptkundschaft – sich nicht irren konnten, und setzten den alten Titel wieder ein.

Inzwischen hatte der Computerfreak Chris Rohan aus Bethesda (Maryland) auf seiner Website einen scheinbar echten Audiotrailer für den Film produziert. »Es ist ein genialer Titel«, schrieb Rohan. »Er ist so blöd, daß er schon wieder großartig ist.« Rohan ließ sich den Satz einfallen, den Samuel L. Jackson im Ton von Jules Winnfield (aus *Pulp Fiction*) dann tatsächlich ausruft: »I want these motherfucking snakes off the motherfucking plane!« Die wachsende Zahl der *Snake*-ophilen hatte nämlich gefordert, daß Jackson Rohans Bonmot kobragiftig in die Kamera zischelte. Erwartungsgemäß wies *New Line*-Regisseur Ellis an, die Szene nachzudrehen. Und da

Jacksons zusätzlicher Dialog die Bewertung des Films von PG-17 in das härtere R-Territorium verschob, konnte er auch gleich mehr Blut und Tod und nackte Titten hinzufügen, und wo er gerade dabei war, auch noch mehr Schlangen. Als Scherz drehte Ellis sogar einen Clip für das Ende nach dem Abspann, in dem Jackson in die Kamera starrt und den Nachzüglern im Kino mitteilt: »Movie's over! Get your asses out of the motherfuckin' theater!«

Jackson hatte offensichtlich soviel Spaß an diesen nachgedrehten Szenen wie seine Zuschauer. Chris Morris von der Website *moviehole.net* fragte ihn später: »Wie fühlen Sie sich, ›motherfucker‹ sagen zu müssen, nur weil die Fans es verlangen?«

Jackson antwortete: »Kein Problem. Ich will das ja selbst. ›Hi, how are you, motherfucker.‹ Ist doch cool, das ist das, was sie erwarten. Das ist die Art von Film.«

Als jedoch *Snakes on a Plane* im August 2006 anlief, war es nicht das Event-Movie, das *New Line* erhofft hatte. Die Kritiker lehnten den Film völlig ab. Der Kartenverkauf war okay, aber nicht spektakulär.

Rezensent James Berardinelli bemerkte auf *reelviews.net*: »Samuel L. Jackson ist in guter Samuel L. Jackson-Form, läßt die Fetzen fliegen und zeigt allen, wo der Hammer hängt. Er hat seine großen Redeauftritte, seine tollen Momente, und er kann den coolsten Satz in dem ganzen Film äußern ... An keiner Stelle schreit er: ›Die, motherfucker!‹, was schade ist, weil das die Art von Klischee ist, die genau dazu passen würde.«

Ein Kritiker, der sich Dorkafork nannte, schrieb auf *indcjournal.com*: »Samuel L. Jackson hätte noch ein wenig mehr ›mutha*&#@in'‹ sagen können. Und Christopher Walken hätte drin sein sollen: ›Wow! So viele Schlangen ... in diesem muthaf&^%#in Flugzeug ... Das gibt's doch nicht!‹«

Andere begannen, sich Sorgen zu machen, daß Jackson immer mehr auf eine bestimmte Rolle festgelegt wurde.

In einem Artikel vom Juli 2007 auf *mediabistro.com*, überschrieben mit »Sam Jackson! Now with 40% More Motherfucker!«, schimpfte jemand, der sich Fishbowl Los Angeles nannte:

Wenn er weiterhin nur dem kleinsten gemeinsamen Nenner seiner Fans gerecht werden will, wird er irgendwann wie ein ausgelaugter Komiker klingen. Es reicht noch nicht, daß die Macher von *Snakes on a Plane* den Forderungen von Bloggern folgten, Jacksons Dialogen mehr »motherfuckers« hinzuzufügen, denn als er heute bei Comic-Con [eine Comicbuch-Messe] zu 6500 Freaks und Deppen sprach, warf er, so berichtet uns unsere Quelle, mit »motherfuckers« um sich wie ein Billy Crystal der achtziger Jahre, der »you look mahvelous« flötet.

Schon wahr, Jackson hat alle Qualitäten eines »bad motherfuckers«, die ihn vielleicht davor schützen, die Zielscheibe seiner eigenen Witze zu werden. Immerhin bot sich schon eine Gruppe von Kids aus dem *Snakes on a Plane*-Forum an, ihm einen »menschlichen Thron« zu machen. Aber Slogans haben nun mal so eine Art, Karrieren zu ruinieren.

Aber vielleicht ist Jackson scharf darauf. Als ein 15jähriger ihn fragte, »Wie ist es, die ganze Zeit ein bad motherfucker zu sein?«, antwortete Jackson: »Ich verstehe es, daß du das von mir denkst, aber ich fühle mich nicht die ganze Zeit wie ein bad motherfucker. An manchen Tagen versuche ich einfach, durchzukommen.«

Man kann förmlich hören, wie er in 15 Jahren zu einem Blogger mit vorgehaltener Waffe sagt: »Greif in den Beutel und gib mir meine Karriere zurück. Es ist die, auf der Bad Motherfucker steht.«

Auf seiner MySpace-Seite pries sich Jackson selbst als einen »Motherfuckin' Star« an. Er sagte, er arbeite nicht

fürs Fernsehen. »Nichts von diesem Scheiß, motherfukker.«

Als ein Interviewer Samuel L. Jackson fragte, was das
»L« in seinem Namen bedeute, erwiderte er: »Motherfucker.«

In der Zwischenzeit versuchte Bruce Willis immer
noch, irgendeinen Vorteil aus »Yippie-ki-yay, motherfucker« zu ziehen. Als wollte er für seinen neuen Film
Die Hard 4.0, d.h. *Live Free or Die Hard* (in dem die
vier Worte von einem Schuß übertönt werden) werben,
tauchte Willis am 30. April 2007 bei einem Playoff-Spiel
der NBA zwischen den *Toronto Raptors* und den *New
Jersey Nets* auf und rief bei laufender Sendung, er hatte
bereits einige Bier intus, einem kanadischen TV-Reporter
»Yippie-ki-yay, motherfucker!« ins Mikrophon. Nach
dem öffentlichen Aufschrei, der folgte, sagte ein pseudo-
zerknirschter Willis: »Beim nächsten Mal bin ich clean.
Anstatt ›yippie-ki-yay, motherfucker‹ werde ich einfach
›motherfucker‹ sagen.«

Das klingt schrecklich passiv-aggressiv. Samuel L.
Jackson hätte einfach gerufen: »Verpißt euch verdammt
noch mal, motherfuckers !«

An die große Mauer, du Schildkrötenei!

> »Wenn du dich auch drei Jahre nach dem Tod deines Vaters noch an seinem Weg orientierst, dann bist du wahrlich ein treuer Sohn.«
>
> Konfuzius (ca. 500 v. Chr.)

Da *motherfucker* viele Bedeutungen hat, scheint es so gut wie unmöglich zu sein, seine Übersetzung in andere Sprachen zu bestimmen. Will man eine exakte Übersetzung der exakten Bedeutung, d.h. einer, der seine Mutter fickt? Will man einen idiomatischen Ausdruck, der im Allgemeinen das gleiche bedeutet, aber dessen wörtliche Übersetzung keinen Sinn ergibt? Oder will man sich mit einem Wort oder Ausdruck begnügen, der innerhalb der Kultur die gleiche Wucht hat wie *motherfucker*, selbst wenn er etwas völlig anderes bedeutet?

Zum Beispiel lautet im Polnischen die wörtliche Übersetzung für motherfucker *matkojebca*, aber das Wort, das eine ähnlich beleidigende Wirkung hat, heißt *skurwysyn* (»Scheißkerl«). Ebenso ist »Hurensohn« in den meisten romanischen Sprachen eine schwere Beleidigung, etwa im Italienischen (*figlio di puttana*) und im Französischen (*fils de pute*, obwohl das der Mutter näherrückende *nique ta mère* – »Fick deine Mutter« – manchmal verwendet wird). Das schwedische *mammaknullare* ist wörtlich, aber im Alltag selten zu hören. Das niederländische *moederneuker* wird nur benutzt, um einen humorvollen Effekt zu erzielen. Und das deutsche *Mutterficker* ist eine so buchstäbliche Übersetzung, daß es wahrscheinlich direkt von dem englischen Wort kommt.

In China ist das Double für motherfucker *wangba dan*, was wörtlich »Schildkrötenei« heißt. Fragen Sie mich nicht, warum. Im Mandarinslang jemanden Ei (gleich welcher Art) zu nennen, scheint kein Zeichen der Zuneigung zu sein. Man kann ein dummes Ei (*ben dan*) oder ein verfaultes Ei (*huai dan*) sein, aber nie ein gutes Ei. Daher ist es nicht überraschend, daß auch »Schildkrötenei« eine Beleidigung ist. So hörte zum Beispiel Mitte der vierziger Jahre der US-Gesandte Patrick Hurley, daß Mao Tse-tung den Führer der nationalistischen Regierung, Chiang Kai-shek, ein *wangba dan* nannte. Offensichtlich war das kein einmaliger Ausbruch, denn Oberst David D. Barrett, Leiter der Beobachtungsgruppe der US-Armee, schrieb Jahre später in einem Bericht, daß »Mao nicht unhöflich zu mir war, aber mehrere Male in heftige Wut geriet« und Chiang »dieses Schildkrötenei« nannte.

Das Magazin *Businessweek* berichtete am 28. Juli 2003 in einem Artikel mit der Überschrift »Ein Dorn in Chinas Auge«, daß Jimmy Lai, einer von Hong Kongs Medienbossen, den früheren chinesischen Premierminister Li Peng als »Sohn eines Schildkröteneis« und »ein Schildkrötenei mit einem IQ von Null« beschimpft hatte. Und Nicholas D. Kristof, Korrespondent der *New York Times*, erzählte in der Ausgabe vom 26. April 1993, daß auf *Radio One*, Shanghais größter Talk Radio-Station, Anrufer ihre Telefonnummern angeben müssen und dann zurückgerufen werden, um sicherzugehen, »daß niemand den Bürgermeister während der Sendung ein Schildkrötenei nennt«. Kristof fügte hinzu: »Sendeleiter sagen, daß die Anrufer sich normalerweise sehr gut benehmen, und deshalb haben sie keine offizielle Regelung dafür, ob solche chinesischen Beleidigungen durch Pieptöne überspielt werden oder nicht.« Eine andere Wendung lautet »weniger als ein Schildkrötenei«, weil eine Mutter ihre Eier vergräbt und sie dann sich selbst überläßt. Da kann man schon ins Grübeln kommen: Wenn deine Mutter ihren Hintern in den Sand steckt und ein Ei scheißt, was bist du dann?

Die Chinesin amerikanischer Herkunft Lao Wai bloggte 2007 während ihrer Zeit in China: »Ich kannte dieses Wort schon lange. *Wangba dan*, was ›Schildkrötenei‹ bedeutet, wird gewöhnlich mit Bastard übersetzt, aber hält im Wesentlichen den gleichen Platz in der Sprache wie motherfucker – jemandes Elternschaft in Frage zu stellen, ist in China im Allgemeinen etwas ziemlich Ernstes.«

Youqin Wang, Professor an der Stanford University, sagt, eine wortgetreuere chinesische Entsprechung von *motherfucker* ist das übliche Schimpfwort *ta ma de* (tah-MAH-duh ausgesprochen), was wörtlich »seine oder ihre Mutter« bedeutet, aber im übertragenen Sinn »Fick seine oder ihre Mutter« meint – eine Art dritter Person-Version des englischen »Yo' mama«. In einem Essay mit dem Titel »Oedipus Lex: Einige Gedanken zu Schimpfwörtern und dem Inzesttabu in China und dem Westen«, schreibt Wang, daß »der berühmte Schriftsteller Lu Xun einmal scherzhaft behauptete, daß so, wie die Pfingstrose die ›Nationalblume‹ seines Landes ist, *ta ma de* als das nationale Schimpfwort Chinas« angesehen werden sollte. Die Redewendung ist in der Bedeutung nahe genug an *motherfucker*, so daß zumindest ein angesehener amerikanischer Übersetzer chinesischer Literatur sie in seiner englischen Version von Lu Xuns Geschichten so übertragen hat. John Derbyshire, Autor der *National Review*, nennt *ta ma* »den Allzweckfluch« in Mandarin, aber fragt dann: »Seine Mutter was?« Trotz der öbszönen Anspielung, schreibt er, »schafft es der Ausdruck irgendwie, nicht verletzend zu sein. Man hört *ta ma de* auf den Straßen in China ständig.« Es ist wie »Fuck!« oder »Shit!« – etwas, was man ausruft, wenn man sich auf den Daumen haut oder die Zehe anstößt. Ein anderes Problem ist, daß *motherfucker* buchstäblich eine Anschuldigung ist, daß jemand seine eigene Mutter gevögelt hat, während mit *ta ma de* die Person, die die Beleidigung äußert, behauptet, er selbst oder sonst jemand habe die Mutter eines anderen gefickt. Mit anderen Worten, sagt Wang, »die ›entsprechende‹ chinesische Obszönität hat nichts mit dem Mutter-Sohn-Inzesttabu zu tun«.

Ähnlich verhält es sich mit *wangba dan*. Wang zufolge »legte Mao, indem er Chiang als ein Schildkrötenei bezeichnete, nahe, daß der Vater seines Rivalen eine Schildkröte war, ein Tier, das in der chinesischen Volkskultur oft in Verbindung mit dem gehörnten Ehemann gebracht wird. In gewissem Maße funktioniert dann ›Schildkrötenei‹ als eine Art impliziter Version von *ta ma de*. Beide häufig gebrauchten Schimpfwörter beziehen sich auf Ehebruch und Unzucht; die Betonung liegt auf unerlaubtem Sex, der außerhalb der Ehe stattfindet, aber in beiden Fällen gibt es keinerlei Assoziation mit dem Inzest.«

Die einzige Verbindung zu unserem *motherfucker* besteht darin, daß *wangba dan* der gemeinste und verletzendste Ausdruck war, den Mao in seinem Vokabular hatte, und daß die präzise Bedeutung sekundär war. Im Englischen und den meisten anderen europäischen Sprachen ist *motherfucker* die ultimative Beleidigung, weil sie auf den Geschlechtsverkehr zwischen Mutter und Sohn und damit auf den Bruch eines der strengsten Tabus der Gesellschaft anspielt. Und doch, obwohl die Chinesen diese besondere Form des Inzests auch für eine schreckliche Sache halten, scheinen sie keine direkte verbale Entsprechung zu haben.

Nach Wangs Ansicht helfen Lästerungen und Obszönitäten dabei, soziale Grenzen zu ziehen. »Wenn in einem gemeinhin benutzten Schimpfwort auf eine für verachtenswert gehaltene Handlung angespielt wird, erinnert diese Anschuldigung ständig die Leute daran, daß die Handlung schändlich ist. Wenn Leute voll Verachtung fluchen, um ihren Zorn und Ärger rauszulassen, können sie moralische Tabus gleichzeitig wiederholen und festigen, etwa das, welches mit dem Mutter-Sohn-Inzest verbunden wird. In diesem Sinn kann das Schimpfwort als eine Form öffentlicher Kontrolle fungieren.«

Beim Durchforsten der Mythologie und klassischen Literatur Chinas konnte Wang keine Hinweise auf Mütter finden, die es mit ihren Söhnen trieben. »Während ich nicht behaupten würde, daß es in dem riesigen Korpus von mehr als zweitausend Jahren chinesischer Literatur überhaupt keine Andeutungen auf den Eltern-Kind-Inzest gibt, kann man mit Gewißheit sagen, daß Inzest für chinesische Schriftsteller nie ein gängiges Thema gewesen ist. Mit anderen Worten, in der traditionellen chinesischen Literatur gibt es nichts, was der Ödipus-Geschichte vergleichbar wäre.« Ja, auch Freuds Theorie des Ödipuskomplexes als einer Erklärung für menschliche sexuelle Motivation scheint keinen Einfluß auf moderne chinesische Schriftsteller gehabt zu haben. Und doch, fragt Wang, »selbst wenn Inzest in der chinesischen Gesellschaft selten geschah, warum existieren keine Geschichten dieser Art in der literarischen Fantasie der Chinesen?«

Wang vermutet, daß der konfuzianische Begriff des *xiao*, »der kindlichen Pietät« – seit Jahrtausenden eine der Grundlagen chinesischer Familienethik – ein ausdrückliches Inzesttabu überflüssig macht. In den alten Texten als »das Fundament der Tugend und die Wurzel der Zivilisation« beschrieben, umfaßt *xiao* den Respekt und den Dank, die jedes Kind seinen Eltern schuldet. »Es gibt im Englischen keinen spezifischen Ausdruck für *xiao*«, sagt Wang, »da Wörter in der Verbindung mit ›kindlich‹ oft einen falschen Ton an sich haben. Im Chinesischen dagegen meint das Wort nur die Liebe der Kinder für ihre Eltern und kann in keinem anderen Zusammenhang gebraucht werden.«

Alle Hauptfiguren der chinesischen Literatur hatten *xiao*. Im Gegensatz zu Ödipus, der von den Göttern für die Verletzung des ultimativen Tabus bestraft wurde, »wird chinesischen Helden von den Göttern geholfen wegen ihrer vielfältigen Dienste für die Eltern und ihrer Bereitschaft, sich selbst zu opfern«, sagt Wang. »Die Botschaft der Geschichte von Ödipus vermittelt eine negative Ermahnung: Tu nicht das, was Ödipus tat! Begeh keinen Vatermord oder Inzest! Die Botschaft dieser chinesischen Geschichten dagegen ist eine positive: Folge dem Beispiel des ergebenen Sohnes! Sei deinen Eltern ein treuer Sohn!«

Lao Wai, die Besucherin in China, aus deren Blog ich vorher zitierte, notiert einen weiteren bizarren Familienfluch: *wo cao ni zu zong shi ba dei*, was übersetzt heißt: »Ich ficke die achtzehn Generationen deiner Vorfahren.« Nun, *das* ist ein echter *motherfucker*.

Chinga tu madre!

»Tua madre si da per niente!«
Italienischer Ausruf, der meint: »Deine
Mutter macht's umsonst!«

In mexikanisch-amerikanischen Stadtvierteln, wo öffentliche Mißbilligung durch den Singsang *culero!* (Arschloch) ausgedrückt wird und *cabrón* (Arschloch) und *pendejo* (Trottel) zu den gewöhnlichen Schimpfnamen gehören, scheint ein Wort das verächtlichste von allen zu sein: *madre*. Die Latino-Kultur ist berüchtigt für ihren Machismo, der Frauen in Mütter und Huren einteilt, aber mexikanische Männer verbinden und verwirren oft beide in ihren Flüchen. Dem kalifornischen Reporter Gustavo Arellano zufolge, der eine in mehreren Zeitungen erscheinende Kolumne mit dem Titel »Ask a Mexican!« für den *Orange County Weekly* schreibt, ist *madre* »eines der vulgärsten Wörter im mexikanischen Spanisch«.

In seiner Kolumne vom 5. September 2006 fragte ein Leser namens »Gabacho Grosero« (vulgärer Weißer): »Gibt es eine mexikanische Phrase, die ›motherfucker‹ meint?« Arellano antwortete: »Das Äquivalent, das im mexikanischen Spanisch dem Wort am nächsten kommt, ist *Chinga tu madre* (Geh und fick deine Mutter), aber es ist nicht das gleiche. Tatsächlich gibt es im mexikanischen Spanisch keine richtigen *Calques* [Wort-für-Wort-Übersetzungen] für motherfucker.«

Das klingt ziemlich einsichtig, wenn man bedenkt, daß die verehrteste Gestalt in Mexiko die Jungfrau von Guadeloupe ist, ein Indianermädchen, das vor vielen Jahrhunderten lebte und behauptete, außerhalb ihres Dorfes Maria, die Mutter Jesu, gesehen zu haben. Die Jungfrau ist merkwürdigerweise Mexikos Nationalsymbol der Mutterschaft, und man sieht sie in Form eines farbenprächtigen Gemäldes oder einer Statuette in fast jedem mexikanischen und mexikanisch-amerikanischen Haushalt. Mexikaner halten ihre eigenen Mütter für heilig. Die der anderen dagegen betrachten sie als Freiwild.

Wie das englische *motherfucker* hat auch *chinga tu madre* viele andere Bedeutungen, die von beleidigend bis freundlich und witzig reichen. Da es die Doppelbedeutung von »fuck you« hat, ist es wahrscheinlich das Schlimmste, was man einem Mexikaner oder Chicano, den man nicht kennt, sagen kann. Aber *chinga tu madre* kann auch bei einer Schreckreaktion herausplatzen, zum Beispiel wenn man von einem Freund rüde wachgerüttelt wird (»*Chinga tu madre! me despertaste!*« – »Verdammt noch mal, Alter, du hast mich aufgeweckt!«). Es drückt Fassungslosigkeit über etwas aus, was einem jemand erzählt, ein Ausruf wie etwa »Heilige Scheiße!« Man kann damit jemanden zurückweisen (»*Ha ha ha! chinga tu madre!!! si como no!*« – »Schon klar, ha ha ha, verpiß dich, Mann!«) Die Bedeutung hängt ganz von Betonung, Lautstärke und Kontext ab.

In formellem Spanisch wird es als *chingue su madre!* gesprochen und bedeutet, sich mit einer Sache zu beeilen oder eine Aufgabe halbherzig zu beenden (»*Chingue su madre! asi como quede lo hago!*« – »Scheiß drauf, wen kümmert's?«). Und schließlich kann es auch eine Reaktion auf etwas Verstörendes sein, das man gesehen hat (»*Chingue su madre! ese estuvo duro!*« – »Heilige Scheiße! Das war schlimm!«).

Überall auf der Welt scheinen Mütter in den Flüchen geschmäht zu werden, die ein Mann anderen Männern entgegenschleudert oder einfach ausruft, wenn er sich gestoßen hat. Ein arabischer Ausdruck, der im wesentlichen »Scheiße!« oder »Scheiß drauf!« meint, ist *koos emek*, das wörtlich »die Fotze deiner Mutter« heißt. Im Hebräischen lautet der Fluch *kus ima shelcha*, der ebenfalls »die Fotze deiner Mutter« bedeutet. Im Italienischen, Portugiesischen, Spanischen, Französischen und anderen romanischen Sprachen ist »Hurensohn« ein gewöhnliches Schimpfwort, das man jemandem an den Kopf wirft oder einfach als Fluch ausstößt, und es ist stärker als seine englische Entsprechung »son of a bitch«.

Arellano weist in seinem Artikel darauf hin, daß das mexikanische Spanisch »mehr als genug Flüche« hat, die *madre* benutzen.

Als Substantiv kann *madre* alles Mögliche bedeuten von »Scheiße« wie in »*No vale madre*« (»Es ist nichts wert«) bis zu »Arsch« wie in »*Te voy a partir la madre*«, was wörtlich heißt: »Ich spalte für dich die Mutter«, aber in Wirklichkeit meint: »Ich trete dir in deinen verdammten Arsch.« *Madre* wird manchmal auch adverbial verwendet: »*Te voy a dar un chingazo en la madre*« läßt sich mit »Ich werde dir einen Schlag in die Mutter verpassen«, aber tatsächlich meint: »Ich werde dich dort treffen, wo es am meisten wehtut.« Man kann auch *cabrones* (Arschlöchern) zurufen: »*Vete a la madre*«, womit man nicht sagen will: »Geht zu euren Müttern«, sondern vielmehr »Fahrt zur Hölle«. Fügt man *madre* das Suffix »-ar« an, bekommt man das Verb *madrear*, was bedeutet: »jemanden übel zurichten«. Wenn also jemand zu seiner Mutter sagt: »*Te voy a madrear*«, verspricht er ihr nicht etwas Nettes, sondern droht ihr: »Ich trete dir gleich in deinen Arsch.« Er sollte sich schämen.

Und das ist erst der Anfang. *Hijo (hija) de tu madre* bedeutet »Sohn (oder Tochter) deiner Mutter«, aber es ist eine Wendung, die besonders Väter benutzen, wenn sie über ihre Kinder empört sind. »Man kann selbst die harmloseste Form von Mutter, *mamá*, in eine grobe Beleidigung verwandeln«, schrieb Arellano. »Nehmen Sie den Akzent weg, und man hat *mama*, den Präsens Indikativ von *mamar*, was ›saugen‹ bedeutet. Und damit will man einem Baby nicht sagen, wie es Milch aus der Flasche bekommt.«

Aber von all diesen Flüchen ist *chinga tu madre* die Basis, so eingebettet in die mexikanische Kultur, daß es sogar einen Pfiff dafür gibt. Ja wirklich: Laut dem Buch *Whistled Languages* von René Guy Busnel und André Classe hat das Spanische einen scharfen Pfiff, um jemandes Aufmerksamkeit zu erregen, einen längeren Pfiff, um Darsteller auszubuhen, einen langgezogenen »Bewunderungspfiff«, um hübsche Mädchen zu belästigen, und am spektakulärsten »fünf schnelle Triller« für *chinga tu madre*.

Man fragt sich, warum mexikanische Frauen sich überhaupt die Mühe machen, solche undankbaren kleinen Motherfucker auf die Welt zu bringen.

Club
Motherfucker

»He, das ist doch bloß eine motherfuckin'
Party!«

Rapper Kid Rock, »Live« (1996)

Während der ersten sechs Jahre dieses Jahrhunderts
konnten New Yorker, wenn sie auf der Suche nach der
Mutter aller Parties waren, zu Rock'n'Roll-Orgien, Motherfuckers genannt, gehen, berüchtigte Club-Events, die
eindeutig nichts mit den früheren Feten der Eltern zu tun
hatten. Die erste Party wurde am *Memorial Day Weekend*
2000 von vier Veranstaltern arrangiert – Georgie Seville
und die DJ-Drillinge Justine D., Johnny T. und Michael
T. (nicht miteinander verwandt) –, die sich zusammen
Motherfucker nannten. »Die MF-Partys sind musikalisch
nicht festgelegt und finden immer an anderen Orten
statt«, bloggte Klatschkolumnist Brian Niemietz Ende
2006. »Es gibt sie etwa sechs bis acht Mal im Jahr, normalerweise am Abend eines Feiertags. Die letzte war eine
Halloween-Party im Roxy; die nächste ist morgen abend,
eine Sylvester Dance Dance Dance Party im Club Rebel
an der West 30th Street.« Die Eintrittskarten an der Tür
waren ziemlich billig. Der Sylvester-Motherfucker ko-
stete nur 30 $ vor Mitternacht, 25 $ bis 4 Uhr morgens
und danach 15 $.

Neben den DJs gab es Bands aller Musikrichtungen, die mehrere Dekaden der Rockgeschichten repräsentierten. Darunter waren die Rockabilly- und Horrorpunk-Band The Cramps, die Proto-Punks New York Dolls und verschiedene Electronic Dance-Punk-Gruppen wie ESG, The Rapture, Bloc Party, The Bravery und Theo & The Skyscrapers. Ein Motherfucker-Event – ob im Meow Mix, Heaven, Rebel, Spirit, Eugene oder irgendeinem anderen der trendigen Underground-Nachtclubs in Lower Manhattan – war halbwegs demokratisch. Prominente, Celebutanten und Celebutarden [mehr oder weniger bekannte, aber bescheuerte Personen] mußten so wie jeder andere Schwachkopf draußen in der Schlange warten, und einmal drin, konnten sie sich nicht in abgesperrte VIP-Bereiche zurückziehen, weil es keine gab. So kamen sie in hautnahe Berührung mit »der glitzernden Hautevolee der Rocker und den bisexuellen bösen Jungs aus den Stadtvierteln«, schrieb Niemietz. Persönlicher Stil definierte das Kastensystem. Auf einem Handzettel zur Sylvester-Party war zu lesen: »Motherfucker ist an der Tür eine Diktatur, auf der Tanzfläche eine Demokratie – also mach einen guten Eindruck oder New Yorks Türsteher Nr. 1, Thomas Onorato, schickt dich geradewegs in den Neujahrs-Gulag, sei es zu McSorely's [das älteste »irische« Pub von NY] oder in einer Zeitmaschine zurück nach Xenon [Planet aus einem Computerspiel].« Unter den Wohlbekannten, die am Jahresende 2006 aufkreuzten und zu den Sounds von Electro-Hop-Pop groovten, waren Debbie Harry, Mike Myers, Chloë Sevigny, Boy George, Jim Dawson (He, wie kam der da rein?) und Mitglieder der Bands The Strokes und Interpol. Eine, die nicht erschien, war Paris Hilton. Georgie Seville scherzte, seine Mitgastgeber und er hätten sogar daran gedacht, sie für ihr Fernbleiben von der Sylvesterparty zu bezahlen. »Frag mich bloß nicht nach Paris Hilton«, disste er sie im Gespräch mit Brian Niemietz. »Sie ist so prollig«, fügte Justine D. hinzu.

Aber dann, nach der Halloween-Nacht 2007, kam die letzte E-Mail von Michael T. und teilte mit, daß wegen unauflösbarer Spannungen zwischen den Veranstaltern die Party – und »eine Clubland-Ära« – »OVAH! [Vorbei]« war. »Motherfucker gibt es nicht mehr.« Mr. T. dankte »allen euch kranken und verrückten Motherfukkers, die über die Jahre die Partys besuchten, bei jedem Wetter, egal, wie lang die Schlangen draußen oder vor den Toiletten waren.«

Die Motherfuckers waren eine Institution geworden. New Yorks Zeitungen, von der *Post* zur *Times*, hatten mehr oder weniger ausführlich darüber berichtet; natürlich mußten sie die Namen abkürzen, durch Sternchen ersetzen oder einfach weglassen. Filmemacher David Casey drehte eine ausführliche Dokumentation mit allen vier Veranstaltern unter dem Titel *Motherfucker: A Movie*, die im Januar 2007 auf dem *Sundance Film-Festival* gezeigt wurde. Aber das hatte keine Folgen mehr. »Ich weiß nicht, ob es je wieder eine Motherfucker-Party geben wird«, lamentierte T. »Ob noch mal all die Stars so zusammenkommen ... ich bezweifle es.«

Jeden Donnerstag veranstaltet an der Westküste ein Nachtclub namens Boardner's, eine frühere bekannte Hollywood-Bar, Rock'n'Roll Motherfuckers Karaokeabende, wo Leute mit einer Live-Band singen können.

Ich weiß nicht, welches die Lieblingsdrinks auf den Motherfucker-Partys waren, aber es gibt da einige ganz ausgezeichnete, die ich Ihnen für das nächste Mal, wenn Sie Nachtclubs besuchen, empfehlen kann. Es ist erstaunlich, wie viele Drinks tatsächlich Motherfucker heißen. Da ist zum Beispiel der Blue Motherfucker:

3 cl Absolut Citron®
3 cl Blue Curacao
3 cl Sweet & Sour Mix
Die Zutaten in einem Cocktailshaker schütteln, über Eis in ein Highballglas laufen lassen und servieren.

Mmh, das ist so gut, daß man gleich noch einen Blue Motherfucker #2 hinterherschicken will:

1,5 cl Wodka
1,5 cl Gin
1,5 cl Rum
1,5 cl Tequila
1,5 cl Blue Curacao
2 cl Sweet & Sour Mix
4 oder 5 cl 7UP®
Zutaten schütteln, in ein Collinsglas mit Eiswürfeln laufen lassen und servieren.

Es gibt auch einen Blue Motherfucker #3, aber wenn Ihnen das inzwischen zuviel Blau ist, lassen Sie uns zum roten Teil des Spektrums übergehen und einen Purple Motherfucker versuchen:

1,5 cl Southern Comfort®
1,5 cl Wodka
1,5 cl Amaretto
1,5 cl 7UP®
1,5 cl Himbeerlikör (vorzugsweise DeKuyper's Razzmatazz)
1,5 cl Sweet & Sour Mix
Die Liköre in ein halb mit Eis gefülltes Rührglas gießen. Schütteln und in ein Collinsglas gießen. Mit 7UP auffüllen und servieren.

Da wir gerade über Farben sprechen, wie wär's mit einem einfachen Green Motherfucker, ein Shot & Shooter Mix?

1,5 cl Bacardi® 151
1,5 cl grüner Pfefferminzlikör
Zutaten in ein Schnapsglas gießen und servieren.

Die Website *webtender.com* schlägt vor, den Adios Motherfucker zu versuchen und sich vom Zustand der Nüchternheit, vielleicht sogar dem Bewußtsein zu verabschieden.

1,5 cl Wodka
1,5 cl Rum
1,5 cl Tequila
1,5 cl Gin
1,5 cl Blue Curacao
4 cl Sweet & Sour Mix
4 cl 7UP®
Den Alkohol und die Mixgetränke in ein halb mit Eiswürfeln gefülltes, gekühltes Glas füllen, dann das 7UP hinzufügen. Sanft rühren und servieren.

Von dem fröhlichen alten England kommt der Rocky Mountain Motherfucker #1:

2 cl Amaretto
1 cl Heublein's Yukon Jack® Canadian Whiskey
(100 Proof in den USA, 80 Proof in Kanada)
oder Rose's Triple Sec® Orangenlikör
1 cl Limettensaft
Die Zutaten in einem Shaker über Eis vermischen und kühlen. Abseihen und in ein Schnapsglas gießen.

Es gibt auch Nachfolger des Rocky Mountain Motherfucker, aber diese Rezepte können Sie sich leicht selbst besorgen.

Wenn Sie so betrunken sein möchten, daß Sie wie ein Schwachsinniger brabbeln, dann versuchen Sie den Mongolian Motherfucker:

1 cl Absolut Citron®
1 cl Malibu Kokosnußrum
0,5 cl Blue Curacao

0,5 cl Pfirsichschnaps
1 Spritzer Midori Melonenlikör®
1 Spritzer Grand Marnier
1 Spritzer Bananenlikör
1 Spritzer Orangensaft
1 Spritzer Ananassaft
1 Spritzer Zitronenlimonade
1 Spritzer Piña Colada Mix

Und na klar, es gibt natürlich auch einen Mongolian Motherfucker #2:

0,5 cl Wodka
0,5 cl Gin
0,5 cl Rum
0,5 cl Schlehengin
0,5 cl Bacardi® 151
0,5 cl Southern Comfort® Pfirsichlikör
0,5 cl Triple Sec
1 Spritzer Grenadinesirup
1 Spritzer Orangensaft
1 Spritzer Cranberrysaft
Alle Zutaten in einen Shaker geben. Gut schütteln, in ein mit Eiswürfeln gefülltes Glas abseihen und servieren.

Mein Favorit ist der Fucked Up Motherfucker:

1 cl Bacardi® 151
1 cl Jägermeister®
Zutaten zu gleichen Teilen in ein Schnapsglas gießen, rühren und servieren.

Als nächstes kommt der MMF oder Mean Motherfucker:

1 cl Amaretto
1 cl Gin

1 cl Melonenlikör
1 cl Himbeerlikör
1 cl leichter Rum
1 cl Southern Comfort
1 cl weißer Tequila
1 cl Triple Sec
1 cl Wodka
1 cl Grenadine
Ananassaft wie benötigt
Etwas Banane
Zwei ganze Maraschinokirschen
Eine Orangenscheibe
Alles mit dem Alkohol in einem Shaker auf Eis mixen.
Dann in ein Collinglas gießen, den Rest mit Ananassaft
füllen und die Orangenscheibe und Kirschen hinzufügen. (Es schmeckt wie Früchtepunsch!)

Natürlich mußte es, da New York die Heimat des Club
Motherfucker war, auch einen NY Motherfucker geben:

0,5 cl Wodka
0,5 cl Rum
0,5 cl Gin
0,5 cl Kaffeelikör
1 cl Sahne
Den Wodka, Rum, Gin und Kaffeelikör in einen halb
mit Eiswürfeln gefüllten Shaker geben. Gut schütteln
und in ein Cocktailglas abseihen. Auf Wunsch mit Sahne krönen und servieren.

Und schließlich ist da der Mudda Fucka, der nur 4 cl
Beefeater Gin und 8 cl Captain Morgan Rum, gemixt in
einer Taschenflasche, verlangt. Wie ein Schlag mit einem
stumpfen Gegenstand auf den Kopf macht es die meisten
wahrscheinlich schwindlig und benebelt, ein richtiger
mudda fucka.
Neue Cocktails erfinden, ist im Bargewerbe ein großes

Geschäft, und bei einem solchen Überangebot experimenteller Kreationen bedeutet der Name manchmal alles. So wie die Pornoindustrie immer mehr von cleveren und ausgefalleneren DVD-Titeln abhängt, dürstet die Alkoholindustrie nach sexy Namen für die qualitätsvollen Getränke, die man in Singlebars erwarten darf. Und deshalb gibt es neben den verschiedenen Motherfucker-Cocktails Drinks wie Hot Screaming Orgasm, Cumshot, Blowjob und den Klassiker Sex on the Beach.

Da so viele Cocktail-Rezepte labelspezifisch – dazu das Bild des eingetragenen Warenzeichens – sind, fragt man sich, wer sie tatsächlich erfindet. Zum Beispiel statt markenlosem Triple Sec (ein Likör mit dem Geschmack von Orangenschale) oder Sweet & Sour Mix verlangen einige Drinks Rose's Triple Sec und Rose's Sweet & Sour. (Rose's, ein Tochterunternehmen des in Texas ansässigen Konzerns *Cadbury Schweppes Americas Beverages*, hat sich auf nicht-alkoholische Mixgetränke, darunter Grenadine- und andere Sirups, spezialisiert.) Alkoholfirmen geben jährlich Milliarden Dollar für die Werbung für ihre Produkte aus, und Spirituosenverkäufer – wie Vertreter der Pharmaindustrie – werden oft ziemlich erfinderisch, wenn es um Gratisproben und Werbegags geht.

Zumindest ein Wodkahersteller, Schwedens Absolut, zeigt seinen Stammbaum stolz in einem Cocktail namens Absolut Motherfucker:

3 cl Absolut Citron
3 cl Crown Royal Canadian Whisky
3 cl Pfirsichschnaps
3 cl Triple Sec
1 Spritzer Orangensaft
1 Spritzer Ananassaft
Alle Zutaten mixen und über Eis servieren.

Also, warum heißt ein Cocktail (ein Wort, das mindestens bis auf das Jahr 1806 zurückgeht und »einen stimulierenden Likör, komponiert aus Spirituosen aller Art, Zucker, Wasser und Magenbitter« beschreibt) Motherfucker? Vielleicht ist es das erste Wort, das man in dem Moment ausruft, da der pikante Geschmack im Mund explodiert. Vielleicht ist es das letzte Wort, das man murmelt, bevor man am Boden liegend das Bewußtsein verliert. Wahrscheinlicher ist die Erklärung, daß diese Drinks so viele verschiedene Liköre, Aromen, Zucker und künstliche Süßstoffe enthalten, daß sie einem Kopfschmerzen bereiten, die hämmern wie ein *motherfucker*.

So eine Frau tut dem Körper gut

>»Deine Mama ist ganz oben auf meiner
>Liste.«
>Aus dem Song »Yo Mama« (2002) der
>australischen Rap-Band *Butterfinger*

Worauf ich mehrfach in diesem Buch hingewiesen habe,
erfordert die Basisdefinition von *motherfucker* nicht, daß
der Ficker und die Gefickte verwandt sein müssen. Wenn
Sie je die Mutter eines anderen gefickt haben, na klar,
dann sind Sie ein Motherfucker.

Heutzutage gibt es sogar einen neuen Typ Mutter, der
bewußt oder sonstwie willige junge Männer in das Reich
des »Motherfuckertums« lockt. Sie ist bekannt als MILF.
Dieses Akronym tauchte im populären Slang 1999 nach
dem Durchbruchserfolg der Teenager-Comedy *American
Pie* auf, eine infantile, aber gut geschriebene Story über
vier Highschoolkumpel, darunter Steve Stifler (Seann W.
Scott), die entschlossen sind, auf dem Abschlußball der
Schule ihre Unschuld zu verlieren. In einer denkwürdigen
Szene schauen zwei Nebenfiguren des Films, gespielt
von John Cho und Justin Isfeld, auf ein Bild von Stiflers

blonder, vollbusiger Mutter (die damals fünfunddreißig-
jährige Komikerin Jennifer Coolidge), als Cho ausruft:
»Mann, die Puppe ist eine MILF!«

»Was zum Teufel ist das?« fragt Isfeld.

»M-I-L-F – Mom I'd Like to Fuck!«

»Ja Alter! Oh ja!«

Das digitale Slangwörterbuch Urban Dictionary (*ur-
bandictionary.com*) definiert MILF als »Mother I'd Like
(to) Fuck« und beschreibt sie als sexuell begehrenswert,
ungeachtet ihres Alters und Ehestands. Verglichen mit
der durchschnittlichen Teenagerin ist eine MILF wahrscheinlich gewissenhafter bei der Empfängnisverhütung,
weiß genau, was sie will, und vögelt dir das Hirn raus –
ohne romantische Komplikationen. Mit anderen Worten,
der Traumfick eines junges Mannes. Die prototypische
MILF ist Anne Bancrofts Mrs. Robinson, die 1967 in
dem Film *Die Reifeprüfung* ihre langen, strumpfbeklei-
deten Beine und ihr heiseres Lachen dazu benutzte, den
jungen Benjamin Braddock (Dustin Hoffman) zu verfüh-
ren.

In den letzten Jahren ist MILF durch SMS und E-Mails
populär geworden, vor allem aber ist es ein Buzzword für
Pornoseiten im Internet, die Frauen zwischen etwa dreißig und fünfzig in Aktion zeigen. (In diesem Zusammenhang hat MILF mit der Moro Islamic Liberation Front,
eine Terroristengruppe auf den Philippinen, die die Insel
Mindanao in eine Islamische Republik verwandeln will,
nur insofern zu tun, als daß nach dieser Leute Vorstellung
von Scharia Mütter gezwungen sein würden, sich von
Kopf bis Fuß in schwarze Gewänder zu kleiden und so
ihre MILF-Qualitäten zu verstecken, und wahrscheinlich
würde jeder, der sich MILF-Pornoseiten anschaut, hinge-
richtet werden.) Die wohl beliebteste und am längsten
laufende Website ist MILF Hunter (*milf-hunter.com*); sie
bietet Hunderte von herunterladbaren Videos und Fotos
älterer Frauen an. Andere Sites sind MILF (*milf.com*),
Poke My Mom (*tour.pokemymom.com*) und I Fucked

Your Mother (*ifuckedyourmother.com*). Natürlich gibt es Hunderte von Porno-DVDs wie *MILF Bangers* (Score Group), *MILF Hookers* (Devil's Films), *Mommy Fucks Best* (Platinum X), *Yo' Mama's a Freak* (3rd Degree Films), *Who's Your Mommy* (Combat Zone), *Come to Mommy* (Pulse) und die hinreißende *Mother Load* (Tolerance Zero); sie alle geben Pornodarstellerinnen einige zusätzliche gute Arbeitsjahre in einem Gewerbe, das gewöhnlich nur kurze Karrieren erlaubt. Der Höhepunkt des Genres ist wohl eine Serie von *Jules Jordan Productions* mit dem Titel *Dirty Rotten Mother Fuckers*. Da haben wir's, verdammt, nun ist das Wort raus.

2006 erschien bei *Blue Moon Books* ein Mainstream-Buch mit dem Titel *The MILF Anthology: Twenty-one Steamy Stories*, herausgegeben von Cecilia Tan und Lori Perkins, das Amazon beschreibt als »Geschichten geiler junger Männer und wollüstiger älterer Frauen, die sie begehren. Aus rechtlichen Gründen sind die Figuren in den Geschichten alle über 18, aber sie enthalten viel ›Mrs. Robinson‹-Feuer. (Stellen Sie sich einen scharfen Typ wie Ashton Kutcher vor, der es mit der sexy Mom Demi Moore treibt, und Sie liegen richtig.) Unerfahrenheit trifft auf Erfahrung – wird die klügere ältere Frau den jungen Rammler zähmen oder ihn auf eine ungeahnte Weise befreien? Oder wird er ihr ein paar neue Tricks beibringen?«

Außer *American Pie* ist wahrscheinlich *Weeds* der größte Medienpromoter des Akronyms gewesen, eine ungewöhnliche Serie des TV-Senders Showtime über eine Vorstadtmutter namens Nancy (Mary Louise Parker), die hochwirksames Marihuana in Hydrokultur anbaut und verkauft. *Weeds*' letzte Episode der zweiten Staffel, die am 2. Oktober 2006 ausgestrahlt wurde, hieß »MILF Money« und enthielt sogar einen original Rap-Song von Snoop Dogg mit dem Titel »MILF Weed«, sein Name für die begehrte Ware der sexy Mom. Das Video dieses Songs, in dem Mary-Louise Parker wie ein weißes

Mädchen in Snoops Aufnahmestudio tanzt, ist auf You-Tube zu sehen.

Bevor wir uns Sorgen zu machen beginnen, daß der traditionelle Respekt der Gesellschaft vor der Mutter völlig verfällt, hören wir lieber auf. Das MILF-Phänomen beruht auf der vorherrschenden männlichen Auffassung, Mütter können und dürfen nicht sexy sein. Schließlich gibt es auch keine Kategorie für Stripper I'd Like to Fuck, um die Lapdance-Spreu vom Poledance-Weizen zu trennen. Schon wahr, Pamela Anderson hat Kinder, und das trifft auch auf Britney Spears und Angelina Jolie zu, aber sogar sie galten als ein viel besserer Fick, *bevor* sie ihre Schwangerschaftsstreifen bekamen. Anders gesagt, die MILF existiert nur als eine Ausnahme von der Regel, ein heißer Feger unter einer großen Zahl von Frauen, die wenige Highschooljungs an einem hellen und nüchternen Nachmittag für fickenswert halten würden.

Deshalb sind geile Mamas, die es danach verlangt, MILF zu sein, gezwungen, selbst die Initiative zu ergreifen, wenn sie von kräftigen jungen Männern Einsatz wollen. In letzter Zeit sehen wir eine neue Sorte älterer Frau, die bereit ist, Jagd auf SILFs (Sons I'd Like to Fuck) zu machen. Sie ist bekannt als »Cougar« (Puma), eine selbstbewußte und aggressive *Sex in the City*-Frau zwischen vierzig und fünfzig, die sich mit postpubertären Sexprotzen vergnügen will. Sie kann eine höhere Führungskraft oder eine ehemalige Trophäenfrau sein, aber vor allem ist sie eine »mother« (egal, ob sie tatsächlich Kinder hat oder nicht), die ihren Körper im Fitneßstudio trimmt und ihre Gesichtszüge von einem Schönheitschirurgen modellieren läßt. Und nun ist sie bereit für einen Tiger, der die ganze Nacht mit ihr das machen kann, wofür ihr alternder Ehemann die ganze Nacht braucht, um es endlich zu tun. Der Autorin Gendy Alimurung zufolge »variiert das genaue Alter, in dem eine Frau ›das Puma-sein‹ erreicht, je nachdem, wen man fragt, aber die 45jährige Frau und ein 25jähriger Typ – das ist der typische Altersunterschied«. Wie junge MILF-Jäger haben die älteren Raubtiere zahlreiche Websites, wo sie Rat, Aufmunterung und Örtlichkeiten für Freiwild finden, darunter *urbancougar.com* und *cougardate.com*. Die Bezeichnung cougar scheint aus Kanada gekommen zu sein, Heimat von Valerie Gibson, deren 2001 erschienenes Buch *Cougar: A Guide for Older Women Dating Younger Men* die Bibel für diesen Personenkreis ist.

Alimurung fragt: »Gibt es da irgendeinen Unterschied zu einem fünfzigjährigen Mann, der eine dreißigjährige Frau zur Geliebten hat? Sind Cougars Mitleid erregend oder mächtig? Sind sie das nächste große Ding, ein völlig neues Paradigma der Liebesverhältnisse, oder sind sie das sprichwörtliche Schaf, das auf Lamm macht?«
Nun, da die Generation der Babyboomer in Amerika ihr Rentenalter erreicht, kann die GILF (Granny I'd Like to Fuck)-Begeisterung eigentlich nicht mehr weit weg sein. Wenn dem so ist, wird demnächst »grandmotherfucker« in die Sprache eingehen?

Nicht mit meiner Mutter!

»Geschmack ist nicht deine starke Seite,
stimmt's, Larry?«
CNN-Moderator Larry King zu Larry
Flint in der Talkshow *Larry King Live* am
10. Januar 1997

In den frühen achtziger Jahren war eine von Amerikas
populärsten Werbekampagnen eine Serie hintersinniger
Prominenteninterviews für Campari, ein würziger italienischer Aperitif. Filmstars wie Jill St. John, Tony Roberts, Geraldine Chaplin und Elizabeth Ashley sprachen
über ihr »erstes Mal«. Von 1981 bis 1983 liefen die Anzeigen in allen größeren Zeitschriften, einschließlich
Time und *Newsweek*, meist auf den begehrten (teuren)
Hochglanzrückseiten. Laut Robert Jordan, dem Leiter der
Werbeagentur, die die Anzeigen entworfen und lanciert
hatte, gab Campari in den USA drei Millionen Dollar für
die Kampagne aus, und weit über zehn Millionen potentielle Kunden sahen sie. Jordan erklärte, daß Campari damals trotz seiner Beliebtheit in Europa

in der Getränkeindustrie der USA kaum eine Größe und
vielen Leuten unbekannt war. Es hat einen ziemlich
einzigartigen bitteren Geschmack und ist daher gewöh-

nungsbedürftig. Mit anderen Worten, wer das Getränk zum erstenmal probiert, ist anfangs vielleicht noch unentschieden. Aber beim zweitenmal mag man es vielleicht schon ein bißchen mehr ... Ziel des Werbetextes war es daher, klar zu machen, daß man, wenn man das Getränk probiert, zuerst ein bißchen unsicher ist, aber es doch irgendwie mag. Und wenn man es ein zweites Mal nimmt, wird man es richtig genießen können.

Also entschied sich die Agentur für eine typische Lockvogeltaktik der Madison Avenue [Sitz einiger großer Werbeagenturen New Yorks]: Die Inserate zeigten glamouröse Leute, die über ihr »erstes Mal« plauderten, was den Betrachter auf den ersten Blick glauben ließ, daß es um Sex und nicht um ein überteuertes Gebräu aus Alkohol und Magenbitter ging.

Zum Beispiel enthielt eine der Anzeigen mit der Titelzeile »Jill St. John spricht über ihr erstes Mal« über einem Foto der in einer eleganten Umgebung platzierten, schönen Schauspielerin folgenden Wortwechsel:

Jill St. John: Mein erstes Mal war im Tre Scalini, das bezaubernde Straßencafè in Rom.

Interviewer: Ach, wirklich? Direkt in der Öffentlichkeit?

St. John: Klar doch. Wissen Sie, ich bin jemand, der gern an der frischen Luft ist.

Interviewer: Ich verstehe. Erzählen Sie mir mehr darüber.

St. John: Nun, wir entspannten uns gerade nach einem harten Drehtag, nur die Crew und ich. Es passierte mit dem Stuntman.

Interviewer: Der Stuntman? Das klingt ein bißchen gefährlich.

St. John: Ach nein, war es nicht. Wissen Sie, er war Italiener, und die kennen sich in solchen Dingen aus.

Interviewer: Fahren Sie fort.

St. John: Er war sehr romantisch. Er lehnte sich rüber zu mir ...

Und dann schenkte er ihr ein charmantes Lächeln und bestellte ihr einen Gingerly – »das ist Campari und Ginger-Ale und Soda«. Die Anzeige war eine Parodie auf den hochtrabenden, pseudoweltstädtischen, imitiert kontinentaleuropäischen Scheiß, den man gewöhnlich auf den Seiten von Hugh Hefners *Playboy* findet. Und natürlich erschien sie auch im *Playboy*.

Aber ein Magazin druckte die Anzeige für Campari kostenlos, und das war der *Hustler*, Larry Flynts monatlich erscheinendes Kioskblatt, berüchtigt für seine Abbildungen gynäkologischer Details. Es war der Anti-*Playboy*, proletenhaft und stolz darauf, mit seinem Hinterhofhumor, krassen Cartoons über Scheißen und Furzen und gelegentlich einer subtilitätsfreien Werbeparodie. Zum Beispiel zeigten seine Satiren der Tabakreklame Marlboro-Männer, die in Krebsstationen liegen oder schwarzen Lungenschleim aushusten. (Volles Geständnis: Ich war in den späten siebziger Jahren eine Zeitlang Redakteur beim *Hustler* und habe seitdem immer wieder für Larry Flynt gearbeitet.)

Eine der Kolumnen im *Hustler* war »Arschloch des Monats«, eine Tirade gegen jemanden, meist eine öffentliche Person, der entweder Flynt verärgert hatte oder der das Recht jedes heißblütigen Amerikaners bedrohte, Pornos zu kaufen. Schäbige TV-Prediger waren besonders gute Ziele, und zahlreiche dazu. Eines der aufgespießten Arschlöcher war ein in Lynchburg (Virginia) wohnhafter Baptisten-Demagoge namens Jerry Falwell, der ständig grinsende Oberboß der *Moral Majority*, dessen häufige Angriffe auf *Hustler* Larry Flynt allmählich auf die Nerven gingen. Obwohl Falwell zuvor schon einige Auftritte als »Asshole of the Month« hatte (eine Kolumne hatte ich selbst geschrieben), meinte Flynt, daß das nicht mehr reichte.

»Nachdem ich mir mehrere Jahre seine Tiraden ange-hört und seine Beleidigungen gelesen hatte«, erzählte Flynt später, »entschied ich, es sei an der Zeit, sich einen Spaß mit ihm zu erlauben. Also setzten wir eine Anzeige in den *Hustler* – eine Nachahmung der damals laufenden Campari-Kampagne, in der Leute in Interviews ihr ›erstes Mal‹ beschrieben ... Wir ließen Falwell sein ›erstes Mal‹ beschreiben, wobei er es mit seiner Mutter, ›beide sturz-besoffen‹, in einem Plumpsklo trieb.«

Die »Jerry Falwell Talks About His First Time«-Anzeige erschien zuerst auf der Innenseite des Titelblatts der November-Ausgabe 1983 (und noch einmal in der März-Nummer 1984). In dem Interview »gestand« Fal-well, er sei so betrunken gewesen, daß »Mom besser als eine Baptisten-Hure mit einer 100 Dollar-Spende aus-sah«, und daß er beschlossen hatte, sie zu ficken, weil sie schon »all den anderen Jungs in der Stadt so eine gute Zeit bereitet hatte«. Schließlich wurde er gefragt, ob er seit jenem ersten Mal Campari gekostet habe, und »Fal-well« antwortete: »Ich habe immer einen intus, bevor ich auf die Kanzel geh. Sie glauben doch nicht, daß ich all diesen Schwachsinn nüchtern absondern könnte, oder?« Wenn man nicht zu genau hinschaute, sah die Falwell-Anzeige tatsächlich wie ein weiterer Beitrag zur Campa-ri-Kampagne aus – bis zu dem Foto, das eine Flasche, zwei Gläser und eine Eiszange in Falwells Hand zeigte, und sogar Camparis Copyright- und Warenzeichen-Sym-bole trug. Der einzige Hinweis auf einen Scherz war ein kleingedrucktes Dementi am unteren Bildrand: »Werbe-parodie – nicht ernst zu nehmen.«

Der echte Jerry Falwell war nicht amüsiert, als er sich selbst darüber plaudern sah, wie er seine betrunkene Mama in einem Scheißhaus *a tergo* genommen hatte. Vierzehn Jahre später erzählte er CNNs Larry King in einem Gespräch: »Ich war in Washington, und ein Re-porter sagte zu mir, als ich eine Pressekonferenz verließ: ›Haben Sie schon die neueste Ausgabe des *Hustler* gesehen?‹ Ich sagte: ›Nein, und auch keine der vorherigen.‹ ›Nun, Sie sind drin.‹ Ich sagte: ›Nichts Neues. Ich bin schon des öfteren drin gewesen.‹ ›Aber diesmal ist auch Ihre Mutter dabei.‹ Und da sah ich dann die Anzeige, und meine Mutter war gerade verstorben. Sie war zweiundachtzig und eine reizende gottesfürchtige Dame.« Falwell verklagte Flynt und sein Magazin wegen Verleumdung und vorsätzlicher Zufügung seelischer Schmerzen am US-Bezirksgericht für den Westlichen Distrikt von Virginia. Die Geschworenen hielten die Anzeige nicht für verleumderisch, aber entschieden zugunsten von Falwells Vorwurf, seelisches Leid erlitten zu haben, und erkannten ihm 240000 Dollar Schmerzensgeld zu.

Falwell hätte Flynt auch unter dem Vorwurf der »Verwendung von Kampf- und Haßbegriffen« verklagen können, aber das Oberste Gericht hatte diesen alten Paragraphen bereits zehn Jahre zuvor in zwei Fällen (*Goody v. Wilson* und *Lewis v. City of New Orleans*) abgeschmettert, als es die Verurteilungen mehrerer rüpelhafter Bürger aufhob, die für Ausrufe wie »Motherfucking fascist pig cops!«, »There goes the big, bad, motherfucking cops!« und »Goddamned motherfucking police!« verhaftet worden waren.

Nachdem ein Bundesgericht Larry Flynts Berufung abgelehnt hatte, entschied er, die Sache bis zum Ende durchzufechten. »Ich hatte nicht vor, Falwell irgendetwas für seine verletzten Gefühle zu bezahlen«, sagte er. 1988 nahm der U.S. Supreme Court den Fall an (*Hustler Magazine, Inc. V. Falwell*). Flynts Verteidigung bestand darin, daß er einräumte, sein Porträt »des Berufungsbeklagten und seiner Mutter als betrunken und unmoralisch« mochte von schlechtem Geschmack zeugen und war vielleicht verletzend, aber Falwell sei sowohl eine einflußreiche Person als auch eine kontroverse öffentliche Figur, die selbst anderen des öfteren auf die Zehen getreten sei. *Hustler* übernehme bloß die altehrwürdige Rolle früherer Qualitätsblätter, die einst unter dem Schutz des Ersten Zusatzartikels politische Figuren verspotteten. Oberster Richter William H. Rehnquist, der die Urteilsbegründung schrieb, stimmte zu: »Die Wirkung des politischen Cartoons oder der Karikatur beruht häufig auf der Erkundung bedauernswerter physischer Züge oder politisch peinlicher Ereignisse – eine Erkundung, die oft darauf abzielt, die Gefühle des Porträtierten zu verletzen ... Das politische Cartoon ist eine Waffe des Hohns und Spotts und der Satire; es ist am wenigsten wirksam, wenn sein Benutzer versucht, einem Politiker auf die Schulter zu klopfen.« Er verwies auf Thomas Nasts bissige Zeitschriftencartoons, die im letzten Drittel des 19. Jahrhunderts New Yorks korrupten Politiker »Boss« Tweed attackierten und heftige politische Debatten auslösten.

Zu Falwells Klage, die Beschuldigung, betrunken seine eigene Mutter gefickt zu haben, sei so »ungeheuerlich«, daß sie durch den Ersten Zusatzartikel nicht mehr geschützt ist, bemerkte Rehnquist, daß Ungeheuerlichkeit ein zu subjektiver Maßstab sei. Er »widerspricht unserer seit langem bestehenden Weigerung, Schmerzensgeld zu gewähren, weil die fragliche Rede vielleicht eine emotional nachteilige Wirkung auf das Publikum hat«. Gewiß sei die Anzeige »grob und abstoßend«. Aber da das Bezirksgericht ursprünglich entschieden hatte, daß die *Hustler*-Anzeige nicht verleumderisch war, gab es keinen Disput darüber, ob irgendjemand tatsächlich glaubte, daß Falwell seine besoffene Mutter gefickt hatte. Mit anderen Worten, die Campari-Anzeige enthielt keine Feststellungen, die implizierten, wahr zu sein. Jeder wußte oder hätte wissen müssen, daß das Ganze ein schmutziger Scherz war. Das Gericht hob in einmütiger Entscheidung (8 zu 0) das frühere Urteil mit der Begründung auf, daß, wenn es Falwells Position unterstützte, »jemand nur noch beweisen muß, daß ›er mich aufregte‹ oder daß ›sie mir ein schlechtes Gefühl gab‹. Die Prozesse wären endlos, und das wäre das Ende der freien Rede.«

Man konnte vermuten, daß dieses äußerst merkwürdige

Gespann nach soviel Haß nichts mehr miteinander zu tun haben würde. Aber schließlich vergab Falwell wie ein guter Christ Flynt, nannte ihn einen »warmherzigen« Kerl und sprach 1997 über ihn auf einer College-Vortragsreise. Mag sein, daß Falwell so den Schaden zu begrenzen versuchte, denn im Jahr zuvor hatte Regisseur Milos Foreman den Gerichtssieg des Verlegers in dem erfolgreichen Film *The People vs. Larry Flynt* dokumentiert und ihn als einen großen Gewinn für die Verfassung und die amerikanische Lebensart dargestellt. Auf jeden Fall machte der Prediger mit dem starren Grinsen anschließend weiter und tat große Dinge: Er enthüllte die homosexuelle Agenda hinter der Kinderfernsehserie *Teletubbies* (eine der Puppen ist lila) und die wahren Übeltäter hinter den Terroranschlägen vom 11. September (Lesben, Abtreiber, die ACLU [Amerikanische Bürgerrechtsbewegung] u.a.).

Als Falwell 2007 starb, schrieb Flynt einen Nachruf für die *Los Angeles Times* mit der Überschrift »My Friend, Jerry Falwell«, in dem er von seiner bizarren Beziehung zu dem Pfarrer erzählte: »Falwell griff mich bei jeder Gelegenheit an, die sich ihm bot. Er sprach oft darüber, daß ich ein Schmutzfink sei, verantwortlich für den Niedergang der Moral. Er belegte mich mit jedem schrecklichen Schimpfnamen, der ihm einfiel – Namen, die meiner Meinung nach so schlimm waren wie die Sprache in meinem Magazin.« Aber am Ende zahlte Flynt es ihm schwer heim. Und dabei mußte er noch nicht einmal so weit gehen und das Wort *motherfucker* sagen.

Und sagt es ruhig weiter!

>»Ich sag den Leuten immer wieder: ›Ihr glaubt, ich fluche. Nun, offensichtlich wart ihr in letzter Zeit nicht in einer Grundschule. Die kleinen motherfuckers erfinden jeden Tag irgendeinen neuen Scheiß. Ich höre *ihnen* zu, weil ich über motherfucker nicht hinausgekommen bin. Ich frage *sie*, was das Neueste ist.«
>
> Comedian Eddie Griffin zu Daniel R. Epstein von *ugo.com* (2003)

Nun, da *motherfucker* in der Alltagskultur frei flottiert, ist es auch aus dem Mund mehr oder weniger berühmter Leute zu hören. Hier sind einige Fundstücke aus Vergangenheit und Gegenwart:

»That motherfucker!«
Radiomoderator Howard Stern über den Produzenten Bernard McGuirk, der Sterns Freundin verleumdet hatte; geäußert am 23. April 2007 auf dem nicht-zensierten Sender Sirius Radio.

»In einer Kultur, die versucht, die weiblichen Genitalien auszuradieren, von der *Times* über Barbie und dem *Play-*

boy bis zu der Theorie, daß die Klitoris ein rudimentärer Penis ist, wird die Vagina nicht als ein Ort, sondern als ein Loch, ein Eingang beschrieben. Die Mösenfotos, die vom *Hustler* zum erstenmal in einem Kioskmagazin gezeigt wurden, waren revolutionär und bedrohlich, weil die abgebildeten Vaginen behaart, rot, purpur, vielschichtig waren; dennoch blieben sie eine Einladung, ein Ort, um etwas hineinzustecken. Ein Mösenfoto, aus dem etwas herauskommt, wie Menstruationsblut, ein Babykopf oder Plazenta, ist nicht erotisch, sonst würden wir solche Bilder in Nacktmagazinen sehen. Aussonderungen der Vagina sind problematisch, weil sie die Transformation des Sexualobjekts in die Mutter signalisieren. Das ist der Grund, warum ›motherfucker‹ so ein aufgeladenes Wort ist.«

Eve Ensler, Autorin der *Vagina Monologues*, in einem Interview mit Blanche McCrary Boyd in der Zeitschrift *Village Voice* (11.–17. Februar 1998)

»Ich spreche nicht mit euch weißen Mutterfickern ... Ihr miesen Mutterficker in der weißen Presse ... Fickt euch, ihr mutterfickenden Arschlöcher ... weiße Teufel.«

Gus Savage, früherer Demokratischer Kongreßabgeordneter aus Chicago, laut einer Reportage von Marilyn Rauber in der *New York Post* am 27. Juni 1991

»*Donnie Brasco* war ein Wahnsinnsfilm [a motherfucker of a movie]. Ich verbrachte viel Zeit mit dem echten Donnie Brasco ... Er lebte es. Ich tat nur so.«

Johnny Depp, der die Titelrolle in dem Film *Donnie Brasco* spielte, zu *Vanity Fair*-Autor Kevin Sessums 1997

»Du alter rotgesichtiger Mutterficker!«

Sean Penn (als Jeff Spicoli) zu Ray Walston (als Geschichtslehrer Mr. Hand), improvisierend während einer Klassenzimmerszene in dem Film *Fast Times at Ridge-*

mont High von 1982. Im Drehbuch stand »Du *Idiot*!«, aber Penn wollte Walston im Stil des *Method Acting* provozieren, berichtete Regisseurin Amy Heckerling später. Sie fügte hinzu: »Ray Walston kam danach zu mir und schimpfte: ›Sag dem jungen Mann, daß *das* nicht angebracht ist!‹« Der »motherfucker«-Take blieb im Schneideraum, und »Du Idiot!« wurde eines der populären Schlagworte des Films.

»Ich fahre 3000 verdammte [motherfucking] Meilen, schlafe in Bahnhofsvorhallen, in Absteigen, esse aus Dosen – in Hickey, N.C.«
Jack Kerouac in einem Brief an John Clellon Holmes vom 12. Oktober 1952.

»Ali und Jackie Kennedy galten damals als die zwei am meisten bewunderten Frauen in Amerika, und mich, da bin ich mir sicher, hielt man für den glücklichsten Mistkerl [motherfucker].«
Filmproduzent Robert Evans in dem Dokumentationsfilm *The Kid Stays in the Picture* über seine Frau, Ali McGraw, nach ihrem riesigen Erfolg in *Love Story*.

»Ich bring dich unter die Erde, du verdammter Mutterfikker.«
Frank Sinatra im Juli 1967 zu Carl Cohen, Geschäftsführer des Sands Casino von Las Vegas, nachdem Cohen seinen Spielkredit gestrichen hatte. (Cohen antwortete auf die Androhung, indem er Sinatra zwei Kronen seiner Vorderzähne einschlug.)

»Okay, ihr Schwanzlutscher, Mutterficker *und* Mr. Di-Mucci!«
Plattenproduzent Phil Spector bei einer Aufnahmesitzung an die versammelten Musiker, nachdem Sänger und Fünfziger-Jahre-Ikone Dion DiMucci verlangt hatte, daß Spector ihm mehr Respekt erweisen sollte (berichtet von

Mick Brown in seinem 2007 erschienen Buch *Tearing Down the Wall of Sound*).

»Ein paar Jahre, bevor WBAI [New Yorker Hörfunksender] Ärger bekam, weil sie George Carlins berüchtigte ›Sieben Wörter‹ spielten, war ich in dem Sender und sprach über Wörter, die im Radio tabu waren. ›Ich kann Finger sagen, aber nicht das Verb‹, erklärte ich. ›Und ich kann mother sagen, solange es nicht bloß ein halbes Wort ist.‹«

Autor Paul Krassner in einer E-Mail an den Autor vom 26. Juni 2008

»Ja, ich nenne das eine ›Leckt mich am Arsch, wenn ihr einen Witz nicht vertragen könnt‹-Comedy ... Wenn du ein solches Skript liest, ist das erste, was du denkst: Ich hoffe bei Gott, daß sie bei all diesen Sachen nicht einknicken und versuchen, es so zu machen, daß du deine Kinder mitnehmen kannst ... Ich sage nicht, daß es schlecht ist, solche Filme zu machen, im Gegenteil. Es ist nur so, daß die Vorstellung, eine Comedy für Erwachsene zu machen, ein solcher Kick war, und du *weißt*, du machst eine nicht jugendfreie Comedy und mußt nicht einen alternativen Take drehen, wo [Co-Star] Robin [Williams] *nicht* motherfucker sagt.«

Schauspieler Edward Norton über seine Comedy *Death to Smoochy* von 2002 im Gespräch mit Paul Fischer von *filmmonthly.com*

»Nun ja, [die TV-Bosse] knickten ein wie ein Kartenhaus, und inzwischen ist Bob Saget im Programm, was einem eine Vorstellung von der Art von Comedy gibt, mit der nach Meinung der Verantwortlichen die Zuschauer umgehen können. Können Sie sich die Verachtung vorstellen, die die Fernsehgesellschaften uns gegenüber haben, wenn sie diesen kindischen Schwachsinn bringen und nicht mich – ja überhaupt keinen anderen mit einem

Standpunkt, vielleicht sogar einen, mit dem du nicht übereinstimmst. Sie machen einen Kotau vor den Interessengruppen und einigen bescheuerten [motherfucking], geistesgestörten Leuten, die das Wort Jesus hören und sofort glauben, du machst dich lustig über Jesus, was ich aber gar nicht tat. Sie hören das Wort schwul. Ich machte mich nicht lustig über Schwule. Worüber ich mich lustig machte, das war die Doppelmoral, die in diesem beschissenen Land existiert. Sie glauben, du bist zu blöd, um das zu durchschauen, und genau damit rechnen sie, während sie die Killerdroge Nummer Zwei in diesem Land, den verdammten Alkohol, verkaufen, und dazu noch die Frechheit haben, es in deinem Wohnzimmer zu tun vor den Augen deiner Kinder. Ihr Drogen verkaufenden, kapitalistischen Dreckskerle [motherfucker]!«

Comedian Bill Hicks über seinen Auftritt, der ein paar Tage zuvor am 1. Oktober 1991 aus *The David Letterman Show* herausgeschnitten worden war, weil er zu kontrovers war.

»Einer der Bullen legte seine Hand auf mich und sagte: ›He, Junge.‹ Er war bewaffnet. Ich sagte: ›Wichser [Motherfucker], wenn du noch einmal deine Hand auf mich legst, solltest du bereit sein, mich zu töten oder zu sterben. Du willst mir etwas sagen, nun gut, du kennst meinen Namen.‹«

Comedian Dick Gregory erzählte 2004 Robert Chalmers davon, wie er nach einer seiner Shows von Chicagoer Polizeibeamten drangsaliert wurde.

»Weiße kann man nicht feuern. Du feuerst Weiße, dann kannst du damit rechnen, daß noch am selben Tag jemand erschossen wird. ›Ich bin gefeuert? Ich bin gleich wieder da, ihr Hurensöhne.‹ Man entläßt einen schwarzen Bruder, dann werden wir auch wütend, aber aus anderen Gründen. ›Wieso hast du mich nicht zu Hause angerufen, Arschloch [motherfucker]? Du wußtest doch schon gestern, daß sie mich gefeuert haben. Nun bin ich noch mal hierher gekommen und hab das ganze Benzin verbraucht.«"

D.L. Hughley in Spike Lees Film *The Original Kings of Comedy* (2000).

»Fick dich, du jüdischer Mutterficker!«

Der Bürgermeister von Chicago, Richard Daley, zu dem New Yorker Senator Abraham Ribicoff, nachdem Ribicoff auf dem demokratischen Nominierungsparteitag 1968 die »Gestapo-Taktik« der Chicagoer Polizeibehörde gegen politische Demonstranten angeprangert hatte. Daly behauptete später, er habe in Wirklichkeit »Du Saftsack!« gerufen.

»Es schmerzte höllisch [like a motherfucker]!«

Entertainer Sammy Davis Jr. in Erinnerung daran, daß er von der Gästeliste für John F. Kennedys Antrittsrede gestrichen wurde, obwohl er sich in Kennedys Präsidentschaftswahlkampf engagiert hatte; der Grund für die Brüskierung war Davis' Verhältnis mit der blonden Schauspielerin Kim Novak.

»Sammy Davis war ein talentierter Teufelskerl [motherfucker]!«

Christopher Kennedy Lawford, Sohn von Peter Lawford und Pat Kennedy Lawford, in seinem Buch *Symptoms of Withdrawal* (2005).

»Wenn du dieses Interview tippst, vergiß nicht zu erwähnen, daß ich der dümmste Fighter in der Geschichte des Boxens bin. Einfach nur der blödeste aller Säcke [motherfucker].«

Mike Tyson zu Greg Leon von *boxingtalk.com* am 11. Juli 2005.

»Du bist mein Freund, mein Kumpel, mein Dominopart-
ner und der witzigste Kerl [motherfucker] auf der Welt
heute!«

Sänger Willie Nelson zu Richard Pryor auf Pryors My-
Space-Seite, die auch nach seinem Tod noch aufrechter-
halten wird

»Weißt du, was das Schlimmste bei ›niggas‹ ist? ›Niggas‹
wollen immer Anerkennung für irgendeinen Scheiß, der
selbstverständlich ist. Ein ›nigga‹ prahlt über etwas, was
ein normaler Mensch einfach tut. Ein ›nigga‹ sagt so'n
Scheiß wie ›Ich kümmere mich um meine Kids‹. Genau
das *sollst* du tun, du Schwachkopf [dumb motherfucker]!
Was für ein ignoranter Scheiß ist das? ›Ich war nie im
Knast!‹ Was willst du, einen Keks? Du *sollst* nicht ins
Gefängnis gehen, du hoffnungsloser Blödmann [mother-
fucker]!«

Comedian Chris Rock in dem Film *Bring the Pain*
(HBO 1996).

»Haben wir es nicht übertrieben mit farbigen Bändern für
verschiedene Anliegen? Jede Sache hat ihre eigene Farbe.
Rot für AIDS, Blau für Kindesmißbrauch, Rosa für
Brustkrebs, Grün für den Regenwald. Ich hab ein braunes
Band. Sie wissen, was es bedeutet? ›Leck mich am
Arsch, Mutterficker [motherfucker]!‹«

George Carlins Song »Free Floating Hostility« auf
seinem Album *Back in Town* (1996).

»Dieses Stück erlaubte mir, Beziehungen zu erkunden,
auf eine Art und Weise, wie man es mit Kindern nicht tun
könnte. Beim Kindertheater muß man sich immer selbst
zensieren. Man kann zum Beispiel nicht ›motherfucker‹
sagen.«

Dramatiker Michael Miller bei der Premiere seines
nicht jugendfreien Stücks *El Paso* in Toronto 2002.

James Lipton, seit 1994 Moderator der Gesprächsserie *Inside the Actor's Studio* des Kabelsenders Bravo, stellt stets jedem seiner berühmten Gäste eine Reihe von Fragen, die sich der französische TV-Moderator Bernard Pivot ausgedacht hatte. Frage Nummer Sieben lautet: »Welches ist Ihr Lieblingsschimpfwort?« Hier sind mehrere Antworten:

»Motherfucker!«
Michael Douglas
»Motherfucker!«
Laurence Fishburne
»Motherfucker!«
Harrison Ford
»Motherfucker!«
Chris Rock
»Motherfucker!«
Danny Glover
»Motherfucker!«
Gene Hackman
»Motherfucker!«
Jamie Foxx
»Motherfucker!«
John Cusack
»Motherfucker!«
George Carlin
»Motherfucker!«
Ethan Hawke
»Motherfucker!«
Will Smith
»Cocksucking Motherfucker!«
Jack Lemmon
»Motherfucker Cocksucker!«
Liza Minelli
»JAMF – Jive-ass motherfucker!«
Clint Eastwood
»Shit motherfucker, cocksucking motherfucker!«
Das Ensemble von *Law & Order*

(Das einzige Wort, das beliebter ist, ist »fuck«, bereitwillig mitgeteilt von über zwanzig Gästen, darunter Geena Davis, Billy Crystal, Robert DeNiro, Melanie Griffith und Meg Ryan.)

»Du kleiner bestußter Schwätzer [jive-ass motherfucker]. Glaubst du wirklich, daß du mich mit demselben Scheiß zweimal reinlegen kannst?«
R&B-Schlagzeuger und Bandleader Johnny Otis in den frühen vierziger Jahren am Telefon mit Count Basie, erzählt in Otis' Autobiographie *Upside Your Head* von 1993. Er war kurz zuvor von einem bekannten Jazzpianisten mit einem falschen Jobangebot verarscht worden. Aber diesmal war der Mann am anderen Ende der Leitung tatsächlich Count Basie (und ja, Otis bekam den Job).

»Ich hatte mein Haar immer schon so, vor allem weil es viel bequemer ist und auf meinem Kopf gut aussieht. Ich will nicht zu irgendeinem Blödmann [motherfucker] laufen und das Gewusel glätten lassen! Als ich meine Karriere begann, wußte ich, daß mein Aussehen nicht so war, daß jemand sich sofort hinlegt und die Kleider auszieht. Arbeit kriege ich nicht automatisch; ich muß schon rausgehen und mich umschauen. Ich rufe irgendwelche Typen [motherfuckers] an und sage: ›Kann ich einen Job haben? Kann ich bei Ihnen arbeiten?‹ Manchmal funktioniert's, manchmal nicht.«
Whoopi Goldberg im Gespräch mit Wyclef Jean, April 1999

»Mein Freund Jack Nitzsche kam in das frühe Swinging London, während er einige Alben der Rolling Stones arrangierte. Eines Abends im Jahr 1965 oder 66 begegnete er zufällig dem amerikanischen Künstler PJ Proby, der hier in Los Angeles als Jet Powers Aufnahmen gemacht hatte. Zu der Zeit hatte Proby fast ein Dutzend Hits in England, er war ein großer Star, ganz oben zusammen mit den Beatles. Jack und er gingen in den damals bekannten Club *Scotch of Saint James.* Einige Typen glotzten sie an, machten dumme Bemerkungen und lachten. Als einer von ihnen an ihrem Platz vorbeikam, stand Proby auf, stieß ihn hart an und sagte: ›Wichser [motherfucker], willst du einen Tritt in den Arsch?‹ Der Typ wurde blaß und verschwand. Proby, der sich gerne prügelt, erzählte Jack, daß er sich seit seiner Ankunft in England mit niemandem einen guten Kampf geliefert hatte. Er sagte, die beste Art, Briten einzuschüchtern, war, sie motherfucker zu nennen, weil sie das Wort nicht kannten und es sie ganz fickrig machte. Das war so um 1964 oder 65.«

Der frühere Produzent Denny Bruce im Gespräch mit dem Autor 2008

»Wenn ein junger Mann in den Park loszieht und ein ›Jewcy‹ oder ›Shalom Motherfucker‹-T-Shirt trägt, erhebt er jüdischen Anspruch auf gewisse Elemente der amerikanischen Populärkultur, während er uralte Stereotypen in Frage stellt. ›Ich bin kein asexueller Schwächling‹, verkündet das Shirt, selbst wenn sein Träger diesen Satz ungern aussprechen würde.«

Die Autorin Ellen Umansky 2003 in einem Essay für *Nextbook.*

»Fünf Temptations [afroamerikanische Vokalgruppe] ... Ein Mikrophon. Was immer sie dort oben machten, sie gingen zurück ans Mikrophon ... Heutzutage hat jeder auf der Bühne so ein Ding! Vierzig beknackte [motherfukking] Leute! Warum, ihr Idioten [motherfucker]? Wir können nicht verstehen, was *einer* von euch Ärschen sagt!«

Comedian Steve Harvey über Rapper in Spike Lees Film von 2000, *The Original Kings of Comedy.*

»Ich saß neben einem ziemlich jungen Weißen [bei einer Amiri Baraka-Lesung von ›Black People‹ an der Fisk University 1967]. Er war sehr ruhig gewesen. Aber als Baraka an einer Stelle ›Up against the wall, motherfukker‹ sagte, sprang der Mann auf und rief: ›Ja, ja, tötet sie.‹ Und da war er nun, seine eigene Exekution fordernd. So elektrifiziert war die Atmosphäre. ›Tötet sie alle!‹, rief er immer wieder.«

Dichterin Gwendolyn Brooks im Gespräch mit Ida Lewis in der April-Ausgabe der Zeitschrift *Essence* 1971

»Wenn ihr den Planeten retten wollt, will ich euch auf- und abspringen sehen. Na los, motherfuckers, macht Lärm!«

Madonna vor ihrem Song »Ray of Light« auf der Wembley-Bühne in London während des weltweit im Fernsehen übertragenen Live Earth-Konzerts am 7. Juli 2007, später von Veranstalter Al Gore »offiziell das größte Entertainment-Event der Geschichte« genannt. »Na los, motherfuckers, macht Lärm!«, war Madonnas übliche Einführung zu »Ray of Light« während ihrer früheren Confessions-Tour gewesen.

»Ich mache nur Spaß, Blödmänner [motherfucker]. Scheiße!«

Komiker Chris Rock, nachdem er bei seiner Vorstellung der Red Hot Chili Peppers auf dem Live Earth-Konzert in London am 7. Juli 2007 die Menge »motherfuckers« genannt hatte, was von BBC und Canadian TV live übertragen wurde. Die BBC unterbrach ihn sofort und bat mehrmals um Entschuldigung, aber das Wort war bereits gesendet.

»Als die Weißen all die Indianer killten, wer machte die ganze Arbeit? Los, holt die Nigger! Dann, in den fünfziger Jahren sagten die Schwarzen endlich: ›He, ich mache keinen Scheiß mehr für euch Dreckskerle [motherfukker].‹ Und das weiße Establishment sagte: ›Gut! Wir rufen Julio [die Mexikaner] und geben ihm einen Vierteldollar, damit er die Felder bestellt.‹«

Comedian Carlos Mencia im Brea Improve-Theater von Orange (Kalifornien) im Juli 2004

»Man legt sich nicht mit den Chinesen an. Es gibt vierzehn Milliarden von diesen Bastarden [motherfuckers]. Weiße, laßt mich euch ein kleines Nigger-Geheimnis verraten. Wenn ihr Arschlöcher [motherfuckers] euch mit den Chinesen anlegt, werden euch ›niggaz‹ nicht aushelfen. Tut mir leid. Tut mir echt leid.«

Comedian Katt Williams 2006 in der HBO-Comedy *The Pimp Chronicles, Part 1*

»Weiße können nicht tanzen. Ich bin kein Rassist, das stimmt einfach. Genauso wenn Weiße sagen, Schwarze haben dicke Lippen, ist das nicht rassistisch, es ist wahr. Schwarze haben dicke Lippen, Weiße können nicht tanzen. Einige Brüder sind im Club, und Weiße sagen: ›Was machen diese Nigger hier?‹ Sie beobachten, wie wir tanzen. Und sie dann: ›Schaut euch diese verrückten Typen [muthafuckas] an.‹ Ihr tretet den Leuten auf die Füße und schlagt euch gegenseitig.«

Eddie Murphy in seinem gefilmten Auftritt *Raw* (1987)

»Die Leute glaubten nicht, daß meine Mama versuchte, mich zu überfahren. Ich sagte zu dem Kameramann: ›Gib ihr zwei weiße Zinfandel, und sie wird dir die ganze Geschichte erzählen.‹ Zu Beginn des Films ist sie einfach nur nett, und mein Bruder und ich schauten uns das an und sagten: ›Wer zum Teufel ist das? Das ist nicht die Frau, die uns großgezogen hat.‹ Deshalb haben wir ein Familientreffen gedreht, und wir gaben ihr ein paar Drinks, und Bumms kam es heraus: ›Ich hab den Scheißkerl [motherfucker] umgefahren.‹ *Das* ist die Frau, die ich kenne.«

Eddie Griffin über seinen Konzertfilm *Undercover Brother* (2002)

»Aus dem Weg, verdammt noch mal, ich kann nichts sehen! Da sind Autos, ihr Arschlöcher [motherfucker]!«
Spidermann-Star Tobey Maguire zu einer Gruppe von Paparazzi, als er versuchte, aus einem Parkplatz zu fahren (Quelle: *showhype.com* am 10. Juli 2008).

»Einige dieser Schnorrer sehen gesund aus, aber sie sind nur Penner. Schon der Gedanke: Sie wollen, daß ich ihnen das hart verdiente Geld gebe, das meine Leute mir jede Woche schicken. ›Du Blutsauger. Such dir einen Job, mein Vater arbeitet jeden Tag acht Stunden für dieses Geld.‹ Sie kennen diese Penner, die einem plötzlich dumm kommen? ›Tut mir leid, ich hab kein Geld.‹
›*Scheißkerl* [Motherfucker!]‹ ›He, wo ist mein Scheckbuch? Auf wen darf ich ihn ausstellen? *Mr.* Bum [Penner]?‹«
Bill Hicks im Nachtclub *The Village Gate* (New York City) 1990.

Enden will ich mit der Jazzgröße Miles Davis, dessen Zitate nur so wimmeln von *motherfuckers*. Hier sind ein paar Beispiele:
Davis spricht über seine Diät: »Ich denke, wenn Pferde diesen grünen Scheiß den ganzen Tag fressen können und wie ein Weltmeister [like a motherfucker] rennen, warum nicht auch ich?«
Über den Jazzpianisten Cecil Taylor schimpfend: »Wer ist der Idiot [motherfucker]? Der kann doch überhaupt nicht spielen!«
Über den Trompeter Wynton Marsalis: »Dieses Arschloch [motherfucker] teilt mit mir keine Bühne.«
Ein Kompliment für den Jazzpianisten Chick Corea: »Du bist ein Wahnsinnstyp [motherfucker].«
Sich auf Jimi Hendrix' LP *Band of Gypsys* beziehend,

erklärte er, warum er den Rockgitarristen mochte: »Es ist dieser irre [motherfucking] Song ›Machine Gun‹.«

In seiner Autobiographie *Miles* schrieb er über die Combo, die ihn auf mehreren Alben der sechziger Jahre, darunter *Seven Steps to Heaven*, begleitete: »Ich wußte sofort, daß dies eine Wahnsinnsgruppe [motherfucker of a group] sein wird ... Mann, das, was ich da hörte, war einfach der Hammer.«

Über sein bahnbrechendes *Miles Davis Quintett* aus der Mitte der sechziger Jahre: »Du kriegst die richtigen Jungs zusammen, um die richtigen Sachen zur richtigen Zeit zu spielen, und plötzlich hast du etwas Großartiges [a motherfucker].«

Über einen frühen Mentor namens Gustav, der im *St. Louis Symphony Orchestra* spielte: »Er war ein irrer Typ [a bad motherfucker]. Er machte auch sehr gute Mundstücke für die Trompete, und ich benutze eines seiner Modelle noch heute.«

Im Gespräch über seinen alten Kumpel, den Saxophonisten Charlie Parker: »Einmal ließ ich ihn in meinem Apartment allein, als ich zur Schule ging, und als ich zurückkam, hatte der Mistkerl [motherfucker] meinen Koffer versetzt und saß nickend auf dem Boden, nachdem er sich einen Schuß gesetzt hatte.«

Aus der Reihe Critica Diabolis

http://www.edition-tiamat.de